El amor que ella má

Amor y Respeto

El respeto que él desesperadamente necesita

Dr. Emerson Eggerichs

Un libro de *Enfoque a la Familia*

GRUPO NELSON
Una división de Thomas Nelson Publishers
Desde 1798

NASHVILLE   MÉXICO DF.   RÍO DE JANEIRO

Editora en Jefe: *Graciela Lelli*
Traducción: *Carolina Laura Graciosi, con la colaboración de María Mercedes Pérez
y María Bettina López*
Edición: *María Fabbri Rojas*
Adaptación del diseño al español: *Grupo Nivel Uno, Inc.*
Diseño de la portada: *Charles Brock, UDG/Design Works, Inc.*
Fotografía de la portada: *Steve Gardner/pixelworksstudio.net y photos.com*

ISBN: 978-1-60255-368-2

Impreso en Estados Unidos de América

HB 08.25.2023

A Sarah, el amor de mi vida, quien hizo que escribir este libro fuera mucho más fácil.

———

Señor, tu Palabra nos llama a nosotros los esposos a «goza[r] de la vida con la mujer que ama[mos]». (Eclesiastés 9.9)

Lo he hecho desde 1973.
Lo estoy haciendo en este momento.
Lo haré por siempre.

CONTENIDO

PARTE III: EL CICLO GRATIFICANTE

Reconocimientos

Por sus incontables horas de edición y mecanografiado, mi sentido agradecimiento a mis queridos amigos Fritz y Jackie Ridenour. Ambos son regalos de Dios para mí. Ellos asieron la visión y no la soltaron, a pesar de las increíbles presiones por los plazos de entrega. Sin ellos, este libro no podría haberse completado. Ellos me han producido gozo.

Estoy sumamente agradecido con Dios por la afirmación y el apoyo de los amigos de nuestra ciudad, Grand Rapids, Michigan. Amo y respeto a Dick y a Betsy DeVos, a Kevin y a Meg Cusack, y a Jim y a Betty Buick. ¡Ellos creyeron desde el comienzo!

Conocí a Michael Coleman, ejecutivo principal de Integrity Media, y a su encantadora esposa, Jeannie, en un evento organizado por Enfoque a la Familia. Michael me invitó a considerar Integrity Publishers. ¡Hice eso y más! ¡Le envío un saludo a su extraordinario personal! Marquemos la diferencia con este mensaje.

El que Enfoque a la Familia esté patrocinando las «Conferencias para matrimonios sobre Amor y Respeto» constituye un gran aliento. Es tan honroso que ellos pongan su sello de aprobación en este libro. Gracias, Dr. Dobson y Don Hodel. Junto con ustedes estoy orando para poder alcanzar a grandes y chicos.

Estoy en deuda con Sealy Yates, mi agente-abogado, y el personal de su bufete. El rol que desempeña al hacer las cosas minuciosamente y dar consejos tiene un valor incuestionable. Además, su risa jovial y su rostro sonriente alegran cada conversación.

A Erinn Swett, mi asistente, gracias por manejar la oficina de forma tan competente mientras escribía este libro. Estoy agradecido a Dios por tu liderazgo y tu talento.

Expreso mi aprecio para el personal de Love and Respect Ministries. Han tomado decisiones que continúan llevando adelante esta causa digna. En la multitud de consejeros está la sabiduría. Sus consejos son invalorables.

Agradezco a mis hijos, Jonathan, David y Joy, por permanecer al lado de mamá y de mí. Hemos sido bendecidos al observar cómo fomentaban el mensaje de Amor y Respeto. Gracias por hacer de esta visión su visión. Y a David, ¡bienvenido como nuevo miembro del personal!

A mi hermana, un aplauso. Ann, me has ayudado sin importar cuándo y dónde. ¡Soy bendecido! ¡Gracias por encontrarme tantos chistes!

Mi madre y mi padre ahora están en el cielo. Mientras estuvieron en la Tierra, ambos fueron un testimonio de lo que Dios puede hacer a través de dos personas que abren su corazón a él. Gracias, mamá y papá por ver más allá de ustedes mismos y ver a Dios. Más adelante en su vida, decidieron ser fieles hasta el final.

Estoy en deuda con quienes me han contado sus historias personales de Amor y Respeto en el matrimonio. Sus testimonios no solamente ayudarán a otros, sino que además hicieron que este libro fuera atractivo. Como escribió un vicepresidente de Integrity Publishers: «Las cartas testimoniales a través de este libro no solo sirven como ilustraciones esclarecedoras, sino que proporcionan puntos de altura dramática a lo largo del camino. Es cautivador». Gracias.

De este lado de la eternidad, Sarah y yo nunca sabremos el impacto que se está logrando gracias a ustedes —nuestros amigos— que oraron por nosotros. Ustedes saben quiénes son. Les agradecemos humildemente. Sigan acordándose de nosotros.

En la película *Carrozas de fuego* —sobre la vida de Eric Liddell, el corredor olímpico que se negó a correr un domingo— se cita la Biblia: «Yo honraré a los que me honran» (1 Samuel 2.30). Lector, deseo reconocer y honrar a Dios. Este mensaje de Amor y Respeto proviene de lo que él sintió en Efesios 5.33. Este libro no existiría si Dios en su misericordia no me hubiera iluminado con esta revelación. A través de la aplicación de estas dos verdades, mi frágil intento es servirle a usted, las verdades esenciales en sí mismas nunca cambiarán, no más de lo que Dios cambia. Señor, a Ti más que a nadie doy gracias por siempre.

Introducción

El amor solo no es suficiente

Quizás recuerde lo que cantaban los Beatles: «Todo lo que necesitas es amor» («All you need is love»). Disiento completamente con esa conclusión. Hoy en día, cinco de cada diez matrimonios terminan en divorcio, porque el amor solo *no* es suficiente. Sí, el amor es vital, especialmente para la esposa, pero nos hemos olvidado de la necesidad que el esposo tiene de respeto. Este libro trata la manera en que la esposa puede satisfacer su necesidad de ser amada, al mismo tiempo que le da a su esposo lo que él necesita: respeto. Esta es la historia de una pareja que descubrió el mensaje de Amor y Respeto justo a tiempo:

> Mi esposo y yo asistimos a su conferencia para matrimonios sobre Amor y Respeto. Unos días antes nos habíamos metido en otro «Ciclo Alienante» y decidimos que ya no soportábamos más e íbamos a terminar nuestro matrimonio. Ambos estábamos heridos, tristes, enojados y desanimados. Cabe mencionar que ambos somos creyentes y yo formo parte del personal de una iglesia grande.
>
> Habíamos estado viendo a un consejero matrimonial cristiano, y honestamente puedo decir que su conferencia no solo salvó nuestro matrimonio, sino que de hecho nos ayudó más y

nos dio más información y estrategias que cuanto la consejería nos había dado. Habíamos decidido acudir en un último intento desesperado, pero mi esposo realmente no creía que pudiera ayudarnos, y estuvo a punto de no asistir. Las verdades que Dios le reveló a usted son a la vez simples y profundas [...] Estas iniciaron un proceso de sanidad y revolucionaron nuestro matrimonio. Si nos hubieran dado esta información treinta años atrás, cuánto dolor y sufrimiento nos habría evitado.

Solo déjeme decirle que después de la clausura del sábado, compartimos la mejor tarde y noche que tuvimos en años. Emerson, puedo decirle honestamente que nunca me había dado cuenta de cuán importante y cuán vivificante era el respeto para mi marido.

¿Qué oyeron esta mujer y su esposo en esa conferencia? ¿Qué revolucionó su matrimonio? ¿Qué hizo que dos personas que estaban listas para divorciarse el viernes al día siguiente estuvieran caminando juntas como dos enamorados? El libro que tiene en sus manos es el mensaje de Amor y Respeto que oyó esta pareja. Su relato es uno entre miles de cartas, notas y afirmaciones verbales que he recibido, que testifican lo que puede suceder cuando un esposo y una esposa le dan un enfoque diferente a su relación matrimonial.

¿Necesita algo de paz? ¿Desea sentirse cerca de su cónyuge? ¿Desea sentirse comprendido o comprendida? ¿Quiere experimentar el matrimonio en la forma en que Dios lo planeó? ¡Entonces pruebe con un poco de Amor y Respeto!

Este libro es para todos: gente en crisis marital, cónyuges a punto de divorcio, esposos y esposas en un segundo matrimonio, gente que desea permanecer felizmente casada, cónyuges de no converso, divorciados que están intentando sanarse, esposas que se sienten solas, esposos intimidados, cónyuges involucrados en una aventura, víctimas de aventuras, parejas comprometidas, pastores o consejeros que buscan material que pueda salvar matrimonios.

Sé que estoy prometiendo mucho, y no soñaría con hacer esto a menos que creyera totalmente que lo que tengo que decirle realmente funciona. A continuación siguen más ejemplos de cómo los matrimonios cambian completamente cuando esposas y esposos descubren el mensaje de Amor y Respeto y comienzan a vivirlo diariamente:

Hace un año que asistimos a la conferencia Amor y Respeto. Es el mensaje más poderoso acerca del matrimonio que mi esposo y yo hayamos oído. Constantemente volvemos a repasar los principios que aprendimos aquel fin de semana especial. Nos sentamos en el sofá y repasamos P-A-R-E-J-A y S-I-L-L-A-S, y vemos dónde nos hemos salido de rumbo [...] Tenemos un gozo increíble cuando probamos hacer las cosas a la manera de Dios y luego vemos cómo él nos bendice.

Hace unos pocos días decidí decirle a mi esposo que lo respeto. Me sentí tan incómoda diciendo esas palabras, ¡pero hice la prueba y la reacción fue increíble! Él me preguntó por qué lo respetaba. Mencioné unas cuantas cosas, y vi que su comportamiento cambió delante de mis ojos.

Estoy triste por haber estado casada durante veintidós años y recién comprender el mensaje del respeto. Le escribí dos cartas a mi esposo acerca de por qué lo respetaba. Estoy sorprendida de cómo se ha suavizado su respuesta hacia mí. He orado durante años por que mi esposo me ame y hable mi lenguaje de amor. Pero cuando empecé a hablar el suyo, entonces respondió como yo tanto lo había querido.

Las cartas transcritas ejemplifican las que recibo semanalmente —si no es que a diario—, de personas que ganaron sabiduría al entender el versículo clave de la Escritura que es el fundamento de este libro. Ningún esposo siente cariñosos lazos de afecto y amor en su corazón cuando cree que su esposa siente desprecio por quien es él como ser humano. Irónicamente, la necesidad más profunda de la esposa, sentirse amada, se ve socavada por su falta de respeto.

Sin embargo, por favor entienda que lo que voy a decirle no es una «fórmula mágica». A veces el entusiasmo que una pareja siente en una de nuestras conferencias se desvanece a los pocos días o semanas, y sucumben ante los mismos viejos problemas: el Ciclo Alienante. Me gusta aconsejarles a todas las parejas que aprenden acerca del poder del amor y el respeto que lo pongan a prueba durante seis semanas. En ese lapso pueden ver cuánto han avanzado y cuánto les falta por recorrer.

El viaje hacia un matrimonio piadoso y satisfactorio no termina nunca, pero después de tres décadas de aconsejar a esposos y a esposas, he descubierto algo que puede cambiar, fortalecer o mejorar cualquier relación matrimonial. Lo he denominado la «Conexión entre Amor y Respeto», y mi esposa, Sarah, y yo estamos llevando este mensaje por todo Estados Unidos. Vemos que Dios obra de manera admirable cuando hombres y mujeres se someten al designio bíblico para el matrimonio. Vemos cómo funciona en nuestro propio matrimonio, donde aún seguimos descubriendo nuevas bendiciones a medida que usamos la «Conexión entre Amor y Respeto» para impactarnos el uno al otro.

Si usted y su cónyuge practican la «Conexión entre Amor y Respeto», el potencial para mejorar su matrimonio será ilimitado. Como escribió una esposa:

> Quería que usted lo supiera: ¡LO LOGRÉ! Dios me concedió el poder de esta revelación sobre respetar a mi esposo [...] Esta revelación [...] ha cambiado todo en mi matrimonio: mi enfoque, mi respuesta, mi relación con Dios y con mi esposo. Era la pieza que faltaba.

Para tantas parejas, el respeto es, en efecto, la pieza que falta para completar el rompecabezas. Continúe leyendo, y le mostraré a qué me refiero.

PARTE I

EL CICLO ALIENANTE

Este libro nació de una desesperación que se convirtió en inspiración. Como pastor, aconsejaba a parejas casadas y no podía resolver sus dificultades. El principal problema que oía de parte de las esposas era: «Él no me ama». Las esposas están hechas para amar, para querer amar y para esperar amor. Muchos esposos no se lo dan. Pero a medida que continuaba estudiando la Escritura y aconsejando a parejas, finalmente vi la otra mitad de la ecuación. Los esposos no decían mucho al respecto, pero pensaban: *ella no me respeta*. Los esposos están hechos para ser respetados, para desear respeto y para esperar respeto. Muchas esposas no se lo dan. El resultado es que cinco de cada diez parejas van a parar al tribunal de divorcio (y eso incluye a cristianos evangélicos).

Mientras luchaba con el problema, finalmente vi una conexión: sin amor de parte de él, ella reacciona sin respeto; sin respeto de parte de ella, él reacciona sin amor. Y así sigue y sigue. Lo he denominado el «Ciclo Alienante»: locura marital que tiene atrapadas en sus garras a miles de parejas. En estos primeros siete capítulos voy a explicar cómo es que todos entramos en el «Ciclo Alienante», y cómo podemos salir.

Capítulo 1

El sencillo secreto para un matrimonio mejor

¿Cómo puedo hacer para que mi esposo me ame tanto como yo lo amo a él? Esta era la pregunta básica que oía decir, una tras otra, a las esposas que me pidieron consejo durante los casi veinte años en que pastoreé una congregación creciente. Se me rompía el corazón al ver a las esposas llorar y oírlas contarme sus historias. Las mujeres son tan tiernas. En muchas ocasiones, me quedaba sentado allí mientras me corrían lágrimas por las mejillas. Al mismo tiempo, me sentía molesto con los esposos. ¿Por qué no podían ver lo que le estaban haciendo a su esposa? ¿Había alguna forma de ayudar a las esposas a motivar a estos maridos a amarlas más?

Sentía todo esto muy profundamente, porque había crecido en un hogar infeliz. Mis padres se divorciaron cuando yo tenía un año. Más tarde se volvieron a unir; pero cuando tenía cinco, se separaron otra vez. Volvieron a estar juntos cuando estaba en tercer grado, y los años de mi niñez están llenos de recuerdos de gritos y de tensión inquietante. Vi y oí cosas que quedaron grabadas en mi alma para siempre, y a veces lloraba hasta quedarme dormido. Recuerdo que sentía una gran tristeza. Mojé la cama hasta la edad de once años, y a los trece me enviaron a la escuela militar, donde permanecí hasta graduarme.

Cuando recuerdo que mis padres vivieron una vida de conflicto casi constante, puedo ver la raíz de su infelicidad. No fue difícil ver que mi madre imploraba amor y que mi padre deseaba desesperadamente ser respetado.

Mamá enseñaba acrobacia, zapateo americano y natación, lo que le proporcionaba un buen ingreso y le permitía vivir independiente de los recursos de papá. Esto lo hacía sentir que mamá podía arreglárselas sin él, y a menudo ella le enviaba ese mensaje. Ella tomaba decisiones financieras sin consultarlo, lo cual lo hacía sentir insignificante, como si él no importara. Y como él se ofendía, reaccionaba de formas poco cariñosas hacia ella. Estaba seguro de que ella no lo respetaba. Papá se enojaba por ciertas cosas, ninguna de las cuales puedo recordar. Mamá se sentía aplastada y se retiraba de la sala. Esta dinámica entre ellos fue mi forma de vida desde la niñez hasta los años de adolescencia.

En la adolescencia oí el evangelio: que Dios me amaba. Él tenía un plan para mi vida, y yo necesitaba pedirle perdón por mis pecados para recibir a Cristo en mi corazón y experimentar la vida eterna. Hice exactamente eso, y mi mundo entero cambió cuando me convertí en un seguidor de Jesús.

Después de graduarme de la escuela militar, me inscribí en la Wheaton College, porque creía que Dios me estaba llamando al ministerio. Cuando estaba en primer año en Wheaton, mi madre, mi padre, mi hermana y mi cuñado recibieron a Cristo como Salvador. Hubo un cambio en nuestra familia, pero las cicatrices no desaparecieron. Mamá y papá ahora están en el cielo, y le agradezco a Dios por su salvación eterna. No hay amargura en mi corazón, solamente mucho dolor y tristeza. Durante mi niñez sentía que mi padre y mi madre reaccionaban defensivamente el uno hacia el otro, y ahora lo veo claramente. Su problema era que podían ofenderse mutuamente con mucha facilidad, pero no tenían herramientas para efectuar algunos ajustes menores que podían apagar sus «lanzallamas».

Mientras estaba en Wheaton, conocí a una chica impulsiva que llevaba luz a cada lugar donde entraba. Sarah era la muchacha más positiva, cariñosa e interesada por los demás que yo había conocido. Ella había sido Miss Simpatía del condado Boone, en Indiana. Era íntegra y santa. Amaba al Señor y solo deseaba servirle. Ella debería haber tenido una carga de una tonelada por el divorcio que había deshecho su familia, pero no permitió que eso contaminara su espíritu. Por el contrario, decidió seguir adelante. No solamente era atractiva, yo también sabía que podía despertar cada día sabiendo que tenía una amiga.

EL «DESACUERDO» POR LA CHAQUETA VAQUERA

Le propuse matrimonio a Sarah cuando todavía estábamos en la universidad, y dijo que sí. Cuando aún estábamos comprometidos, tuvimos un indicio de cómo esposos y esposas pueden entrar en una discusión prácticamente por nada. Esa primera Navidad, Sarah me hizo una chaqueta vaquera. Yo abrí la caja, sostuve la chaqueta en alto, y le agradecí.

«No te gusta», dijo.

La miré perplejo y le respondí: «De veras que sí me gusta». Insistente, respondió: «No, no te gusta. No estás entusiasmado».

Desconcertado, repetí con firmeza: «De veras que sí me gusta».

Ella replicó: «No, no te gusta. Si te gustara, estarías entusiasmado y agradeciéndome mucho. En mi familia decimos: "¡Oh, qué bueno! ¡Justo lo que quería!". Hay entusiasmo. La Navidad es un tiempo superespecial, y lo demostramos».

Esa fue nuestra introducción a la forma en que Sarah y Emerson reaccionan ante los regalos. Sarah le agradece a la gente una docena de veces cuando algo la impacta profundamente. Como yo no le agradecí efusivamente, supuso que yo estaba siendo cortés, pero que apenas podía esperar para dejar la chaqueta en un centro de colectas del Ejército de Salvación. Estaba segura de que yo no valoraba lo que ella había hecho y que no sabía apreciarla. En cuanto a mí, me sentía juzgado por no ser y actuar de cierta manera. Sentía como si yo fuera inaceptable. Toda esa escena de la chaqueta me tomó totalmente por sorpresa.

Sarah y yo descubrimos que los que se casan tendrán que «pasar por muchos aprietos» (1 Corintios 7.28, NVI).

Durante ese episodio, aunque ninguno de los dos lo discernía claramente entonces, Sarah no se sentía amada y yo no me sentía respetado. Yo sabía que Sarah me amaba, pero ella, por otro lado, había comenzado a preguntarse si yo sentía por ella lo que ella sentía por mí. Al mismo tiempo, cuando ella reaccionó ante mi respuesta «indiferente» al recibir la chaqueta, sentí que en realidad yo no le agradaba. Sin embargo, aunque no lo expresamos así, la idea de no sentirnos amados ni respetados ya había comenzado a aflorar en nuestro interior.

Nos casamos en 1973 mientras yo terminaba mi maestría en comunicación en la Wheaton Graduate School. De allí nos fuimos a Iowa a trabajar en el ministerio, y completé una maestría en divinidad en el Seminario Dubuque. En Iowa, junto con otro pastor, iniciamos un centro cristiano de consejería. Durante ese tiempo comencé a estudiar seriamente las diferencias entre el hombre y la mujer. Podía sentir empatía por los clientes a quienes aconsejaba, porque Sarah y yo también experimentábamos la tensión de ser hombre y mujer.

Quizás tenga razón pero esté equivocado en hablarle con gritos

Por ejemplo, Sarah y yo somos muy diferentes en cuanto a la interacción social. Sarah es afectuosa, muy dada a tratar con otros y le encanta hablar con la gente acerca de muchas cosas. Después de estar con gente, se siente energizada. Yo tiendo a ser analítico y a procesar las cosas más o menos fríamente. Me siento energizado después de haber estado estudiando a solas durante varias horas. En actividades sociales interactuó cordialmente con la gente, pero soy mucho menos dado a relacionarme que Sarah.

Una noche, mientras volvíamos a casa después de un grupo pequeño de estudio bíblico, Sarah expresó algunos sentimientos fuertes que había ido acumulando durante varias semanas.

«Estuviste bastante aburrido en el estudio bíblico hoy —dijo casi enojada—. Intimidas a la gente con tu silencio. Y cuando hablas, a veces dices algo falto de sensibilidad. Lo que le dijiste a la pareja nueva no se entendió muy bien».

Quedé desconcertado pero intenté defenderme: «¿De qué estás hablando? Yo estaba tratando de escuchar a la gente y de entender lo que estaban diciendo».

La respuesta de Sarah subió varios decibeles más. «Necesitas hacer que la gente se sienta más relajada y cómoda —los decibeles aumentaron un poco más—. Tienes que hacer que la gente se muestre más comunicativa —ahora Sarah prácticamente estaba gritando—. ¡No seas tan introvertido!».

No le respondí durante unos segundos, porque me sentía menospreciado, no solamente por lo que me dijo, sino por su comportamiento y su tono. Respondí: «Sarah, quizás tengas razón, pero estás equivocada en hablarme con gritos».

Sarah recuerda que nuestra conversación de aquella noche en el auto le cambió la vida. Quizás su apreciación de mi manera de actuar con la gente era acertada, pero su forma de expresarlo fue una exageración. Ambos resolvimos algunas cosas gracias a esa conversación. (Aun hoy a veces nos recordamos mutuamente: «Quizás tengas razón, pero estás equivocado en gritarme».) En términos generales creo que, como producto de esa conversación, Sarah ha mejorado más que yo. Justamente la semana pasada me dio una clase sobre cómo ser más sensible hacia otra persona. (¡Y esto después de más de treinta años en el ministerio!)

Aquel temprano episodio de nuestro matrimonio plantó más semillas, con lo que más adelante podría escribir y hablar claramente. Yo sabía que Sarah me amaba y que su arranque fue producto de su deseo de ayudarme. Ella quería que apreciara su interés y que entendiera que solo lo estaba haciendo por amor, pero en resumidas cuentas, yo me sentía atacado, no respetado y a la defensiva. A lo largo de los años, continuamos lidiando con este mismo problema. Ella acostumbraba expresar su preocupación por algo a lo que yo no prestaba la debida atención. («¿Devolviste la llamada de tal y cual? ¿Le escribiste una notita a tal otro?».) Yo hacia todo lo posible por mejorar, pero de vez en cuando volvía a caer en lo mismo, y eso la hacía sentir que yo no valoraba su aporte.

Y después me olvidé de su cumpleaños

Pasaron unos cuantos años más, y se acercaba el cumpleaños de Sarah. Ella estaba pensando cómo respondería yo, incluso si me acordaría. Ella siempre se acordaba de los cumpleaños, pero no eran algo grande en la pantalla de mi radar. Ella sabía que *nunca* se olvidaría de mi cumpleaños, porque me amaba entrañablemente. Sin embargo, se preguntaba si yo celebraría el suyo. Ella pensaba: *¿ocupo en su corazón el mismo lugar que él ocupa en el mío?*

Por lo tanto, lo que hizo no fue con espíritu mezquino. Simplemente estaba tratando de descubrir cosas acerca de mí y de los hombres en general. Ella sabía que el olvido era un problema común, y solo estaba siendo curiosa. A modo de experimento, escondió todas las tarjetas de felicitación que habían llegado antes de su cumpleaños. No había señales de ello por ningún lado, y yo estaba envuelto en mi neblina de siempre, estudiando y pensando. El día de su cumpleaños, almorcé con un amigo. Esa noche mientras Sarah y yo cenábamos, preguntó suavemente: «Entonces, ¿Ray y tú celebraron mi cumpleaños hoy?».

No puedo describir exactamente lo que sucede dentro de un cuerpo humano en un momento como ese. Pero yo sentí como si la sangre se me hubiera salido del corazón, llegado hasta los pies y subido con toda la fuerza hacia mi rostro. ¿Cómo haría para explicarle esto?

Carraspeé y vacilé, pero no podía explicar cómo había olvidado el cumpleaños de Sarah. Mi olvido había mostrado falta de amor y podía ver que ella estaba dolida. Pero al mismo tiempo, tenía estos sentimientos extraños. Sí, había hecho mal al olvidarme, pero no había ignorado intencionalmente su cumpleaños. Me sentía juzgado, rebajado, y con todo derecho. En ese entonces, no podía describir mis sentimientos con una sola frase como *falta de respeto*. Durante aquellos años, cuando el feminismo estaba en pleno auge, los hombres no decían que las mujeres les faltaban el respeto. Eso habría sido arrogante, y en los círculos eclesiásticos se lo habría considerado como una terrible falta de humildad.

Momentos de ternura y chisporroteos
desagradables

Los años pasaron rápidamente —una imagen borrosa de prédicas, pastoreo y consejería a parejas casadas—. Sarah y yo continuábamos creciendo en nuestro matrimonio a medida que aprendíamos más uno del otro, y pasamos muchos momentos maravillosos. Pero junto con esos momentos tiernos también hubo lunares (¿debería decir «chisporroteos»?) desagradables. Ninguno duraba mucho; casi siempre orábamos juntos después, pidiéndonos perdón mutuamente y también al Señor. Pero, ¿qué significaba todo eso? ¿Hacia dónde se dirigía nuestro matrimonio? Después de todo, yo era un pastor al que le pagaban para ser «bueno». ¿Cómo podría justificar todas esas pequeñas metidas de pata que eran «buenas para nada»? Como dijo alguien, el problema con la vida es que es tan diaria. Y Sarah y yo nos exasperábamos mutuamente casi todos los días con malos hábitos que no nos podíamos sacudir. Uno de los míos era dejar las toallas húmedas sobre la cama. Al menos una vez al mes, Sarah se enojaba por mi toalla húmeda. Y más o menos cada tres meses volvía a estar preocupado por otras cosas, descuidando ciertos deberes y olvidando ciertos pedidos. Cuando me criticaba surgía tensión, y yo salía culpándola a ella o dando excusas.

Toda pareja aprende sobre los conflictos cotidianos, a los que Salomón llama «Esas zorras pequeñas que arruinan nuestros viñedos» (Cantares 2.15, NVI).

Sarah tose y se aclara la garganta periódicamente, y en los primeros años de matrimonio, en los momentos en que estábamos orando, yo me sentía irritado por su tos. ¿Hasta dónde podía ser infantil? Estábamos orando al Señor del cielo y yo me sentía molesto por algo que ella no podía evitar. Otras veces, ella quería que alabara al Señor cuando estaba frustrado. Francamente, no siempre quería alabar al Señor, ¿y eso me hacía menos espiritual? Cuando ella estaba frustrada, ¡yo no le decía que alabara al Señor! ¿Eso no me hacía eso menos crítico y más espiritual?

La tensión tiene su manera de destruir nuestra autoimagen. Por el lado de la confrontación, yo sentía que nunca sería suficientemente bueno. Y por el lado del conflicto familiar, Sarah se sentía fracasada como madre y esposa. Como sucede con todas las parejas, las cosas específicas que provocaban estas tensiones pesaban mucho en nosotros como pareja. En efecto, la vida puede ser «tan diaria».

Viajar, estudiar o enseñar no es lo primero que Sarah elegiría porque no es su don, aunque esté dispuesta a ir por causa del ministerio. Yo no soporto tener que arreglar cosas que se rompen en la casa, porque ese no es mi talento. Así que casi siempre me quejo cuando intento reparar algo y no funciona, (¡y justamente por ello no lo quería arreglar!).

Cuando Dios reveló el mensaje del Amor y el Respeto, experimenté Salmos 119.130: «La exposición de tus palabras nos da luz, y da entendimiento al sencillo» (NVI).

Comparto estos pequeños «secretos» sobre mi esposa y yo para que sepa que no damos nuestro mensaje desde ningún pedestal de perfección. Hemos luchado en muchos frentes y lo seguimos haciendo, ¡pero ahora luchamos sabiendo que podemos ganar! A lo largo de los años, muy despacio hemos ido descubriendo el «secreto» que ha marcado la diferencia en nosotros (y en muchas otras parejas).

EL «SECRETO» ESCONDIDO EN EFESIOS 5.33

Durante más de veinte años tuve el privilegio de estudiar la Biblia treinta horas por semana para mi ministerio de predicación. También obtuve un doctorado en estudios familiares, además de una maestría en comunicación. Tenía mucha educación formal, pero cuando esta iluminación de la Escritura estalló en mi corazón y en mi mente un día de 1998, simplemente quedé maravillado. Literalmente exclamé: «¡Gloria a Dios!». Esta revelación que finalmente había reconocido en la Escritura, y que más adelante confirmé leyendo informes científicos, explicaba por qué Sarah y yo teníamos discusiones. Por fin vi claramente por qué Sarah podía sentirse aplastada por mis palabras y mis acciones, así como mi madre se había sentido aplastada por mi padre. Y Sarah podía decir cosas que me harían explotar, así como mi madre había dicho cosas que habían hecho explotar a mi padre.

¿Cuál era el secreto? En realidad no había secreto alguno. Este pasaje de la Escritura ha estado ahí durante unos dos mil años, a la vista de todos. En Efesios 5.33, Pablo escribe: «Cada uno de ustedes ame también a su esposa como a sí mismo, y que la esposa respete a su esposo» (NVI).

Por supuesto, había leído ese versículo muchas veces. Incluso había predicado sobre él al dirigir ceremonias matrimoniales. Pero por alguna razón nunca antes había visto la conexión entre amor y respeto. Pablo dice claramente que las esposas necesitan amor y los esposos necesitan respeto. Cuando comencé a compartir mi secreto en las prédicas y más tarde en seminarios y conferencias, a menudo encontraba gente que me decía cosas como: «Esta Conexión entre Amor y Respeto suena bien, Emerson, ¿pero no es un poquito teórica? Nosotros tenemos problemas reales: problemas de dinero, problemas sexuales, la crianza de los niños...».

Como voy a mostrar a lo largo de este libro, la Conexión entre Amor y Respeto es la clave de todo problema en un matrimonio. Esta no es una linda teoría a la que le agregué unos cuantos versículos bíblicos.[1] La manera en que la necesidad de amor y la necesidad de respeto compiten entre sí en un matrimonio tiene *todo* que ver con la clase de matrimonio que usted tendrá.

Cómo reveló Dios la Conexión entre Amor y Respeto

Al principio, cuando estaba luchando por encontrar ayuda para otros matrimonios así como para el mío, no estaba buscando ninguna «Conexión entre Amor y Respeto». Pero esa conexión surgió mientras reflexionaba sobre lo que decía Efesios 5.33. Mi proceso de pensamiento fue algo como esto: «Un esposo debe obedecer el mandamiento de amar aun si su esposa no obedece el mandamiento de respetar; y una esposa debe obedecer el mandamiento de respetar aun si su esposo no obedece el mandamiento de amar».

Hasta ahora todo marchaba bien. Pero después razoné más profundamente: «Al esposo se le llama a amar incluso a una esposa que no lo respeta; y a la esposa se le llama a respetar a un esposo desamorado. No hay justificativo para que un esposo diga: "Voy a amar a mi esposa *después* de que ella me respete"; ni para que una esposa diga: "Voy a respetar a mi esposo *después* de que él me ame"».

En este momento aún no había visto la Conexión entre Amor y Respeto. Mi teoría surgió a medida que Dios me guió a reconocer el fuerte vínculo entre amor y respeto en un matrimonio. Vi por qué resulta tan difícil amar y respetar. Cuando un esposo no se siente respetado, le es especialmente difícil amar a su esposa. Cuando una esposa no se siente amada, le es especialmente difícil respetar a su esposo.

En ese punto vino la iluminación que me hizo comprenderlo, y que desde entonces ha ayudado a mucha gente a comprenderlo también. Cuando un esposo siente que no es respetado tiene una tendencia natural a reaccionar en maneras que la esposa siente como falta de amor. (¡Quizás el mandamiento de amar haya sido dado al esposo precisamente por esta razón!) Cuando una esposa no se siente amada tiene una tendencia natural a reaccionar en maneras que el esposo siente como falta de respeto. (¡Quizás el mandamiento de amar haya sido dado a la esposa precisamente por esta razón!)

La Conexión entre Amor y Respeto está claramente presente en la Escritura, pero también lo está la amenaza de que dicha conexión puede dañarse e incluso romperse. Y luego vino lo que yo llamo el momento del «ajá»: esta cosa se desencadena a sí misma. Sin amor, ella reacciona sin respeto. Sin respeto, él reacciona sin amor, hasta el hartazgo. ¡Así nació el Ciclo Alienante! (Ver página 1 para observar la ilustración.)

> El Ciclo Alienante es «la maldad de la insensatez y el desvarío del error» (Eclesiastés 7.25).

Dondequiera que enseño mi teoría, esposos y esposas lo entienden de inmediato. Comprenden que si no aprenden cómo controlar el Ciclo Alienante, este seguirá girando y girando, y nadie sabe dónde se detendrá.

Para bosquejar este libro de forma breve, quiero ayudar a las parejas a:

- Controlar la locura (el Ciclo Alienante)
- Energizarse mutuamente con Amor y Respeto (el Ciclo Energizante)
- Disfrutar las recompensas de un matrimonio piadoso (el Ciclo Gratificante)

POR QUÉ EL AMOR Y EL RESPETO SON NECESIDADES PRIMARIAS

Entrar en el Ciclo Alienante es sumamente fácil. Reconocer que se encuentra en ese ciclo y aprender a evitar que continúe girando sin control *es* posible si esposo y esposa aprenden a satisfacer mutuamente sus necesidades básicas de amor y respeto. A menudo me han preguntado: «¿Cómo puede estar tan seguro de que la esposa necesita sentirse amada más que cualquier otra cosa, y que el esposo necesita ante todo sentirse respetado?». Mi respuesta viene en dos partes.

Ante todo, mi experiencia como consejero y como esposo confirma esta verdad. La esposa es quien pregunta: «¿Mi esposo me ama como yo lo amo a él?». Ella *sabe* que lo ama, pero a veces se pregunta si él la ama tanto como ella a él. Entonces, cuando él se muestra desamorado, ella reacciona típicamente de forma negativa. En su opinión, él debe convertirse en un hombre más sensible y cariñoso. Lamentablemente, el enfoque usual de una esposa es quejarse y criticar para motivarlo a ser más amoroso. Esto generalmente resulta tan efectivo como intentar venderle guantes de boxeo a la Madre Teresa.

Por otro lado, un esposo no se pregunta habitualmente: «¿Me ama mi esposa tanto como yo a ella?». ¿Por qué no? Porque está seguro de su amor. A menudo les pregunto a los maridos: «¿Su esposa lo ama?». Ellos responden: «Sí, por supuesto». Pero después pregunto: «¿Usted le agrada?». Y la respuesta por lo general es: «No».

En muchos casos, el disgusto de la esposa es interpretado por el esposo como falta de respeto e incluso como desprecio. Según él, ella ha dejado de ser la mujer que lo admiraba y lo aprobaba siempre cuando eran novios. Ahora ella no aprueba, y se lo hace saber. Entonces el esposo decide motivar a su esposa a ser más respetuosa actuando de manera poco afectuosa. En general, esto da tanto resultado como intentar venderle una camioneta a un granjero amish.

Aun más convincente es lo que Efesios 5.33 enseña acerca de que la necesidad primaria de la esposa es el amor y la necesidad primaria del esposo es el respeto: el esposo *debe* amar a su esposa como a sí mismo, y la esposa *debe* respetar a su marido. ¿Podría ser más claro que eso? Pablo no está haciendo sugerencias; está dando mandamientos de parte de Dios mismo. Además, la palabra griega que Pablo usa para referirse al amor en este versículo es *ágape*, que significa amor incondicional. Y la redacción del resto del pasaje indica claramente que el esposo debería recibir respeto incondicional. Los cónyuges cristianos no deberían leer este versículo de manera que diga: «Esposos, amen a sus esposas incondicionalmente, y esposas, respeten a sus esposos, solo si se lo han ganado y se lo merecen». Como dice el viejo dicho, si está bien que lo haga uno, está bien que lo hagan todos. En este versículo, el respeto es tan importante para el esposo como el amor es para la esposa.

Otro autor de la Escritura está en sintonía con Pablo en cuanto al respeto que se debe a los esposos. El apóstol Pedro les escribió a las esposas que si su esposos eran desobedientes a la Palabra de Dios, fueran «ganados sin palabras por la conducta de sus esposas, considerando vuestra conducta casta y *respetuosa*» (1 Pedro 3.1 –2, itálicas mías). Indudablemente así, Pedro se está refiriendo al respeto incondicional. Los esposos que menciona son cristianos carnales o no creyentes, desobedientes a la Palabra; esto es, a Jesucristo. Dios no se complace en un hombre como ese, y tal hombre no «merece» el respeto de su esposa. Pero Pedro no está llamando a las esposas a sentir respeto; está ordenándoles que muestren una conducta respetuosa. No se trata de si el esposo merece respeto; se trata de que la esposa debe estar dispuesta a tratar a su esposo respetuosamente *sin condiciones*.

Hacer algo cuando uno realmente no siente deseos de hacerlo, por decir lo menos, va contra lo que podría pensarse. Por lo tanto, conforme a este pasaje, se debe actuar por fe. Dios les ha ordenado que las esposas respeten a sus esposos como un método para ganarlos para sí mismo. Cuando el esposo le abre su espíritu a Dios, le vuelve a abrir su espíritu a su esposa. Ningún esposo siente afecto hacia una esposa que parece sentir desprecio por lo que él es como ser humano. La clave para crear en un esposo sentimientos tiernos de amor hacia su esposa es mostrarle respeto incondicional.

Respeto: la característica distintiva de este libro

Muchos libros sobre el matrimonio enfatizan la necesidad de que los esposos amen a su esposa, pero la característica distintiva de este libro es el concepto de que las esposas deben mostrarle respeto incondicional a su esposo. Mi teoría es simple, pero es tan poderosa que decidí dejar el pastorado en 1999 para comenzar a compartir a tiempo completo estas verdades acerca del amor y el respeto. Desde entonces, Sarah y yo hemos compartido nuestro mensaje con miles de parejas casadas y, una y otra vez, recibimos confirmación de que definitivamente vamos por el camino correcto. Cada esposa que hemos conocido quiere que su esposo aprecie el amor que siente por él, y anhela sentir más amor de su parte. Lo que intentamos compartir es que la mejor manera de amar a un esposo es mostrarle respeto en formas que sean significativas para él. Es el respeto lo que hace sentir el amor que su esposa tiene por él y aviva en él sentimientos de amor hacia su esposa.

Este libro le mostrará el poder del amor y del respeto incondicionales. Al usar estas poderosas herramientas, puede salvar del tribunal de divorcio un matrimonio en dificultades o librar un matrimonio, «ejem», del aburrimiento y la amargura disimulada. Si usted tiene un buen matrimonio, puede hacer que sea aun mejor. Sarah y yo teníamos un buen matrimonio antes de descubrir el sencillo secreto que se enseña en este libro. Pero ahora nuestro matrimonio es *mucho* mejor.

¿Cuánto mejor? ¿Hemos alcanzado alguna clase de nirvana marital y todo es perfecto? Difícilmente. Aún hay veces en las que actuamos con desamor o falta de respeto. Aún entramos en el Ciclo Alienante como todos los demás. Pero hemos tomado una decisión que ha cambiado el curso de nuestro matrimonio para bien. Si tan solo mamá y papá hubieran descubierto esto. Sarah y yo ahora sabemos cómo reducir el número de veces en que damos vueltas en el Ciclo Alienante, y a menudo lo detenemos antes de que se inicie.

¿Qué decisión es esta que hemos tomado, que ha cambiado nuestra vida? Yo he decidido creer que Sarah no tiene la intención de ser irrespetuosa. Oh, ella puede ser mala, pero no es así como se siente en su corazón. Yo sé que en lo profundo ella respeta quién soy. Sarah ha decidido creer que yo no tengo la intención de ser desamorado, aunque aún hay veces en que la lastimo con mis comentarios y actitudes. Ella sabe que en mi corazón la amo profundamente y que hasta podría morir por ella. Entonces, ¿cómo funciona todo esto? Me gustaría ilustrarlo con huevos y toallas.

SARAH NO PUEDE DEJAR DE ECHARLES PIMIENTA A LOS HUEVOS

A Sarah le gusta echarle pimienta a los huevos. A mí no. En su opinión, los huevos revueltos o fritos necesitan condimentarse con pimienta hasta quedar negros. En el curso de nuestro matrimonio, Sarah me ha preparado huevos cientos de veces, y casi siempre los ha condimentado, aunque sepa que no me gusta. Pero he concluido que Sarah no hace esto para fastidiarme o porque yo no sea importante para ella. Conozco su corazón. Incluso ha rezongado frustrada: «Bueno, no quedan *bien* si no tienen pimienta».

Por más desconcertado que esté debido a que constantemente les pone pimienta a los huevos, no he concluido que Sarah esté planeando cambiarme o irritarme. Sé que Sarah está pensando en otras cosas. Está en piloto automático cuando les pone pimienta a los huevos. Le he dicho cientos de veces: «Por favor, no les eches pimienta a los huevos». Si realmente me respetara, ¿no me escucharía? ¿No sería natural que yo estallara de enojo, especialmente si puedo preverlo... otra vez? ¿No tendría yo derecho de dudar de sus buenas intenciones? ¿No sería justo que comenzara a llevar cuenta de las muchas cosas que ella hace y que me molestan, como echarles pimienta a los huevos? Todo esto demostraría que realmente no le importo, ¿no es así?

Pero soy capaz de interpretar a Sarah mucho menos negativamente que eso, porque he decidido que ella no tiene la intención de faltarme el respeto, ni en lo más profundo de su alma. He tomado esa decisión, y otros esposos también lo están haciendo. Un hombre escribió:

> Fue muy liberador reflexionar sobre el hecho de que mi esposa era bienintencionada y de buen corazón hacia mí, como ella lo reconoció. Tristemente, yo no comprendí su corazón. Había muchas cosas que yo no sabía acerca de su corazón. Por ejemplo, resulta que ella había estado pasando por una depresión postparto. Poder entender algunas cosas como esa suavizó mi corazón en gran manera. Comencé a pensar más acerca de aquello en que quizás ella no esté sintiendo el amor que le tengo, aunque yo sea bienintencionado y tenga buenos sentimientos hacia ella.

Este esposo «lo captó». Él ha tomado la decisión correcta en cuanto a su esposa, y usted puede hacer lo mismo para con su cónyuge.

Emerson no puede poner las cosas en su lugar

Yo dejo las toallas húmedas donde no corresponde. Dejo un pan sobre la encimera. Dejo abiertas las puertas del armario. Dejo una pila de libros en el piso de la sala de estar. Tengo una excusa, por supuesto: estoy mentalmente preocupado. Como dice Sarah: «Siempre está pensando». A veces yo mismo me asombro de las cosas que hago y de las que no. Cuando recuerdo esas puertas abiertas de los armarios, me doy cuenta de que la mayoría de ellas continúan abiertas. Me digo a mí mismo: *¿por qué no cerré esas puertas? ¿En qué estaba pensando?* O dejo las toallas desparramadas en el piso del dormitorio en lugar de colgarlas en el baño. (A propósito, aquí hemos aprendido a mantener las cosas en calma, lo cual afloja la tensión. Cuando Sarah agita la toalla frente a mí, yo sonrío y digo: «¡Qué coincidencia! ¡Justo iba a colgar esa toalla!».)

Pero no me malentienda. No soy un cerdo. Pero estoy casado con Sarah, que es la pulcritud y la limpieza personificadas, y de acuerdo con sus estándares yo saldría desaprobado. No es perfeccionista, pero es lógica. ¿Por qué dejar una toalla sobre la cama cuando hay un tendedero esperándola en el baño? ¿Por qué dejar abierta la puerta de un armario si la bisagra funciona en ambas direcciones? ¿Por qué dejar los libros en el piso si solo tomaría unos segundos colocarlos de nuevo en el estante?

Pero Sarah no concluyó que esto signifique que yo me haya propuesto ignorarla o fastidiarla. Ella sabe que estoy pensando en otras cosas, que estoy en piloto automático mientras voy y vengo. Sí, me he dicho miles de veces: «Por favor, recoge las cosas y ponlas en su lugar». ¿No le sería fácil a ella decir: «Si realmente me amaras, me escucharías»? ¿No sería natural que ella estallara de enojo? ¿No tendría derecho a dudar de mis buenas intenciones? ¿No sería justo que comenzara a llevar cuenta de las muchas cosas que yo hago así? Después de todo, seguramente esto demostraría que realmente no me importa.

Pero Sarah me ve con una luz más positiva, porque ha decidido creer que no es mi propósito ser indiferente o desamorado, ni en lo más profundo de mi alma. Ella ha tomado esa decisión, y otras esposas también lo han hecho. Una mujer casada hace más de treinta años dice:

> Al mirar atrás, me doy cuenta de lo irrespetuosa que resulté ser. Él es un hombre amable y compasivo por naturaleza, muy sociable, y tiene el don de servicio (siempre está dispuesto a hacer cosas por mí de un momento al otro) [...]; verdaderamente un hombre bienintencionado y de buen corazón que ha tenido pecado en su vida, como todos nosotros [...] Me doy cuenta de que quizás mis expectativas eran irrazonablemente altas.

Otra esposa agrega:

> Desde los comienzos de nuestro matrimonio, cuando él empezó a mostrarse controlador y a no escuchar las preocupaciones

que yo tenía; yo no veía que él tenía sentimientos en su interior. Comencé a darle respuestas de esposa amargada «en la cara». Ahora veo más su corazón y estoy empezando a comprender lo que mis palabras le han causado.

Estas chicas también «lo captaron». Han tomado la decisión de cambiar su perspectiva, y usted puede hacer lo mismo respecto a su cónyuge.

Sí, Sarah y yo tenemos nuestros defectos. El Ciclo Alienante siempre quiere girar, pero podemos controlarlo al recordar la Conexión entre Amor y Respeto. Sabemos que esto da resultado, y hay mucho más que quiero compartir acerca de cómo y por qué funciona. El primer paso es entender exactamente cómo se comunican esposos y esposas.

CAPÍTULO 2

PARA COMUNICARSE, DESCIFRE EL CÓDIGO

Para que esposos y esposas entiendan la Conexión entre Amor y Respeto, deben darse cuenta de que se comunican en código. Y el problema es que no saben cómo descifrar los mensajes que se envían el uno al otro.

Una pareja estaba por celebrar su décimo aniversario de bodas, y la esposa comenzó a preguntarse si su esposo lo recordaría. En muchas oportunidades a lo largo de esta última década, él se había olvidado por completo de su aniversario. Hiciera ella lo que hiciera —pequeñas o grandes insinuaciones— él no acusaba recibo. Pero en su décimo aniversario, ¡él lo recordó sin insinuación alguna! Se dirige derechito a Hallmark y pronto se encuentra mirando todos esos estantes llenos de tarjetas de felicitación. Una tarjeta colorida llama rápidamente su atención. Echa un vistazo a las palabras: ¡son perfectas! Él piensa: *esta tarjeta es* para ella, *sin duda alguna*. La saca del estante, le paga a la cajera, y se apresura rumbo a su casa muy contento. Al fin se acordó de su aniversario, y este será uno muy especial también.

Ella está allí cuando llega, así que esconde la tarjeta en otra habitación, la firma y escribe rápidamente el nombre en el sobre. Incluso le dibuja un par de corazoncitos para darle un toque extra. Luego sale y le entrega la tarjeta de su décimo aniversario a su esposa. Ella sonríe de oreja a oreja. Está tan feliz, ¡al fin se acordó! Abre el sobre y comienza a leer..., y después pone cara larga. Los ojos que habían brillado de amorosa energía ahora se tornan fríos. Su expresión sonriente se vuelve agria y sombría.

—¿Qué sucede? —le pregunta su esposo. (Él es un tipo muy sensible y puede darse cuenta de estas cosas.)

—Nada.

—Sí, algo pasa. ¿Qué es?

—No, no pasa *nada*.

—Pero algo te pasa —me doy cuenta. ¿Qué es?

—Bueno, no está mal... para ser una tarjeta de *cumpleaños*.

Como se imaginará, la conversación va cuesta abajo a partir de aquí. «¡Estás bromeando!», dice el marido, arrebatándole la tarjeta de las manos,

—¡No puede ser...! ¡Increíble!

—¡No, *tú* eres increíble!

El esposo pestañea ante el enojo evidente de su mujer. Él sabe que está lleno de buena voluntad; se acordó de su décimo aniversario. Le compró un regalo y también una tarjeta. «Bueno, cariño, fue un error involuntario. Dame una oportunidad».

«¿Darte una oportunidad? Un error involuntario. Oh, fue un error involuntario, bien, porque sencillamente no te importa. ¿Sabes qué? Si llevaras el auto al taller de lavado y le hicieran en el costado una raya de tan solo una fracción de pulgada, lo notarías, ¿no es verdad? ¿Por qué? Porque te *importa*. Pero nuestro aniversario no te importa. ¡*Yo* no te importo!».

El esposo no lo puede creer. De sentirse culpable ahora pasa a sentirse enojado. Lo que pensaba que sería una tierna celebración de su décimo aniversario se ha convertido en un conflicto que se intensifica rápidamente.

—Eh, me equivoqué sin querer, ¿está bien? Dame un respiro. ¡Por favor!

—Me compras una tarjeta de cumpleaños para nuestro aniversario, ¿y esperas que no esté disgustada? ¡Preferiría que no me hubieras comprado ninguna tarjeta!

El marido se ha puesto a la defensiva, pero ahora su número de pulsaciones aumenta. Él intentó hacer algo amoroso, y todo lo que su esposa hace es decirle cosas hirientes.

«¿Sabes qué? Por la forma en que estás hablando, ¡me *alegro* de haberte comprado una tarjeta de cumpleaños para nuestro aniversario!». Y con esa brillante despedida, sale furioso de la habitación, dando un portazo tras de sí. Habían transcurrido aproximadamente dos minutos desde que él le entregó la tarjeta. Esta pareja, un esposo y una esposa que se aman de verdad, llegaron a casa con la expectativa de pasar una maravillosa y romántica velada juntos. En lugar de eso, se retiran dando taconazos hacia extremos opuestos de la casa, y se quedan mirando por la ventana hacia la oscuridad, preguntándose cómo habían llegado a esto, y piensan: *¡esto es una locura!*

> *Cuando aconsejo a las parejas, suelo preguntarles: «¿De donde surgen las guerras y los conflictos entre ustedes?» (Santiago 4.1 NVI).*

Esta historia se basa en un incidente real, y he recopilado muchas otras historias como esta de parejas a las que Sarah y yo hemos aconsejado. Los intercambios hostiles se producen cuando el esposo parece ser descuidado, privando a su esposa de amor; y cuando la esposa reacciona con críticas y quejas vehementes, privando a su esposo de respeto. ¿Y por qué ella debería respetarlo? ¡Este estúpido bruto no merece su respeto!

¡SOLO ME QUIERES PARA EL SEXO!

He aquí otro ejemplo. El esposo ha estado fuera de casa durante una semana en un viaje de negocios. Cuando su avión aterriza, él empieza a imaginar una romántica noche de sexo con su esposa, así que se apresura para llegar a casa lo más pronto posible. Cuando entra, lo primero que su esposa le dice es: «¿Qué haces en casa tan temprano? Bueno, ya que estás acá, necesito que recojas a los niños de la escuela. Y no lo olvides, tenemos reunión de padres con los maestros esta tarde. Ah, sí... quiero hablarte acerca de Billy. El maestro llamó hoy y dijo que ha estado llamando la atención y distrayendo a sus amigos durante la clase. Y de camino a la escuela, ¿podemos retirar mi ropa de la tintorería? Ah, casi me olvidaba, hoy vamos a cenar tarde, porque mi hermana va a pasar a tomar un café».

Adiós a la velada romántica planeada por nuestro caballero andante del comercio, quien termina relegado por los niños, la tintorería y la hermana de su esposa. Al salir por la puerta trasera dice sarcásticamente, mirando por encima del hombro: «¡Qué bueno verte después de una semana!».

Su esposa se molesta por su tono sarcástico, pero justo cuando él sale suena el teléfono y ella no tiene tiempo para seguirlo hasta afuera y preguntarle qué fue lo que quiso decir. Más tarde en la reunión de padres y maestros siente que él sigue enojado, pero de vuelta a casa ella no dice nada. Ella está agotada por todas las actividades de la semana, y disgustada porque él no le preguntó ni siquiera una vez por todas las cosas con las que había tenido que lidiar. Se pregunta qué derecho tiene él a estar disgustado con ella cuando *él* es el que está siendo irrazonable.

Cuando se van a la cama esa noche, el esposo decide que va a «reconciliarse» con su esposa de la manera más obvia y natural. Cuando extiende el brazo para frotarle la espalda, que por lo general es una muy buena forma de empezar, ella dice quejándose: «No. Estoy muy cansada».

Enojado, el esposo se da la vuelta dándole la espalda y sin decir una palabra. Lastimada por su enojo, ella dice: «Eres tan insensible».

Sin dar crédito a lo que acababa de oír, él responde: «No puedo creer que hayas dicho eso. Estuve fuera de casa durante una semana. Regreso, y en lugar de recibirme con alguna clase de saludo, sigues ocupada con los niños y con tu hermana. Cuando trato de acercarme, me dices que estás demasiado cansada. ¡Y después *tú* me dices a *mí* que yo soy insensible! ¿Es que solamente soy un proveedor para ti?».

A esta altura, la esposa se siente muy lastimada, y responde: «Ni siquiera me preguntaste una vez cómo estaba. ¡El único momento en el que te interesas en mí es cuando quieres tener sexo!».

«¡Estuve fuera toda una semana! Al principio de nuestra vida de casados cuando yo tenía que viajar, no veías la hora de que regresara a casa. Me esperabas en la puerta con una sonrisa y un beso. Ahora simplemente levantas la vista y dices: "¿Por qué llegaste a casa tan temprano?". Gracias. Eso me alegra el día».

La locura: no deje de prender y apagar el interruptor

Historias como estas no son poco frecuentes. Toda pareja casada tiene sus propias versiones. Sucede una y otra vez. Yo lo llamo el Ciclo Alienante. Hay tanta gente dentro del Ciclo Alienante que cinco de cada diez parejas de la iglesia se están divorciando, y la locura parece empeorar. Es como si alguien entrara en una sala, prendiera el interruptor de la luz, y descubriera que las luces no encienden. Usted puede entender que alguien pruebe el interruptor dos o tres veces sin ningún resultado. Al fin se dará cuenta: debe haber un cortocircuito o una bombilla quemada. Pero si esa persona se queda allí y prende y apaga el interruptor constantemente durante media hora, usted comienza a preguntarse: «¿Este tipo no estará un poco loco?».

Las desenfrenadas estadísticas de divorcio revelan que la «insensatez [está] en su corazón» (Eclesiastés 9.3).

La cuestión es simple: *la locura surge cuando seguimos haciendo las mismas cosas una y otra vez con los mismos resultados negativos*. El matrimonio parece ser un terreno fértil para este tipo de locura. Irónicamente, nunca se han publicado tantos libros sobre el matrimonio como hoy en día. Hay libros sobre comunicación marital, administración del dinero, sexualidad, etc.

¡Hasta existen libros sobre cómo convertirse en un mejor esposo (o esposa) en treinta días! Pero con todo nuestro conocimiento, la locura continúa. Y parece no importar si las parejas son cristianas o no creyentes. ¿Por qué? He llegado a la conclusión de que quienes estamos en la iglesia, quienes creemos tener la verdad, no estamos usando la verdad completa. Hay una parte crucial de la Palabra de Dios que hemos ignorado o que quizás simplemente no hemos advertido, aunque haya estado todo el tiempo ante nuestras propias narices.

Muchos cónyuges cristianos conocen Efesios 5.33 y al menos pueden parafrasearlo. El apóstol Pablo dice a los esposos que amen a sus esposas como a sí mismos, y a las esposas que respeten a sus maridos. ¿Pero alguien está escuchando de verdad? Quizás el primer paso para una mejor comunicación entre esposo y esposa sea oír lo que la Palabra de Dios dice claramente.

¿Por qué las parejas se comunican en código?

La comunicación en el matrimonio se ha descrito, discutido y analizado minuciosamente en cientos, si no miles, de libros y artículos. ¿Por qué la comunicación entre esposo y esposa constituye semejante problema? Se reduce al hecho de que nos enviamos mensajes en «código» el uno al otro, basados en el género, aunque no sea nuestra intención. Lo que yo digo no es lo que usted oye, y lo que cree que oyó no tiene que ver en absoluto con lo que yo dije.

Veamos cómo funciona esto en una pareja que se está vistiendo para comenzar el día.

Ella dice: «No tengo qué ponerme». (Ella quiere decir que no tiene nada *nuevo*.)

Él dice: «No tengo qué ponerme». (Él quiere decir que no tiene nada *limpio*.)

En este caso no existe un riesgo serio de conflicto, pero el «nada que ponerse» ilustra que todos vemos las cosas desde el punto de vista de nuestras propias necesidades y percepciones. Sin ir más lejos, el otro día estaba trabajando en mi computadora y Sarah tenía la radio encendida en la habitación contigua. Era un programa de entrevistas y el volumen estaba lo suficientemente alto como para hacer descarrilar el hilo de mi pensamiento. Le grité: «¿Estás escuchando eso?». No hubo respuesta. Grité nuevamente: «¿Estás *escuchando* eso?». Aún no había respuesta. Finalmente, grité más fuerte: «¿Estás escuchando la radio?». Ella me gritó: «¡He estado tratando de escuchar, pero no dejas de interrumpir!».

Esto creó un cruce de palabras de dos minutos que casi se convierte en una discusión seria. Parece que Sarah estaba molesta conmigo, porque ella ni siquiera había notado la radio; estaba ocupada en otra cosa. Pero pensaba que yo la llamaba porque en ese programa había algo que realmente quería que ella oyera. Por supuesto, mi verdadera intención era hacer que ella apagara la radio si en realidad no la estaba escuchando. Entonces, me molesté con ella porque no me había entendido.

Finalmente comprendí que no había sido muy claro en lo que quería decir, y que gritarle tres veces tampoco fue algo muy tierno que digamos. Así que le pedí disculpas. Cito este pequeño malentendido para señalar que cosas como esta pueden intensificarse, especialmente si esposo y esposa están algo disgustados el uno con el otro por algo que sucedió el día anterior (o posiblemente apenas unos minutos antes). En otros casos, las parejas pueden venir experimentando una tensión desde largo tiempo atrás que desemboca en una escalada, la cual se desencadena por un simple malentendido.

En cierto sentido, la cuestión no tiene que ver con apagar la radio, o cualquiera que sea el malentendido. La esposa puede sentirse molesta con su esposo porque él no está siendo sensible, algo que muchas esposas siempre prevén y esperan. En menos de un minuto, la esposa puede dejar de sentirse amada y acusar a su esposo de ser desamorado. Mientras tanto, el esposo puede estar disgustado con su esposa cuando ella comienza a hablarle como si él fuera un insensible. Él comienza a recitar el mantra de muchos maridos: «Nunca soy suficientemente bueno». El esposo siente que no es respetado, o al menos que lo están criticando injustamente, otra vez. Una pequeña chispa en un bosque seco puede iniciar un incendio rápidamente, y si una pareja no sabe cómo apagarlo, puede llegar a convertirse en una seria conflagración.

«Cuando la cuestión no es la cuestión»

En casi todos los casos, la cuestión que parece ser la causa de la locura no es la verdadera cuestión. ¿Alguna vez ha entrado en un conflicto con su cónyuge sin estar seguro de por qué? Ve como su cónyuge se deprime, se irrita o se torna frío o fría, y luego piensa: *¿cuál es el problema? ¿Qué está sucediendo?* Como de costumbre, usted lo descalifica diciendo: «Si ella no fuera tan susceptible», o «Si él no fuera tan infantil». Por supuesto, si *usted* resulta ser la persona ofendida, eso es distinto. Su cónyuge es culpable de herirlo en la llaga, nuevamente.

El solo hecho de que usted no se sienta amado o respetado, no significa que su cónyuge le esté enviando ese mensaje. Cuando la esposa no se sintió amada al recibir una tarjeta de cumpleaños para su décimo aniversario, no quería decir que su esposo le estuviera enviando un mensaje que dijera: «Realmente no me importas ni te amo». Al mismo tiempo, cuando su esposa reaccionó de manera furiosa e irrespetuosa, no significa que su mensaje fuera: «Realmente no te tengo ningún respeto».

Cuando el hombre de negocios regresó de su viaje con la expectativa de tener intimidad sexual y su esposa se mostró indiferente, el mensaje que ella estaba enviando no era: «No te respeto a ti ni tus necesidades». Y quizás el esposo se haya sentido disgustado o de mal humor, pero no le estaba enviando una señal de que no la amaba. A menudo, nos centramos en nuestras propias necesidades y simplemente pasamos por alto las necesidades de la otra persona. La esposa necesita amor; no está tratando de ser irrespetuosa. El esposo necesita respeto; no está intentando ser desamorado. Una vez que entiende este principio básico —que la «cuestión» en realidad no es la verdadera cuestión— usted va de camino a descifrar el código de la comunicación.

SOMOS TAN DIFERENTES COMO EL ROSA Y EL AZUL

Cuando la cuestión no es la verdadera cuestión, resulta crucial entender que una cosa es lo que está sucediendo en el espíritu de la esposa y otra muy diferente la que está sucediendo en el espíritu del esposo. Los primeros capítulos de Génesis dicen que Dios los creó varón y mujer. Eso no es nada nuevo. Pero lo que resaltan es que los hombres y las mujeres son *muy* diferentes. Por ejemplo, Pedro nota esa diferencia cuando instruye a los esposos a que traten a sus esposas de una manera muy específica «*ya que* como mujer...» (1 Pedro 3.7, NVI; itálicas mías).

La forma en que me gusta imaginar la diferencia entre hombres y mujeres es que la mujer mira el mundo a través de gafas rosas que colorean todo lo que ella ve. El hombre, en cambio, mira el mundo a través de gafas azules que colorean todo lo que ve. Hombres y mujeres pueden observar exactamente la misma situación y ver la vida de forma muy distinta. Inevitablemente, sus lentes rosas y azules hacen que su interpretación de las cosas esté en desacuerdo en cierto grado.

Hombres y mujeres no solo ven las cosas de modo distinto, también oyen diferentemente. Para aplicar en otro aspecto la analogía del rosa y el azul, Dios creó a los hombres con audífonos azules y a las mujeres con audífonos rosas. Quizás oigan las mismas palabras, pero el mensaje que reciben será muy distinto (como en el caso de «¡No tengo qué ponerme!»). Puesto que hombres y mujeres tienen gafas y audífonos de distinto color, se envían mensajes en diferentes códigos el uno al otro.

Cuando el espíritu de su esposa se desinfla ante sus ojos, y de pronto usted percibe que hay algún problema, ella le está enviando un código. Por supuesto, si hubiera mil mujeres mirando y escuchando, con sus gafas y audífonos rosas puestos, rápidamente dirían: «Bueno, sé por qué esta dulzura se ha encerrado en sí misma. Es tan dulce y tierna. No puedo creerlo, mira cómo le está hablando él». Para las mujeres el código es obvio, porque descifran el mensaje a través de gafas y audífonos rosas. No es de extrañarse que a menudo piensen: *los hombres son tan descerebrados. Ellos tienen dos cerebros: ¡uno se perdió y el otro salió a buscarlo!*

Mateo 19.4 nos dice que «el Creador "los hizo hombre y mujer"» (NVI); en otras palabras, muy diferentes.

Pero démosle vuelta a la cosa. Cuando la esposa ve que el espíritu de su esposo se desinfla delante de sus ojos, o que se enoja y no quiere hablar, su conducta le parece infantil. Pero si hubiera mil hombres con gafas y audífonos azules mirando y escuchando, dirían: «Sé por qué ese tipo se encerró en sí mismo. ¡Por favor! Mira la forma en que ella le habla. ¡Increíble! ¡Consigan una escoba para esa bruja!».

¿Comienza a ver por qué la comunicación masculina / femenina puede constituir semejante problema? Volvamos a la historia de la tarjeta de aniversario que se convirtió en «Feliz Cumpleaños». Cuando la esposa ve que su esposo le compró una tarjeta de cumpleaños, su espíritu se desinfla en un instante. Él se ha olvidado su aniversario muchas veces, ¡pero esto es el colmo! Obviamente, su esposo no la ama lo suficiente como para tomarse el tiempo para *leer* la tarjeta que le compró.

Entonces ella le envía un mensaje de enojo, y por supuesto, está en código. ¿Él decodifica correctamente sus palabras y expresiones? Por supuesto que no. Lleva puestas las gafas azules. Todo lo que él ve es enojo, irritación y falta de respeto. Se siente culpable, luego molesto. Después de todo cometió un error involuntario... ¡denle una oportunidad!

Pero la esposa mira con ojos escrutadores a través de sus gafas rosas, y no quiere saber nada del «error involuntario». Lleva el conflicto a una situación peor al difamarlo: ¡él estima más a su auto que a ella!

¡Fue la gota que derramó el vaso! Está contento de haberle comprado una tarjeta de cumpleaños, lo tiene bien merecido. Él no tiene por que lidiar con esto. Y se va. Entonces ambos pasan su décimo aniversario preguntándose cómo algo tan insignificante como una tarjeta pudo causar tanta locura. Pero, por supuesto, la tarjeta no era el verdadero problema. El problema en realidad era que la esposa no se sintió amada y respondió de la única forma en que sabía hacerlo: enfrentándose a su esposo y regañándolo. (No todas las esposas hacen eso, pero la mayoría se inclina hacia esa dirección en momentos como ese.) Con sus gafas y audífonos rosas firmemente en su lugar, ella deseaba que él se arrepintiera de corazón; no que se pusiera a la defensiva, sino que pidiera perdón. Entonces podrían haber salido a disfrutar de una linda cena. Pero sus gafas y audífonos azules no permitirían que eso suceda. El verdadero problema —que probablemente él ni siquiera podría verbalizar— es que no se sintió respetado. Se lo mostraría, y dos personas con buena voluntad terminan dando vueltas en el Ciclo Alienante sin tener idea alguna de cómo aminorar o detener su marcha.

> *El esposo que tiene buena voluntad «tiene cuidado de [...] agradar a su mujer» y la esposa que tiene buena voluntad «tiene cuidado de [...] agradar a su marido»* (1 Corintios 7.33 –34).

¿A qué me refiero con «gente con buena voluntad»? Sencillamente que ambas personas se aman profundamente. No tienen la intención de hacerse daño, su propósito no es causarle mal al otro. Están heridos y enojados, pero les sigue importando mucho su cónyuge. Por eso es que pasaron la tarde de su aniversario en habitaciones separadas, con el ánimo por el suelo, preguntándose cómo pudo haber ocurrido esa estupidez. (Y la razón que ninguno entenderá es que cada uno culpa al otro por todo ese triste episodio.)

LAS INVESTIGACIONES CIENTÍFICAS CONFIRMAN LA IMPORTANCIA DEL AMOR Y EL RESPETO

En tanto los cónyuges no aprendan a decodificar los mensajes rosas y azules que se envían mutuamente, el Ciclo Alienante continuará dando vueltas y vueltas durante algún tiempo más. ¿Qué está sucediendo en el interior de ella, donde el código obviamente es el rosa? ¿Qué está sucediendo en el interior de él, donde el código obviamente es el azul? La mujer necesita amor categóricamente, y el hombre necesita respeto categóricamente. Es tan simple —y tan complicado— como eso.

Resulta sumamente interesante que las investigaciones científicas confirmen que el amor y el respeto son el fundamento de un matrimonio exitoso. El doctor John Gottman, profesor del Departamento de Psicología de la Universidad de Washington, dirigió un equipo de investigadores que durante veinte años se dedicaron a estudiar a dos mil matrimonios que llevaban desde veinte a cuarenta años de casados en primeras nupcias. Estas personas provenían de contextos sociales diversos y tenían una amplia variedad de ocupaciones y formas de vida. Pero una cosa era similar: el tono de sus conversaciones. Cuando estas parejas conversaban, casi siempre había lo que El doctor Gottman llama «una fuerte corriente subyacente de dos ingredientes básicos: amor y respeto. Estos son los opuestos directos y el antídoto del desprecio, quizás la fuerza más corrosiva en el matrimonio.[1]

Los hallazgos de Gottman confirman lo que ha estado en la Escritura durante unos dos mil años. El capítulo 5 de Efesios es considerado por muchos como el tratado más importante del Nuevo Testamento sobre el matrimonio. En el versículo 33, Pablo concluye estas afirmaciones acerca del matrimonio con declaraciones más específicas para cada género. Él revela mandamientos surgidos del mismo corazón de Dios cuando dice que el esposo *debe* amar (*ágape*) incondicionalmente a su esposa y que la esposa *debe* respetar a su marido, sea amoroso o no.[2]

Sin embargo, observe que este versículo no manda a la esposa que ame con amor *ágape* a su esposo. A medida que estudiaba este versículo durante años, comencé a preguntarme: «¿Por qué no se le manda a la esposa que ame a su esposo con amor *ágape*?». Y después se me ocurrió: el Señor creó a la mujer para amar. Toda su manera de abordar la crianza, su sensibilidad, amor y compasión son parte de su misma naturaleza. En pocas palabras, Dios diseñó a la mujer para que amara. Él no le va a ordenar que ame a su esposo con amor *ágape* cuando él mismo la creó en primera instancia para eso. Dios no comete redundancias.

Profundicemos un poquito más en esto y vayamos a Tito 2.4. Aquí se les instruye a las mujeres ancianas a que exhorten a las más jóvenes a amar a sus maridos y a sus hijos; pero en este caso, Pablo no se está refiriendo al amor ágape. En Tito 2.4 utiliza la palabra griega *fileo*, que se refiere al tipo de amor humano, fraternal. La esencia es que la joven esposa fue creada para amar a su marido y a sus hijos con amor *ágape*. En última instancia, ella nunca dejará de amarlos incondicionalmente. Pero en el desgaste natural de la vida corre el peligro de caer en el desánimo, tanto que quizás esté carente de amor *fileo*. Puede sobrevenirle una clase de hostilidad impaciente y quizás regañe y suspire demasiado. Después de todo, siempre hay algo o alguien que necesita corrección. Ella se interesa profundamente. Sus motivos están llenos de *ágape*, pero a sus métodos les falta *fileo*.

No todas las mujeres tienen este problema, pero he aconsejado a muchas que admiten tener períodos de negatividad en cuanto a su esposo o a sus hijos. A veces a esto se le conoce como el SPA (Síndrome de Pre-Asesinato). Todo el mundo corre a esconderse cuando mamá tiene ese estado de ánimo. Nadie duda de su amor básico de madre, pero a veces no están seguros de que le *agraden* a su madre.

Sin embargo, parte del problema es que las mujeres no están del todo seguras de que *ellas* estén siendo amadas, especialmente por sus maridos. La pregunta vuelve a surgir: «¿Me ama tanto como yo lo amo a él?». Seguro que no lo parece. Cuando él actúa (o reacciona) en formas que a ella le parecen desamoradas, ella reacciona en formas que él siente como falta de respeto. ¿Quién empezó? ¡Sí!

ESTÁS PISANDO MI MANGUERA DE OXÍGENO

Cuanto más meditaba en estos dos pasajes de la Escritura, tanto más me daba cuenta de que si al esposo se le ordena amar a su esposa con amor *ágape*, es porque verdaderamente ella *necesita* amor. De hecho, necesita amor tanto como necesita el aire que respira. Imagínese, por decirlo de algún modo, que la esposa tiene una manguera de oxígeno conectada a un tanque de amor. Cuando el esposo entra dando saltos y brincos como un ciervo con astas de diez puntas que busca un lugar para pacer, ella pisa su manguera de oxígeno. Esto no la hace una campante feliz. En efecto, si puede encontrar una bate de béisbol o alguna otra arma, quizás empiece a golpear a este animal grandote y le diga: «Quítate de encima de mi manguera, no puedo respirar». Dicho en términos simples, cuando alguien está pisando su necesidad más profunda, usted puede esperar que ella reaccione negativamente.

Cuando aconsejo le digo al esposo que cuando ve que el espíritu de su esposa se desinfle, es porque él está pisando su manguera de oxígeno. Ella no está recibiendo el «aire» que necesita para respirar. Ella está diciendo a gritos: «No me siento amada por ti en este momento. No puedo creer lo carente de amor que me siento. No puedo creer que me estés haciendo esto».

No solo se le ordena al esposo amar a su esposa, sino que a ella se le manda respetar a su marido. Como verá, el esposo necesita respeto tal como necesita el aire para respirar. Él también tiene una mangue-ra de oxígeno conectada a un gran tanque rotulado «respeto», y en tanto reciba «aire», estará bien.

Para continuar con la analogía del ciervo, la esposa, una bella gacela, comienza a pisar su manguera de aire con sus pequeñas y filosas pezuñas. Como vimos en una historia como la de la tarjeta de cumpleaños del décimo aniversario, la esposa puede haber tenido una buena razón para pisotear la manguera de aire de su esposo, pero ¿qué va a suceder? A medida que la manguera comience a perder aire debido a los pequeños cortes ocasionados por sus pezuñas, el esposo también reaccionará, porque su necesidad más profunda (de respeto) no está siendo satisfecha. Y comienza la batalla.

Mientras trataba de comprender lo que dice Efesios 5.33, comencé a garabatear un diagrama en forma de la cara de un reloj. En las 12:00 escribí: «Sin amor». En las 3:00 escribí: «Ella reacciona». (Si necesita amor como necesita el aire para respirar y se está sintiendo asfixiada, ella *reaccionará*.) Después, en las 6:00 escribí: «Sin respeto»; y en las 9:00: «Él reacciona». (Si necesita respeto incondicional como necesita el aire para respirar, si oye críticas o es atacado en alguna forma, él *reaccionará*.)

Y ahí lo tiene, el Ciclo Alienante (ver pág. 1). Esposos y esposas siguen dando vueltas en el Ciclo Alienante, porque no entienden que aquello que parece ser el problema en realidad no lo es de ningún modo. Los verdaderos problemas siempre tienen que ver con el amor y el respeto. Todo lo demás son detalles.

LOS HOMBRES OYEN LAS CRÍTICAS COMO DESPRECIO; LAS MUJERES PERCIBEN EL SILENCIO COMO HOSTILIDAD

Permítame señalarles a las esposas que cuando los hombres oyen una crítica negativa, no tardan mucho en interpretarlo como desprecio hacia ellos como hombres. Recuerde que el hombre lleva puestos audífonos azules. Cuando su esposa envía esos mensajes rosas y muy mordaces, y su manguera de oxígeno comienza a perder aire, muy pronto se dirá a sí mismo: *no merezco que me hables de esta manera. Todo el mundo me respeta menos tú. Te estás buscando una pelea. Solo desearía que guardaras silencio.*

Cuando un esposo ya no soporta más, se levanta y se va sin decir una palabra, y ese es *el golpe de gracia.* Bien podría haberle gritado a todo pulmón: «¡No te amo!». La esposa está aturdida. Primero, él la trató con desamor. Luego, ella intentó acercarse a su esposo haciendo algo tierno. Y ahora él le ha mostrado que es el hombre más hostil y desamorado que hay en el planeta al levantarse y dejarla allí. ¡Eso es el colmo! Ella no está lejos de pensar que tiene toda clase de causas para divorciarse. (Pero si se detiene a pensar, se dará cuenta de que fue ella quien comenzó todo con sus críticas.)

A menudo, ambos cónyuges tienen buena voluntad pero no descifran el código del otro. Ella lo critica motivada por el amor, pero él solo «oye» falta de respeto. Él se aparta para evitar que las cosas pasen a mayores, que en este caso sería lo más honorable, ¡pero ella solo «ve» que no puede ser amoroso!

A esta altura, las mujeres que se encuentran leyendo están diciendo: «Bueno, si los esposos no fueran tan inmaduros, si mi esposo fuera lo suficientemente hombre como para hablar las cosas abiertamente, podríamos llegar a alguna parte». Usted puede pensar eso, y entiendo por qué. Lamentablemente, eso no va a cambiar a los hombres en absoluto. La actitud de él va mucho más allá del hecho de ser inmaduro u orgulloso. Los hombres tienen un código de honor. Cuando una esposa se le viene encima a un esposo que básicamente tiene buena voluntad, él no quiere pelear verbal ni físicamente. Cuando su esposa lo recrimina, él se queda ahí callado, lo que provoca que ella se enoje más que nunca. Puesto que su ataque frontal no está dando resultado, pronto lo ve como frío e indiferente. Mientras tanto, él piensa: *no puedo creerlo. Mi esposa me está tratando irrespetuosamente; en realidad, me está despreciando. Y todo lo que puede decir es que soy desamorado.*

El Ciclo Alienante continúa girando. A medida que ella levanta la voz, él se va quedando más callado. Pronto quizás esté gritándole palabras cargadas de veneno que él no había oído en su vida. Como regla, las mujeres han aprendido a pelear con palabras. Son maestras en ese arte, y los esposos pueden sentirse indefensos ante el ataque.

Quiero subrayar que esto sucede continuamente en parejas que en realidad tienen buenas intenciones, y quizás porque se sienten más libres para bajar la guardia y expresar lo que les molesta. La mayoría de los esposos y esposas que se encuentran en el Ciclo Alienante básicamente tienen buena voluntad el uno con el otro, pero sencillamente no saben cómo expresarla. Y así el Ciclo Alienante finalmente lleva a muchos de ellos a la separación y el divorcio. He tenido parejas que se peleaban en mi oficina, y les he dicho: «¡Un momento, un momento! Señor, permítame preguntarle algo: ¿su esposa básicamente tiene buena voluntad con usted y los demás? ¿Le confiaría los niños a ella?».

—Ah, sin duda.

—Señora, ¿su esposo básicamente tiene buena voluntad con usted y con los demás, que incluso le confiaría a los niños?

—Por supuesto.

—Entonces, ¿qué sucede con ustedes dos? ¿Cómo pueden dos personas que tienen buena voluntad tratarse el uno al otro de esa manera?

El esposo y la esposa se quedan mirándome como preguntando: «¿Por qué no nos lo dice usted? Todo lo que sabemos es que peleamos, y peleamos, y peleamos y generalmente en realidad no sabemos por qué».

Como he intentado explicarles a muchas parejas en el curso de los años, una parte importante de la respuesta consiste en aprender a decodificar los mensajes del otro. Cuando una esposa se queja, critica o llora, ella está enviando el mensaje codificado: «¡Deseo tu amor!». Y cuando el esposo habla con dureza o no habla en absoluto, él está enviando su mensaje codificado: «¡Deseo tu respeto!».

Hemos comenzado a ver cómo puede iniciarse la descodificación, pero todavía habrá problemas que obstaculizan el camino. Los hombres, en su mayoría, son expertos en responderles a sus esposas con evasivas, quienes los confrontan porque no se sienten amadas. Y muchas mujeres están tan hartas de los esposos que aparentan no querer amarlas, tanto que lo último que quieren darles es respeto. Estas mujeres dicen que el marido debe ganarse el respeto antes de que ellas se lo den; pero, por supuesto, si ella continúa machacándole irrespetuosamente, especialmente cuando él está tratando de comportarse de forma honorable, las cosas no cambiarán mucho. En el próximo capítulo veremos cómo funciona todo esto y la manera en que esposos y esposas pueden abordar estos problemas.

CAPÍTULO 3

POR QUÉ ELLA NO RESPETA; POR QUÉ ÉL NO AMA

A prender a descifrar el código de su cónyuge no siempre es algo que se logre en un día, un mes o un año. Escuche a este esposo que vino a verme buscando consejo, porque estaba tratando sinceramente de amar a su esposa. Él escribe:

> Gracias por todas sus sugerencias y su apoyo. [Pero] sigo perplejo ante el abismo que existe entre mi percepción y la realidad. Cuando emprendí este esfuerzo, tenía esperanzas pero pocas expectativas, y estaba feliz de los efectos inmediatos y positivos de la conducta «amorosa». No me era difícil morderme la lengua y no «luchar» cuando me preparaba para hacerlo. Creo que mientras me sentía arrepentido, me resultaba fácil ser humilde y aprovechar cualquier cosa que se presentara en mi camino.
>
> La dificultad comienza cuando empiezo a ver que las cosas vuelven a la normalidad. Cuando bajo la guardia, comienzo a hablar o a compartir, y resulta que por debajo las cosas son muy inestables y sensibles. Cuando las cosas empezaron a ir mal la semana pasada, eso sucedió con suma rapidez y yo me sorprendí al oír cómo los mismos problemas continúan siendo tan

duros y desagradables como antes. Odio oír que soy su enemigo. Es doloroso oír que pregunte: «¿Por qué quieres mortificar mi espíritu?». Es extremadamente difícil no explotar de rabia cuando la oigo decir que no cree que yo la ame, o que nunca vaya a cambiar, o que cometió un error y no soy el hombre que ella pensaba que yo era.

Seguramente todo hace que parezca que el camino es largo y quizás infructuoso. En medio de mis enojos, de echarle la culpa y de la táctica de los embrollados trastornos emocionales, le oigo decir que lo que causa los problemas no es el contenido sino más bien la forma de transmitirlo, y me siento avergonzado por mi incapacidad de comunicarme efectivamente. Las cosas han llegado a deformarse a tal extremo que me avergüenza haber estado tan ciego y permitir que llegaran a este punto. También me siento un poco abrumado por que todo este esfuerzo y tolerancia solo nos lleve a un nivel de mediocridad, y porque ante la más mínima perturbación todo volverá a venirse abajo otra vez.

Al darse cuenta de que el matrimonio exigía permanencia y esfuerzo, los discípulos comentaron: «Si es así la condición [...] no conviene casarse» (Mateo 19.10).

Pocos hombres pueden expresar la lucha masculina tan bien como este. Su esposa pide amor a gritos, pero no está ayudando, porque el desprecio que muestra hacia él no lo permite. ¿Por qué hay mujeres que se sienten tan libres para hacer comentarios como: «No eres el hombre que creí que eras» a su esposo y esperar que no les afecte? ¿Cómo puede esperar que su esposo responda con amor a este tipo de bombardeo? Además, ¿cómo es posible que los hombres se metan en semejante lío por ser tan ciegos en primer lugar?

Respeto incondicional, ¿un oxímoron?

Cuando les hablo a las esposas, ellas no tienen problemas para comprender el concepto de amor incondicional. Después de todo, ellas fueron creadas de esa manera. Pero cuando menciono el concepto de mostrar respeto incondicional hacia los maridos, les resulta mucho más complicado. Pocas parecen haber tenido en cuenta 1 Pedro 3.1–2. El apóstol Pedro revela que los esposos que «no creen a la palabra» (esto es, que son indignos de respeto) «sean ganados [...] por [...] vuestra conducta [...] respetuosa». Una aplicación simple es que la esposa debe mostrar una expresión facial y un tono respetuosos cuando él no logre ser el hombre que ella quiere. Puede mostrarle respeto incondicional a su esposo con su tono y su expresión a la vez que confronta su comportamiento desamorado, y esto sin refrendar sus reacciones carentes de amor. Quizás él merezca desprecio, pero eso no lo gana más de lo que la dureza y el enojo ganan el corazón de una mujer.

Resulta interesante que al principio los hombres tampoco comprendan la idea del respeto incondicional. Maridos y esposas creen que hay que ganarse el respeto. La esposa siente que su esposo no merece respeto. El esposo quiere ganárselo, pero no siente que se merezca la clase de falta de respeto que recibe de su esposa.

Sugerir que el respeto hacia el hombre debería ser incondicional hace que algunas mujeres se sientan de lo más molestas. En repetidas ocasiones oigo de las esposas comentarios como estos: «¿Cómo puedo mostrarle respeto cuando él es tan desamorado?»; «Él no merece respeto; me ha lastimado»; «Lo amo pero me siento tan frustrada y enojada que no deseo respetarlo»; «El amor es lo que importa. Si él me amara como necesito ser amada, quizás yo sentiría más respeto»; «Sí, yo tengo cosas que solucionar, pero el mayor problema es él, y es necesario que cambie. La verdad es que debe amarme y respetarme mucho más».

La Biblia enseña acerca del amor incondicional: «Den a todos el debido respeto [...] no solo a los buenos y comprensivos sino también a los insoportables» (1 Pedro 2.17–18, NVI).

Una y otra vez he oído mujeres que afirmaban nunca haber escuchado las palabras *respeto incondicional* juntas en el contexto de una relación. Para ellas es literalmente un oxímoron (un término creado a partir de la combinación de dos palabras que parecen ser incongruentes o contradictorias).

Un consejero matriculado que utilizó mis materiales y se convirtió en un verdadero partidario del poder del mensaje de Amor y Respeto, me escribió para decirme:

Justamente ayer hablé con dos clientas que estaban queriendo salvar su matrimonio que apenas se mantenía vivo. Les pregunté si amaban a su marido. Sin titubear dijeron: «Sí». Después les pregunté si lo respetaban. ¡No obtuve nada más que vacilación! Petardearon como un automóvil viejo que necesita una afinación. Una de ellas admitió que leía bastante, pero nunca había oído algo como eso. Me preguntó cómo se suponía que debía mostrarle respeto incondicional a su esposo. Le dije que de la misma forma en que se suponía que él debía amarla con amor incondicional. Solo es posible con la ayuda de Dios. La mujer sonrió.

Note que estas dos esposas no tenían problemas con el concepto de amor incondicional. Las mujeres nunca piensan en *eso* como un oxímoron. Para ellas, las palabras *amor incondicional* no son contradictorias en absoluto, y cuando no reciben amor de su esposo, se lo hacen saber. Las mujeres son mucho más expresivo-receptivas que los hombres, quienes tienden a compartimentar sus emociones. Para decirlo sencillamente, las mujeres son mucho más aptas para mostrar cómo se sienten, mientras que los hombres se encierran en sí mismos. Ellos no saben cómo resolver el hecho de no ser respetados, y no pueden ponerle voz a sus sentimientos. Los esposos piensan: *bueno, si así es como ella se siente, no hay nada que yo pueda hacer. Si tengo que ganarme su respeto y soy tan malo como persona, creo que es mejor que olvide todo el asunto.*

Cuando la esposa dice de plano que su esposo tendrá que ganarse su respeto antes de que ella se lo dé, deja al marido en una situación desigual. Ahora él es responsable tanto por el amor como por el respeto en la relación. Debe amar incondicionalmente a su esposa *y* también debe ganarse su respeto. ¿Nos extraña que él se encierre en sí mismo frente a todo eso?

Todo se remonta al rosa y al azul

El respeto hacia los esposos es una idea poco familiar para muchas esposas, pero ciertamente existen razones para sus actitudes. Parte de esto se remonta a las gafas y los audífonos rosas y azules. Como una esposa dijo: «Pensamos en formas tan diferentes. Ni siquiera puedo identificarme con lo que él considera como respeto (o la falta de este)».

Otra razón obvia para la brecha de respeto en las mujeres es la conducta grosera y desamorada de su esposo. Estoy plenamente consciente de que muchas de ellas tienen buenas razones que enrostrar a su esposo —he oído acerca de esto durante más de un cuarto de siglo—. Pero ese no es el panorama completo. También está la forma de pensamiento cultural. Durante los últimos cuarenta años, la iglesia norteamericana ha predicado el amor incondicional. Yo lo prediqué durante muchos años en mi propia iglesia, sin tener idea alguna de la importancia del respeto incondicional. En aquellos años me sentía continuamente frustrado como consejero varón, al igual que las mujeres que venían a buscar mi consejo. ¿Por qué los esposos no podían amar a sus esposas como ellas necesitaban ser amadas? No era porque les faltara conocimiento, mostraron tener lo suficiente en sus años de noviazgo. Pero ahora que estaban casados, los esposos parecían carecer de la motivación para amar a sus esposas. Parecían menos entusiasmados respecto de sus matrimonios. Algo estaba faltando.

Entonces me di cuenta de que al resaltar la importancia del amor incondicional, me encontraba enseñando la verdad, pero solo la mitad de la verdad. El consejo de Pablo en Efesios 5.25 y 28 es sensato: «Esposos, amen a sus esposas, así como Cristo amó a la iglesia y se entregó por ella [...] Asimismo el esposo debe amar a su esposa como a su propio cuerpo. El que ama a su esposa se ama a sí mismo» (NVI). Pero todo el énfasis en el amor incondicional no había motivado ni equipado a muchos hombres para ser amorosos, al menos no tanto como a sus esposas les gustaría. Lo que estaba faltando era la breve frase: «La esposa respete a su esposo» (Efesios 5.33, NVI).[1]

Cuando cambié mi mensaje para incluir toda la verdad —amor y respeto—, recibí reacciones interesantes. Alguna vez le hablé a un grupo de doscientas mujeres en dos ocasiones sobre el tema del respeto hacia los esposos. Me ofrecí para una tercera charla, pero las líderes declinaron mi ofrecimiento. En cambio, le pidieron a una amiga mía para que tratara el tema «Cómo amar a su marido». Mi amiga me había oído hablar y me escribió una notita: «¡Eso es lo que quisiste decirles! Cómo amar a su marido». Ella no podía creer que este grupo de mujeres no lo hubiera entendido. La forma de amar totalmente a un esposo es respetarlo en maneras significativas para él.

> *Al ignorar el respeto incondicional debido al esposo, yo no había utilizado «bien la palabra de verdad» (2 Timoteo 2.15).*

Sobreviví al hecho de ser «despedido» por ese grupo de mujeres y continué extendiendo el mensaje del respeto incondicional en donde podía. Y muchas esposas están recibiendo el mensaje, incluyendo una que escribió:

He dirigido varios estudios acerca de cómo ser una esposa piadosa, y he leído y aplicado esperanzada muchos recursos bíblicos para el matrimonio. Pero sabía que algo estaba faltando en mi propia relación [...] No podía entender por qué mi esposo estaba algo exasperado conmigo y por qué yo no estaba recibiendo el amor y el afecto que yo tanto deseaba. Ahora me doy cuenta de que le he demostrado falta de respeto sin siquiera imaginarme que era eso lo que le estaba comunicando [...] Probé [...] mostrarle respeto [...] Me quedé asombrada con el resultado. Mi esposo no es en definitiva un hombre que use palabras delicadas. Es una persona a quien le gusta la vida al aire libre y que va de caza por todo el mundo. Ése es nuestro negocio. De todas maneras, pensaba que esto sonaba un poco tonto pero le dije: «Cariño, anoche no pude dormir bien, de manera que pasé mucho tiempo pensando en todas las cosas que respeto de ti» (lo cual era verdad). No me respondió, pero sentí que algo se suavizó en el aire. Dos días más tarde, después de pasar todo el día con otros hombres en el escondite de patos, me dijo: «Hoy te extrañé. Desearía que hubieras podido ir conmigo. Estuve todo el día pensando en la dulzura de chica que eres». Casi me río en voz alta —me dijo que soy una chica dulce, ya soy abuela— pero, ah, qué divertido es sentirse amada. Ahora estoy consciente de las muchas maneras en que estaba comunicando falta de respeto, sin tener la intención de hacerlo.

El respeto hace algo en el alma de un hombre. Dios lo hizo de esa manera.

¿QUÉ DECIR DE ARETHA Y EL R-E-S-P-E-T-O?

A veces me preguntan: «Usted dice que las mujeres necesitan amor y que los hombres necesitan respeto. ¿Y no así lo opuesto? ¿Las mujeres no necesitan respeto y los varones no necesitan amor?». Mi respuesta es, por supuesto, que las mujeres necesitan respeto y que los hombres necesitan amor; pero yo me estoy refiriendo a la necesidad primaria de cada género. A veces esto se mezcla. A fines de la década del 60, cuando estaba en marcha el movimiento feminista,[2] Aretha Franklin lanzó un exitoso disco llamado «R-E-S-P-E-T-O», que enviaba claramente el mensaje de que todas las mujeres estaban pidiendo un poco más de respeto cuando llegaran a su casa. Respeto era lo que necesitaban las mujeres, y «tenían que conseguirlo».

«R-E-S-P-E-T-O» se convirtió en una especie de canción lema para muchas mujeres, pero lo que la mayoría de ellas no sabían era que en realidad fue escrita por un hombre, Otis Redding, dos años antes de que Aretha la cantara por primera vez. Otis lanzó esta canción en un sencillo el 15 de agosto de 1965, como un mensaje para su esposa. ¿Esta ironía le llama la atención como a mí? Aretha tenía el derecho de cantar «R-E-S-P-E-T-O» desde un punto de vista femenino, por supuesto. Una mujer necesita respeto, y si un hombre la ama como es debido, ella recibirá ese respeto. Pero el significado principal de la canción de Otis Redding es un clamor que surge de lo más profundo del alma *de un hombre* que dice que lo que necesita es respeto y «tiene que conseguirlo».

No obstante la exitosa canción de Aretha Franklin, todavía creo que las mujeres desean amor mucho más que respeto, y los hombres desean respeto mucho más que amor. Voy a ilustrar esto desde dos áreas bastante divergentes: la industria de tarjetas de felicitación y la milicia. Son partes muy distintas de nuestra sociedad, pero ambas nos sirven como ejemplos de los valores más profundos de los hombres y las mujeres.

Las tarjetas solo hablan de amor

Las tarjetas de felicitación nos dan una idea de la mente y necesidades de las mujeres. Los estudios de mercado muestran que, en su inmensa mayoría, en Estados Unidos las mujeres son quienes compran y regalan las tarjetas. Las tarjetas son un negocio multimillonario. Por cierto, las compañías fabricantes no están interesadas en la ideología. No quieren cambiar la mente de nadie; su propósito es hacer dinero, y entonces producen lo que se vende. Con esto en mente, lo desafío a encontrar una tarjeta de un esposo para una esposa que diga: «Cariño, te respeto de veras». No la encontrará. Esa tarjeta no existe, porque no es lo que una esposa desea escuchar. Las mujeres están encerradas en el amor. El amor es su lengua materna. No critico eso, solo estoy señalando la forma en que Dios creó a las mujeres. En efecto, si el amor no fuera el valor más profundo de la mujer, este mundo estaría muy mal. Las mujeres son así, y nosotros los hombres nos alegramos.

Lamentablemente tampoco encontrará ninguna tarjeta que las esposas puedan enviarles a los esposos, que diga: «Cariño, de veras te respeto».

¿Por qué no? Porque tampoco se venden. Cuando las mujeres compran tarjetas para sus maridos y quieren expresarles su amor por ellos, ni siquiera piensan en el respeto. Tristemente, el anhelo más profundo de los esposos queda insatisfecho, porque las esposas (y los que publican tarjetas) están dedicados a transmitir solamente sentimientos de amor.

Quienes tienen un hijo, piensen en lo triste que se sentirían al nunca oír de los labios de su esposa: «Realmente te respeto». Una necesidad creada por Dios en su alma será pasada por alto debido a que hay ciertas voces que dicen que no lo merece a menos que satisfaga y mantenga las expectativas románticas de su nuera. Si tiene un matrimonio típico, después del primer año él sabrá que su esposa lo ama, pero sentirá que a ella no le agrada ni lo admira como ser humano. Si sigue el patrón de la mayoría, ella dedicará su energía a buscar cambiarlo mediante sus críticas y quejas amorosas, cosa que él finalmente sentirá como desprecio.

EL RESPETO ES EL VALOR MÁS ARRAIGADO EN UN HOMBRE

Las mujeres deben aprender a entender y a utilizar la palabra *respeto* porque, en realidad, el respeto es el valor más arraigado en un hombre. Desde que comencé a desarrollar el enfoque de Amor y Respeto en el matrimonio, supe que las Escrituras hablaban claramente de la necesidad que el hombre tiene de respeto, y mis propias observaciones lo confirmaban. Pero yo siempre fui muy curioso. ¿Estas ideas resistirían el análisis estadístico? ¿Se revelaría esta necesidad de respeto en algún sondeo realizado por un grupo encuestador de primera línea? Sí. En un estudio nacional, cuatrocientos hombres tuvieron la posibilidad de optar entre dos experiencias negativas. Si se vieran obligados a elegir una, ¿cuál preferirían soportar?

a) Quedarse solos y sin amor en el mundo.
b) Sentirse inadecuados y no respetados por los demás.

El setenta y cuatro por ciento de estos hombres dijo que si se viera forzado a elegir, preferiría quedarse solo y sin amor en el mundo.[3]

Para estos hombres, la mayor experiencia negativa para su alma sería sentirse inadecuado y no respetado por los demás. Numerosos hombres han confirmado esta investigación al decirme: «Preferiría vivir con una esposa que me respete aunque no me ame, antes que vivir con una que me ame pero no me respete».

Estos hombres no están diciendo que sean indiferentes al amor. Ellos saben que lo necesitan, pero necesitan sentirse respetados aun más que sentirse amados. Quizás una buena analogía sería la del agua y la comida. Necesitamos ambas para sobrevivir, pero podemos vivir más tiempo sin ingerir comida que sin beber agua. Para los hombres, el amor es como la comida y el respeto como el agua. ¡Suficiente! *El respeto es la clave para motivar a un esposo.*

Una buena ilustración de cómo puede el respeto motivar a un hombre lo encontramos en nuestras fuerzas armadas: el ejército. Como asistí a una escuela militar desde octavo hasta duodécimo grado del escalafón, me he interesado en los principios básicos del liderazgo militar. Por ejemplo, mi observación es que los grandes líderes motivaban a sus tropas a través del honor incondicional. Imagínese a un general de la Marina estadounidense hablándoles a sus hombres después de observar que las maniobras de entrenamiento no estuvieron muy bien. «Hombres, creo en ustedes más de lo que ustedes creen en sí mismos. Levanten la cabeza en alto. Mírenme. Yo los admiro más de lo que ustedes se admiran a sí mismos. Su desempeño hoy fue pésimo, pero veo más potencial en esta unidad ofensiva que en todas las de este mundo. El lugar donde estén de aquí a seis meses hará que esta unidad ofensiva llegue a oídos del mundo entero, y yo los voy a llevar allí».

Cuando un general respeta a sus hombres y cree en ellos más de lo que ellos creen en sí mismos, estos soldados desean perfeccionarse, quieren ser mejores, desean desarrollar el potencial que su general ve en ellos. Estos hombres desean servir. ¿Por qué cree que lo llaman el «servicio»[4] militar?

Los hombres no solamente quieren servir, sino que también están dispuestos a morir en combate. Hay algo en muchos hombres puesto allí por Dios para luchar y morir por honor, para luchar y morir por mujeres, niños y compañeros. Cuando estudié en la Wheaton College, el capellán era Jim Hutchens, quien también había sido capellán en la Guerra de Vietnam. Jim me dijo que los guerrilleros del Viet Cong herían a un soldado estadounidense, porque sabían que sus compañeros buscarían la forma de rescatarlo. Entonces los francotiradores del Viet Cong

Al esposo se le guía a oír el mandamiento: «Esforzaos [...] sed hombres, y pelead» (1 Samuel 4.9).

intentarían matar a aquellos que acudían a salvar al hombre herido para llevarlo a un lugar seguro. A menudo oía el clamor sincero de un soldado: «Tengo que ir. Tengo que ayudar a Joe. No puedo dejarlo allí. Tengo que ir. Es mi amigo». El honor y el amor compelían a los soldados estadounidenses que se encontraban en Vietnam, al igual que en cada guerra a lo largo de la historia. Un esposo me escribió:

> He estado en la Guardia Aérea catorce años, más seis años adicionales de servicio activo. Durante su conferencia, en varias oportunidades se refirió a los hombres que están dispuestos a morir por su esposa y por su nación. Ciertamente eso causó un impacto en ambos. (Mi esposa siempre ha visto el servicio militar como sinónimo de guerra y muerte. Yo, en cambio, lo veo como un honor y un deber.) No solamente estoy comprometido con mi país, sino también con los hombres con quienes sirvo. Solo los hombres que sirven en dichos roles (el ejército, como bomberos, como oficiales de policía) pueden entender los lazos que se forman y la lealtad que sentimos el uno hacia el otro.

Estoy seguro de que este hombre no está tratando de pasar por alto a las mujeres que sirven con honor en varios de estos roles en el ejército, así como en las tareas policiales o de extinción de incendios. Pero creo que está intentando afirmar una verdad profunda que se aplica a la gran mayoría de los hombres. He aconsejado a demasiados esposos como para saber que el mismo tipo de honor y lealtad que impulsa al militar, también está activo en su hogar. Lamentablemente, en nuestra cultura hay voces que han estado diciendo: «No respete a los hombres, no se lo merecen. La trataran de manera servil, abusarán de usted e incluso la matarán». Esto se aplica solamente a una cierta cantidad de hombres, pero creo que es una mentira en lo que respecta a la vasta mayoría. Un hombre que básicamente tiene buena voluntad servirá a su esposa e incluso morirá por ella. No se espera que la mujer muera por su esposo.

Por supuesto, hay esposas que llevan esto al extremo. Quizás haya oído la historia de la mujer que le dijo a su marido: «Oh, Harry, vives diciendo que morirías por mí, ¡pero nunca lo haces!». Eso es solo una historia diseñada, por supuesto, para provocar una sonrisa o una carcajada, pero no es gracioso cuando los hombres que están dispuestos a morir por su esposa son tratados con desprecio y sin respeto. Una mujer me escribió a modo de confesión:

> Aunque he estudiado la Biblia la mayor parte de mi vida y he sido una persona muy espiritual, me había dado por vencida, pero después leí su afirmación: «Aunque el amor sea mucho más que morir por alguien, un hombre pasa un día triste cuando sabe que moriría por su esposa porque la ama, y sin embargo la oye quejarse continuamente: ["Tú no me amas"]». La verdad impactó mi espíritu tan poderosamente como no lo había hecho ninguna otra cosa concerniente a nuestro matrimonio. Sentí la clase de vergüenza que uno siente cuando sabe que ha cometido una terrible equivocación, y no sabe siquiera cómo pedir perdón, y está consciente de que esto tardará mucho tiempo en sanar, pero está segura de que es algo que jamás volverá a hacer.

Esta mujer «lo captó».

LOS ESPOSOS DEBEN VALORAR A SU ESPOSA COMO A SUS IGUALES

Los escritos de Pablo ordenan claramente que los esposos deben amar a su esposa con amor *ágape* (ver Efesios 5.22–33); ¿pero existe algún lugar en la Escritura donde también se les instruya a los hombres a que respeten a sus esposas? Después de enseñar a las mujeres a demostrar una conducta respetuosa hacia su marido (ver 1 Pedro 3.1–2), Pedro continúa diciendo que los maridos deben vivir con ellas sabiamente «dando honor a la mujer como a vaso más frágil, y como a coherederas de la gracia de la vida» (1 Pedro 3.7). Cuando Pedro usa la frase «dando honor a la mujer [...] como a coherederas de la gracia de la vida», está diciendo que los esposos deben valorar y apreciar a su esposa como a iguales dentro de la gracia de Dios. Pablo coincide cuando escribe que en Cristo «ya no hay judío ni griego; no hay esclavo ni libre; no hay varón ni mujer; porque todos vosotros sois uno en Cristo Jesús» (Gálatas 3.28).

Este concepto de honrar a la esposa también se encuentra en Efesios 5, donde Pablo dice que los esposos deben amar a su esposa como a su propio cuerpo. Como dice Pablo: «Porque nadie aborreció jamás a su propia carne, sino que la sustenta y la cuida». El pasaje dice claramente que un esposo debe cuidar y valorar a su esposa de la misma forma en que cuida y alimenta su propio cuerpo (ver vv. 28–29). Una esposa ansía ser esa persona especial que describe Pablo. Quiere ser apreciada como princesa, no venerada como una reina. Ella anhela ser la primera en importancia para él.

Es como si ella fuera la princesa y él el príncipe. En Efesios 5.33, el esposo tiene la necesidad de ser respetado como la cabeza, el que es llamado a morir: «Cristo es cabeza [...] [y] amó a la iglesia, y se entregó a sí mismo por ella» (Efesios 5.23, 25). El príncipe va a la batalla por la princesa, no al revés. Como consecuencia, la princesa no busca ser respetada como la «cabeza». En lugar de eso, ella anhela ser honrada, valorada, y tenida en gran estima como una igual a quien aprecia, como «coheredera de la gracia de la vida», como revela Pedro en 1 Pedro 3.7.

Si continuamos con la analogía del príncipe y la princesa, yo creo que el orden bíblico de las cosas es que, como príncipe, el esposo debe ser considerado el «primogénito entre muchos hermanos». Con esto quiero decir que él es un igual de ella, pero fue llamado a ser el primero para proveer, para proteger, e incluso morir si fuera necesario. Esto se ilustra gráficamente en cualquier barco que se está hundiendo a medida que los botes salvavidas se alinean al costado. El clamor siempre es: «¡Mujeres y niños primero!».

No es un accidente que en toda cultura, por lo general, los hombres sean más grandes y fuertes que las mujeres. ¿No es esta la ayuda visual de Dios en lo que concierne a su propósito para los hombres? Cuando Nehemías dirigió a sus hombres en la reconstrucción del templo y la lucha contra el enemigo, los instó: «... pelead por vuestros hermanos, por vuestros hijos y por vuestras hijas, por vuestras mujeres» (Nehemías 4.14). Hay algo en el hombre que ansía que su esposa lo respete en el cumplimiento de su rol. Y cuando ella lo hace, lo motiva, no porque él sea arrogante, sino por cómo Dios lo entretejió. Pocos esposos andan por ahí diciendo: «Yo soy el primero entre muchos hermanos». El esposo que tiene buena voluntad (y sensatez) sabe que este no es su derecho, sino su responsabilidad. Ella, por otro lado, posee algo en su interior que hace que anhele sentirse valorada como «primera en importancia». ¡Nada la estimula más! No es egocéntrica. Dios puso esto en ella por naturaleza.

Cuando él la honra como primera en importancia y ella lo respeta como el primero entre muchos hermanos, su matrimonio funciona. Cuando él espera que ella lo respete, pero él la menosprecia, la desinfla. Cuando él siente que ella está tratando de ser una reina mandona, él no puede descubrir el verdadero corazón de ella. Cuando ella espera que él la proteja, pero después lo acusa de ser paternalista (demasiado paternal) o condescendiente, ella lo desinfla. Cuando ella siente que él está tratando de ser «más que igual» o mayor, ella no puede descubrir el verdadero corazón de él.

MARIDOS, NO DIGAN: «¡YO TE LO DIJE!»

En esta parte, los esposos deben prestar atención a una palabra de advertencia. Para muchas esposas, oír que la Biblia enseña a las mujeres a mostrarle respeto incondicional a su esposo es un dato gigantesco. A menudo resulta algo que probablemente las esposas no hayan oído jamás. Un esposo sabio no usará esta información como un arma. En lugar de eso, será humilde. Permitirá que su esposa procese lo que ha aprendido y actúe en consecuencia. Cuando lo hace, pueden ocurrir milagros.

Especialmente en el matrimonio, «el charlatán hiere con la lengua» (Proverbios 12.18, NVI).

En muchos casos, las parejas informan que el Ciclo Alienante se detiene con un gran chirrido. Y la mayoría de las veces, este cambio es disparado por la esposa cuando trata de darle respeto incondicional a su esposo. Cuando la esposa se acostumbra a la idea de respetarlo, le agrada hacerlo y, por supuesto, su esposo se sentirá complacido (después de que se recupere del impacto). Pero lo más importante de todo esto es que provoca que el esposo dé amor incondicional a su esposa. La situación de completo perdedor ahora se convierte en ganador absoluto, como indican las siguientes cartas de dos esposos mucho más felices: un hombre que había asistido a numerosos seminarios sobre matrimonio a lo largo de doce años, escribió:

> Mientras que la mayoría de los seminarios sobre el matrimonio se concentran en la necesidad de que el esposo ame a su esposa sacrificada e incondicionalmente, muy pocos detallan la exhortación a la esposa a respetar a su marido. El doctor Eggerichs entiende esta necesidad intrínseca que los hombres tienen y la importancia de su satisfacción para la comunicación en el matrimonio. Mi esposa y yo oímos cosas que explicaban por qué «discutíamos» y por qué nos sentíamos como nos sentíamos [...] Nunca me había marchado tan entusiasmado y animado acerca de mi relación matrimonial de un seminario sobre el matrimonio.

Otro esposo que había asistido a una de nuestras conferencias dijo:

> Como ya había participado en varios seminarios sobre el matrimonio en los últimos diecisiete años, no tenía expectativa de oír ninguna idea que fuera revolucionaria o que me hiciera reflexionar. En todo caso, esperaba la típica reconvención que se da a los esposos en esas conferencias. En cambio, salí de ese lugar con una comprensión más profunda del sentido que tiene el designio de Dios para los hombres y las mujeres dentro del contexto del matrimonio. Antes de ver nuestras diferencias como deficiencias o causas de división, comencé a apreciar y celebrar la singularidad en la que Dios nos había «entretejido». Aunque estaba convencido de mis puntos débiles, también me sentí impactado e inspirado. Salí de ahí animado y renovado, con

una comprensión más profunda de quién soy, y de cómo se traduce eso en mi rol de esposo.

Estos hombres se encuentran entre un creciente número de esposos que están recibiendo respeto y respondiéndoles a sus esposas con una comunicación positiva y comprensiva. Y sus esposas están viendo que sus esposos no tienen que «ganarse el respeto», así como tampoco ellas tienen que ganarse el amor.

Pero me he encontrado con muchas mujeres para quienes las palabras *respeto incondicional* son una bandera roja. Las han bombardeado durante tanto tiempo con la interpretación errónea de la sumisión bíblica que son desconfiadas y aun hostiles respecto de esa idea. «Nunca va a resultar»; «Este es un mundo de hombres»; «Respetar incondicionalmente a los hombres solo incrementará su poder para avasallarnos más».

Entiendo estas preocupaciones, pero yo respondo que los esposos que tienen buena voluntad para con sus esposas, no están buscando maneras de lograr superioridad y poder sobre ellas. Todo lo contrario, muchos esposos no se sienten poderosos en absoluto. En lo profundo de ellos existe un temor que puede causar que el Ciclo Alienante siga su curso. Como veremos en el próximo capítulo, las esposas tienen mucho más poder para cambiar su matrimonio de lo que muchos se imaginaban.

CAPÍTULO 4

LO QUE EL HOMBRE MÁS TEME PUEDE HACER QUE EL CICLO ALIENANTE SIGA GIRANDO

En el capítulo dos mencioné que muchos esposos interpretan la crítica como desprecio, y el desprecio es algo que los hombres no manejan bien. Las esposas deben comprender que su esposo no es ni la mitad de grande, ni fuerte, ni inmune a ser lastimado de lo que parece. Una mujer puede verse a sí misma como una tierna gotita de rocío y a su hombre como un oso fuerte y grande que debería poder absorber cualquier clase de trato rudo. Un tipo enorme se quedó pasmado ante el ataque de su esposa y le dijo: «Tú me odias».

Frustrada, respondió: «Cuando grito: "Te odio", tú deberías saber que no te lo digo en serio. Mides casi dos metros y pesas 118 kilos, santo cielo. Lo hago porque puedes aguantarlo». Sin embargo, la verdad es que muchos hombres no pueden soportarlo. No importa cuán grandes sean físicamente, emocionalmente son vulnerables a lo que suena como desprecio.

El temor que los hombres tienen de ser despreciados se escenifica en el primer capítulo de Ester. ¿Cuál era el temor? Que las esposas comenzaran a desdeñar a sus esposos y a desobedecerles. El resultado:

el menosprecio y el enojo de las esposas para con su marido no tendría fin en todo el territorio del reino (ver Ester 1.18). Esto no es para justificar el temor del varón al desprecio en el libro de Ester ni en ningún otro lado. Pero así como las mujeres temen no ser amadas, los hombres temen no ser respetados (tenidos en poco). El anhelo y la necesidad de los esposos es que su esposa le dé honra y respeto.

EL CONFLICTO PROVOCA QUE LA MAYORÍA DE LOS HOMBRES NO SE SIENTAN RESPETADOS

Cuando Decisión Análisis, Inc. realizó un sondeo nacional sobre las relaciones hombre-mujer, tuve la oportunidad de contribuir con una pregunta que se le hizo a una numerosa muestra representativa de hombres. La pregunta decía:

> Aun en las mejores relaciones suelen surgir conflictos sobre situaciones cotidianas. En medio de un conflicto con mi esposa u otra persona significativa, es más factible que en ese momento sienta:
>
> (a) Que mi esposa u otra persona significativa no me respeta.
>
> (b) Que mi esposa u otra persona significativa no me ama.

Como era de esperarse, 81,5% eligió «(a) que mi esposa u otra persona significativa no me respeta».[1]

La encuesta corrobora lo que yo ya había descubierto durante mis años de trabajo con parejas casadas. Los hombres necesitan sentir que son respetados durante el conflicto más de lo que necesitan sentirse amados. Como ya mencioné, en lo profundo, los hombres saben que sus esposas los aman, pero no están muy seguros de que los respeten. Quizás sea por eso que la amplia mayoría favoreció la respuesta a sobre la b. Cualquiera sea la razón, durante un conflicto marital, es claro que los hombres le dan mayor valor al hecho de sentirse respetados que al de sentirse amados. Muchas mujeres no pueden entender esto porque siguen en sintonía con la longitud de onda del amor.

Virtualmente todas las mujeres a quienes he conocido o aconsejado estarían dispuestas a decir: «Solo quiero alguien que me ame, que me haga especial, que me haga sentir que soy lo más importante de su vida». Nadie esgrimiría estas palabras para acusar a la mujer de ser una prima donna o una ególatra. Pero cuando un hombre dice que necesita ser respetado, a menudo se lo tilda de arrogante, especialmente en nuestra cultura.

Pero es asombroso lo que sucede cuando una mujer le muestra respeto y admiración al hombre. Tan solo recuerde sus días de noviazgo. Durante el cortejo, la mujer quizás pensaba que aquello que motivó a su hombre a pedirle matrimonio fue el amor que ella le tenía. Después de todo, el amor era lo que la motivaba a ella. De hecho, su amor era inmenso, no hay dudas al respecto. Pero más de lo que ella advirtió, fue su admiración íntima y única lo que ganó el corazón de su hombre. Como dice el viejo dicho: «Todo hombre hace lo que hace por la admiración de una mujer». Cuando salieron de novios, ella se convirtió en esa mujer y él se arrodilló para proponerle casamiento. Él tenía profundos sentimientos de amor hacia ella, sentimientos que surgieron de la seguridad de que ella lo respetaba y lo admiraba. Ella había tocado una fibra sensible en lo profundo de su interior que literalmente impulsó su vida entonces, tal como la impulsa hoy.

Las esposas virtualmente piden que no las amen cuando «desprecian a sus esposos» (Ester 1.17, NVI).

Creo que los hombres consideran el respeto y el honor como valores equivalentes. Mi experiencia como hombre, y la que he oído de otros hombres, me dice que tenemos un código de honor en nuestro territorio; y si no vivimos de acuerdo con dicho código estamos en serios problemas. Desde la niñez hemos aprendido que hay ciertas cosas que simplemente no se hacen, y que hay ciertas cosas que simplemente no se dicen. Una mujer habla a su esposo en el hogar de una manera en que un hombre jamás le hablaría. Él no puede creer que ella pueda llegar a ser tan agresiva, tan irrespetuosa.

El esposo a menudo apartará la vista, deseoso de abandonar la discusión y seguir adelante. No quiere hablar de eso. ¿Por qué? Porque se siente rodeado e intimidado por el semblante sombrío, las emociones negativas y las palabras combativas de su esposa. Todo esto lo fastidia y lo provoca. Entonces se retira. Para él, eso es lo honroso.

¿Es usted una persona crítica u obstruccionista?

De acuerdo con la amplia investigación del doctor Gottman, 85% de los esposos finalmente se valdrán de técnicas obstruccionistas con su esposa durante el conflicto. Para un hombre, la tensión se incrementa más rápido, porque su presión sanguínea y su ritmo cardiaco se elevan y permanecen elevados durante más tiempo que los de su esposa.

La esposa de David inició el Ciclo Alienante cuando «le menospreció en su corazón» (2 Samuel 6.16).

Durante esos cruces de palabras, las críticas negativas de una esposa pueden abrumar al marido y él tiene pocas ganas de lidiar con eso. La esposa cree que tales intercambios potencialmente pueden aumentar el amor entre ellos, y el ritmo cardiaco de ella no se eleva. El esposo por otro lado, ve ese intercambio como una discusión en la que él está propenso a perder el respeto, y esto acelera su ritmo cardiaco.

En un intento por tranquilizarse, el esposo usará técnicas obstruccionistas: se quedará callado, no dirá nada o se retirará para estar solo. Si se le pregunta por qué se retrae, el esposo dirá: «Estoy intentando no reaccionar». La esposa quizás vea la actitud de su esposo como desamorada, pero él no lo ve así. Él simplemente está intentando hacer lo honroso y respetable, pero su esposa piensa que él la está rechazando. ¿Cómo podría querer apartarse y retraerse cuando lo único que ella hizo fue hacerle una o dos críticas de poca importancia?

Gottman afirma: «Tales interacciones pueden producir un círculo vicioso, especialmente en matrimonios con altos niveles de conflicto. Cuanto más las esposas se quejan y critican, tanto más los esposos se alejan y se retraen; cuanto más los esposos se alejan y se retraen, tanto más las esposas se quejan y critican».[2] Gottman agrega que si una esposa se torna agresiva y desdeñosa, el matrimonio corre un grave peligro. Si el ciclo no se detiene, probablemente[3] terminarán por divorciarse.

¿Cómo resuelven las mujeres los conflictos entre ellas?

Mi experiencia al haber aconsejado a cientos de matrimonios a lo largo de los años confirma que en efecto, los esposos son por lo general obstruccionistas magistrales. Sus esposas, por supuesto, son usualmente las criticadoras, las confrontadoras, quienes desean poner las cosas sobre la mesa y resolverlas. Hay esposas que a veces son obstruccionistas, pero en mi experiencia, ellas se encuentran dentro de la minoría. Mi opinión es que cuando una esposa recurre a la obstrucción, es porque ha perdido la confianza de que su esposo oirá su corazón. Ella anhela conectarse, pero ha perdido la esperanza. Mientras que el corazón de él puede estallar de enojo, el de ella permanece lento y constante porque está destrozado. (Ver apéndice D, pág. 313.)

En la mayoría de los casos, una esposa que está enamorada de su marido intentará acercarse cuando no se sienta amada. Por ejemplo, es el primer año de casados y él ha llegado tarde a cenar dos veces seguidas sin avisar. Ella se dice a sí misma: *esto está mal. ¿Cómo puede ser tan insensible? ¿Estoy última en su lista de prioridades? Qué actitud tan desamorada.* Instintivamente, cuando él entra por la puerta, ella procede a decir lo que cree que es lo amoroso. «Necesitamos hablar. Necesitamos hablar ahora mismo. ¡Por favor, siéntate y hablemos!».

Al acercarse a su esposo de esta manera, la esposa está utilizando el mismo método que usaría con su mejor amiga. Cuando las mujeres tienen conflictos entre sí, por lo general ambas verbalizan sus sentimientos. Comparten lo que sienten, porque saben instintivamente que eso conducirá a una reconciliación. En algún momento, una de ellas dirá: «Bueno, yo me equivoqué». Después la otra dirá: «No, yo también me equivoqué. ¿Me perdonas?». Y la otra dice: «Sí, por supuesto. Te perdono. Realmente lo siento». Entonces se abrazan, derraman algunas lágrimas y muy pronto están riendo de nuevo.

Eso es a lo que llamo llevar las cosas al punto de partida. Tristemente las mujeres piensan que este método dará resultado con su esposo al igual que con sus mejores amigas. Cuando surge un problema y percibe falta de amor, la esposa instintivamente se acerca a su esposo para compartir sus sentimientos. Su meta final es que ambos se pidan perdón y después se abracen. Esta es la forma en que ella mantiene su matrimonio al día, un valor muy preciado para ella. Su corazón anhela resolver las cosas y reconciliarse. Su esposo le importa más que cualquier otro adulto sobre la tierra. Su confrontación de verdad es un cumplido. Ella piensa: *¡ah, si él pudiera ver mi corazón! ¿Por qué se aleja de mí?*

Lo que por lo general la esposa no ve es que existe una gran diferencia entre su mejor amiga y su marido. Una esposa siempre será más sentenciosa con su esposo que con su mejor amiga. Se siente libre para hacerlo porque, como su amada compañera, parte de la misión en su mente es «ayudar» a convertirlo en un hombre amoroso. Ella sabe que si puede poner sus críticas sobre la mesa, él puede cambiar. Y si él cambia y se convierte en un hombre un poquito más amoroso, ella sabe que lo amará más.

La autoimagen de una esposa puede depender de la aprobación de su esposo

La esposa típica tampoco se da cuenta de que su autoimagen a menudo se basa en lo que ella cree que su esposo piensa de ella. Este no es el caso con una mejor amiga. La opinión que su amiga tiene de ella es importante, pero no tan vital como la de su esposo.

Asimismo, la relación matrimonial, a diferencia de la relación con una amiga, es un tema de discusión continua entre ella y otras mujeres. Cada una quiere contarle a la otra lo maravilloso que es su matrimonio. Entonces la negatividad de una esposa puede intensificarse cuando su esposo obstaculiza sus esfuerzos por cambiarlo. Él no la está haciendo sentir bien y ella no puede contarles a sus amigas la dicha que experimenta en su matrimonio. Si su negatividad se intensifica, corre peligro de tornarse aun más agresiva y despectiva, y entonces su esposo acabará por retraerse completamente.

Proverbios 21.19 dice: «Mejor es morar en tierra desierta que con la mujer rencillosa e iracunda». La triste ironía es que una esposa puede llegar a ser «rencillosa e iracunda», porque su esposo la malinterpreta. Él no descifra el código en que ella clama: «Necesito tu amor». En lugar de eso, él oye: «No te respeto», y así malinterpreta a esta piadosa, dulce y tierna mujer. Cuando ella se pone demasiado negativa, no se hace ningún favor a ella misma ni a su matrimonio.

Dichosamente, algunas mujeres se están dando cuenta de que la confrontación negativa no da resultado. Como una de ellas dijo:

> Mi fuerza y mi destreza verbal no están ayudando a mi matrimonio. Para mi esposo he resultado ser demasiado fuerte, bastante controladora, muy demandante y bastante crítica. He sido su madre, su maestra y su espíritu santo. Es mi naturaleza personal y propia el guiar, dirigir, controlar, arreglar y hacer las cosas bien, y querer que otros hagan lo mismo. Él le tiene pavor a mi lengua.

El regaño de una esposa puede iniciar el Ciclo Alienante

Cuando un hombre comienza a sentir que su esposa ya no lo respeta, sino lo menosprecia, pone en movimiento el Ciclo Alienante. Este por lo general comienza cuando las mujeres empiezan a regañar en su propio hogar. La palabra *regaño* suele asociarse con las madres cuando retan a sus hijos; sin embargo, la definición del diccionario dice que regaño es un gesto o descomposición del rostro, por lo común acompañado de palabras ásperas, con que se muestra enfado o disgusto. Cuando una esposa trata a su esposo con repetidas reprimendas y «regaños», es una forma segura no solo de fastidiarlo, sino también de tratarlo de manera irrespetuosa. Sin embargo, las esposas tienden a no percibirlo. Como madres, la corrección es

Una esposa que es «desvergonzada» con su marido «es como carcoma en sus huesos» (Proverbios 12.4).

parte de su naturaleza maternal. Lamentablemente, ellas tienden a actuar como madres de su esposo, como admite esta madre:

> Mientras lo escuchaba hablar en la conferencia acerca del amor hacia la esposa, no tuve problema para oír y estar de acuerdo con todo lo que usted estaba diciendo. Pero el sábado, cuando comenzó a hablar acerca del respeto y de la falta de este, tengo que admitirlo, me quedé desconcertada. Estaba tan centrada pensando por qué él no podía entenderme, que ignoraba totalmente que se sintiera menospreciado. Creo que sucede especialmente en mi caso. Como madre de hijos pequeños, siempre trato de que comprendan la diferencia entre lo bueno y lo malo. Nunca me había dado cuenta de que había estado proyectando eso en mi esposo también. Con toda franqueza, no creo que mi esposo hubiera sabido explicar cómo lo hacía sentir mi comportamiento.

Cuando una esposa regaña a su marido, solamente está tratando de ayudar a corregir las cosas para mantener un equilibrio. Y no hay duda de que a veces los hombres necesiten esta clase de ayuda. Pero cuando el hombre comienza a sentir que lo que su esposa le dice lo reduce a un niño regañado por su madre, puede haber problemas. Él no necesariamente ve el corazón de su esposa; solamente oye sus palabras, las cuales dicen que lo está menospreciando. Si parafraseamos Proverbios, él preferiría vivir en el desierto antes de estar con esa mujer irritante. Aunque muchas esposas no tienen la intención de faltarle el respeto, su esposo las ve como irrespetuosas, y se refugian detrás de su obstruccionismo. (Para consejos acerca de cómo no criticar o ser obstruccionista con su cónyuge, ver apéndice A, pág. 301.)

Le he planteado esta pregunta a cierta cantidad de hombres de negocios: «¿Usted quiere que sus colegas lo amen o que lo respeten?». Todos se ríen y dicen: «No podría importarme menos si me aman o no; pero, ¿respetarme? ¡Absolutamente!». Bien o mal, los hombres interpretan su mundo mediante las coordenadas del respeto, y un tono y una expresión facial suaves pueden hacer por su matrimonio mucho más de lo que ella puede imaginar.

Sarah estaba hablando con una esposa acerca de cómo controlar su ponzoña verbal hacia su marido. La esposa le mostraba desdén, algo que ella sabía que no era sabio. Pero su esposo hacía cosas que la hacían enojar tanto. Según ella, el problema era estrictamente de él. No limpiaba bien la cocina, no colocaba los platos correctamente en el lavavajillas y no ordenaba las cosas que sacaba de lugar como ella esperaba, entonces se tornó agria y negativa. Esta esposa intentó oír lo que Sarah intentaba decirle, pero se sentía abrumada por su enojo y su dolor.

Entonces Sarah le hizo una pregunta que les hace a muchas esposas que llegan a nuestras conferencias llenas de desprecio hacia su marido: «¿Qué sucedería si su hijo creciera y se casara con alguien como usted?». La mujer se quedó boquiabierta. Estaba anonadada. ¡Por primera vez pudo darse cuenta! *Nunca* querría que ninguna mujer tratara a su hijo de la forma en que ella estaba tratando a su marido.

Se dio cuenta de que cuando su hijo se convirtiera en esposo, si su esposa lo trataba con tal enojo y desprecio, su espíritu se sentiría aplastado y se encerraría en sí mismo, derrotado. Cuando oyó esto expresado así, ella vio las cosas desde una perspectiva totalmente nueva. Pudo verse a sí misma más claramente que nunca y juró cambiar.

Como réplica al desprecio de su esposa, David le comunicó: «Me rebajaré más todavía» (2 Samuel 6.22, NVI).

Esta mujer es un vívido ejemplo de muchas esposas que vienen a nuestras conferencias. Tienen emociones mezcladas. Aman a su esposo, sí, pero, ¿lo respetan? No. Es por ello que animamos a las esposas a que se hagan una pregunta constantemente: «Lo que estoy a punto de decir o hacer ¿dará la impresión de ser respetuoso o irrespetuoso?». Esto evita que la esposa dé una falsa muestra de su corazón al mostrarse demasiado negativa.

Toda esta idea de la necesidad masculina de respeto es información nueva para muchas mujeres. En las sesiones del seminario las mujeres se muestran incrédulas cuando les digo que la Escritura les manda a las esposas que muestren respeto incondicional a su esposo. Comprendo su confusión. Son creadas para amar, y la cultura ha impuesto tan radicalmente toda esta idea de amor, amor, amor, que ni siquiera conocen al hombre con el que se han casado. De hecho, muchas veces responden: «Esto es totalmente extraño para mí».

Y ese es exactamente el problema. Cuando una esposa no habla el «lenguaje del respeto», después de un tiempo el esposo no estará interesado en comunicarse. ¿Quién quiere seguir hablando con alguien que no habla su mismo lenguaje?

Para hablar el lenguaje de él, recuerde: «que la esposa respete a su esposo» (Efesios 5.33, NVI).

Entonces el esposo se queda callado y se retira. Aunque a las esposas se les diga que los esposos sienten: «Mi esposa no me respeta», su respuesta es: «¿Qué tiene que ver eso con este asunto?». La respuesta obviamente es: *todo.*

Es hora de que las mujeres comiencen a descubrir cómo se siente su esposo en realidad. Una esposa quedó impactada cuando le preguntó a su esposo: «¿Quieres que te diga que te amo o que te respeto?».

Él respondió sin vacilar: «Respeto». Ella no podía creer lo que acababa de oír. No se había dado cuenta de que aunque él necesitaba su amor, no tenía la seguridad de que ella lo respetara. Para muchas esposas esto puede resultar muy difícil de aprender, y lamento que tengan que sentir que todo va del asombro a la vergüenza. Nadie está intentando avergonzar a las esposas. Muy por el contrario, nuestro mensaje de Amor y Respeto está diseñado para ayudar a las esposas a que vean que su marido grande y fuerte realmente necesita algo que ellas pueden suplir: respeto. Cuando un esposo reciba respeto incondicional de parte de su esposa, esos tiernos sentimientos de afecto regresarán, y él comenzará a darle la clase de amor que ella siempre esperó recibir.

«¡ESO ES, NECESITO RESPETO!»

Pero no todos los hombres son conscientes de que necesitan respeto. Incluso importantes líderes expertos en la evaluación de distintas clases de personas en diferentes situaciones no siempre saben por qué reaccionan como lo hacen en su matrimonio. Una vez almorcé con un candidato a miembro del Senado de Estados Unidos, y cuando le expliqué la Conexión entre Amor y Respeto, dijo: «Ahora que me lo explica de esa forma, así es exactamente como me siento. Eso es. Deseo respeto».

El ejecutivo principal de una gran empresa asistió a nuestra conferencia, y al reflexionar en lo que había oído, se dio cuenta de que él estaba reaccionando contra su esposa porque no se sentía respetado. Comenzó a manifestárselo a su esposa, y aunque creó algo de tensión durante un tiempo, finalmente tuvo como resultado una comprensión más profunda entre ambos. En sus propias palabras: «Nos ayuda a mí y a ella. Cuando expreso mis sentimientos con humildad, ambos sabemos qué está sucediendo, en lugar de que yo me sienta de mal humor y me retire. Ahora que ella busca entenderme, su petición de que yo entienda su necesidad de amor realmente tiene sentido. Suena justo».

Tengo un conocido que tiene un doctorado en psicología educativa. Cuando revisó el material del Ciclo Alienante junto conmigo, me dijo: «Eso es exactamente lo que siento cuando las cosas se ponían acaloradas entre mi esposa y yo. Durante años sentí algo en lo profundo de mi interior, pero no lograba identificar qué. Yo reaccionaba muy mal, pero ninguno de los dos sabía por qué».

El hilo común en lo que dijeron estos tres hombres es que no podían articular su necesidad de respeto, pero una vez identificada, la entendieron. Es muy posible que en alguna oportunidad hayan pensado: *no merezco esta falta de respeto*. Pero rápidamente reprimían esos sentimientos. Esto es bastante común en el hombre de hoy, porque la cultura le ha dicho que no es correcto expresar sentimientos si no se le respeta; y si se atreviera a hacerlo, su esposa no lo aceptaría porque a ella le parecería «arrogante».

Otra cosa que puede impedir que un hombre exprese su necesidad de respeto es oír de boca de su esposa: «Tú no mereces mi respeto». Con su vocabulario rechazado por vetusto y su actitud criticada como arrogante, un hombre no tardará mucho en archivar su necesidad esencial de respeto en un compartimiento rotulado: «No sacar a colación». Y allí se quedará; pero si otra mujer lo admira, entonces cuidado. Como nos lo compartió una esposa cuyo marido se involucró en una aventura:

> Me di cuenta de que mi esposo me había engañado con esta
> mujer, no por su aspecto ni su personalidad, o porque fuera

algo tan extraordinario, sino porque ella era su audiencia cauti-
va. Ella creía que él sostenía la luna. Todo comentario que le
hacía a ella era ingenioso; todo lo que él hacía era perfecto. A
sus ojos, él era el hombre más apuesto, inteligente y divertido
del mundo. Él necesitaba un incentivo para su ego, y ella estaba
lista y dispuesta a ser eso para él.

¿El amor y el respeto son la misma cosa?

Muchas esposas me dicen: «El respeto y el amor son la misma cosa».
Yo respondo: «No, no lo son, y usted sabe que es así. Por ejemplo,
usted respeta a su jefe, no lo ama. Al jefe no se le ama». He estado con
parejas en sesiones de consejería, y estando el marido sentado allí
escuchando, la esposa dice sin ningún problema: «Yo amo a mi esposo, pero no siento ningún respeto por él». Pero cuando pongo las
cosas al revés y les pregunto a las esposas cómo se sentirían si oyeran
a su esposo decir: «Te respeto pero no te amo», se horrorizan y excla-
man: «Me sentiría desolada».

Le pregunté a una esposa: «¿Cuánto tiempo le llevaría superar
eso?». Me respondió inmediatamente: «Toda la vida».

La esposa típica pondría el grito en el cielo si oyera: «Te respeto
pero no te amo». ¡Eso es tabú! Ella vería a su esposo como un ser
humano totalmente falto de amor. No obstante, esta esposa siente
que puede decir sin problema alguno: «Te amo pero no te respeto».
Lo que ella no entiende es que su esposo se siente igualmente desola-
do por su comentario y también le llevaría «toda la vida» poder
«superarlo». La esencia es que esposos y esposas tienen necesidades
verdaderamente iguales. Ella necesita amor incondicional, y él necesita respeto incondicional.

Todo esto debería ser obvio, ¿no es así?

Casi siempre que Sarah y yo impartimos nuestro seminario acerca de
la Conexión de Amor y Respeto, la gente nos dice: «Por supuesto, esto
es tan obvio». Y después el marido o la esposa agrega: «¿Pero por qué

mi cónyuge no lo comprende?». Ya sea el esposo o la esposa que «no comprenda», la respuesta es la misma: *a menudo no vemos lo evidente.* Un vendedor de puerta en puerta tocó el timbre y esperó. Respondió un niño que parecía de unos diez años. Estaba fumando el cigarro más grande que el vendedor había visto en su vida. Después de unos segundos de silencio de parte del vendedor que se había quedado pasmado, finalmente preguntó: «¿Está mamá en casa?». El muchachito de diez años dio un par de chupadas, echando humo en el rostro del vendedor, y dijo: «¿Y a *usted* qué le parece?».

Y ese es el punto. Si el vendedor hubiera pensado un poquito más, se habría dado cuenta de que mamá no estaba en casa. Pero por alguna razón, no siempre pensamos, particularmente cuando algo nos impacta o nos distrae. Cuando una esposa no se siente amada, puede sentir una conmoción tal en su corazón que está totalmente ignorante de sus reacciones irrespetuosas hacia su marido, aunque cualquier hombre que estuviera mirando lo notara claramente. Cuando un esposo no se siente respetado, esto puede provocarlo tan rápidamente que no lo deja ver su reacción desamorada, la cual sería obvia para cualquier mujer. Palabras sabias para esposos y esposas son éstas:

VEMOS FÁCILMENTE LO QUE NOS HACEN A NOSOTROS
ANTES DE VER LO QUE LE ESTAMOS HACIENDO A
NUESTRO CÓNYUGE.

Cuando se trata de ver cómo detener el Ciclo Alienante es de gran ayuda recordar que a los hombres se les manda amar porque no aman naturalmente; y por otro lado, a las mujeres se les manda respetar, porque no respetan naturalmente. Si la Conexión entre Amor y Respeto va a tener sentido y a dar resultado en un matrimonio, la esposa en particular debe vencer todo sentimiento de que su esposo necesite ganarse su respeto. He aconsejado a muchas mujeres a quienes les gusta amar, pero no les gusta respetar. Cuando estas mujeres no se sienten amadas, a menudo intentarán mejorar la situación usando más amor. Eso es natural. Pero cuando estas mujeres no se sienten amadas, les resulta difícil mostrar respeto. Eso es antinatural. Ellas actúan faltando el respeto, pero realmente no desean hacerlo. Simplemente están respondiendo a sus sentimientos intrínsecos. Sin darse cuenta de que se está dirigiendo a su esposo en tono despreciativo, una esposa quizás diría: «Está exagerando toda esa "cuestión del respeto". Es demasiado sensible. Mi regaño y mi expresión agria continúan. Así es como soy a veces. ¡Tiene que superarlo! Ese es *su* problema».

Pero por supuesto, no es problema de él, es de *ellos*. ¿Cómo se sentiría la esposa si el esposo dijera: «Estás exagerando toda esa "cuestión del amor". Eres demasiado sensible. Siempre me estás diciendo que soy demasiado áspero. Tienes que superarlo»?

A los esposos, por supuesto, también les va a costar resolver esta situación. Como no se sienten respetados, pierden de vista los sentimientos de su esposa. Resulta fácil perder los tiernos sentimientos de afecto ante lo que parece ser desprecio. Pero, ¿la meta de ella es molestarlo? No si ella tiene buena voluntad. Aunque ella fuera injustamente cruel, no es excusa para que un hombre de honor se niegue a obedecer el mandamiento de Dios de amar a su esposa. Creo que los hombres que están leyendo este libro son hombres de honor y lo que les pido es esto: *amen a su esposa. Traten siempre de ver lo que hay en lo profundo de su corazón.*

Si un esposo tiene algo de honor y buena voluntad, debe dar un paso adelante y empezar a comprender todo ese asunto de «ser amoroso». Y debe vencer todo temor que pueda sentir de que ella lo trate con desprecio. Quizás sus críticas no sean de ningún modo sinónimo de desprecio, simplemente son su forma de rogar: «Por favor ámame». Cuando un esposo pueda decodificar el clamor y responderle a su esposa con amor y comprensión, experimentará el gozo de una perspectiva justa y equilibrada del matrimonio, y volverán esos tiernos sentimientos de afecto. He hablado con muchos hombres que dicen desear intentarlo, pero no tener idea de cómo hacerlo. Dichosamente, existen muchas claves, las cuales siempre me alegro de compartir con todo esposo que esté dispuesto a escuchar, aprender y después cambiar la perspectiva que tiene de su esposa. (Ver especialmente los capítulos 5 al 7, así como 8 al 14.)

Las parejas casadas están en una encrucijada

Hoy en día, las parejas casadas se encuentran en una encrucijada. ¿Apreciará ella la necesidad que su esposo tiene de respeto o censurará sus sentimientos?

¿Descubrirá que la mejor manera de amar a un esposo es respetándolo en maneras que sean significativas para él? ¿O se centrará totalmente en lo que ella siente que sea la clave para un matrimonio feliz —sus sentimientos de mujer—, y descartará las necesidades de su esposo considerándolas como anticuadas o arrogantes?

Asimismo, ¿el esposo apreciará la necesidad de amor de su esposa o seguirá ignorando sus sentimientos? ¿Descubrirá que la mejor manera de amar a una esposa es ir más allá de sus críticas y quejas para ver por qué. no se está sintiendo amada? ¿O se encogerá atemorizado ante su aparente desprecio y se retirará a refugiarse en sus evasivas?

Una creciente cantidad de parejas que se encuentran ante esta encrucijada elige la bifurcación correcta, cuya señal dice «Amor y Respeto». Una esposa, profesional de firme carácter, nos escribió para contarnos cómo estaban usando los conceptos de la Conexión entre Amor y Respeto su esposo y ella, y que su Ciclo Alienante se va deteniendo poco a poco. Escribió:

En un matrimonio, «la sabiduría del prudente es discernir sus caminos» (Proverbios 14.8, NVI).

> Mi esposo podía ver que cuando se retraía (a menudo porque yo era irrespetuosa), yo me sentía abandonada y no amada. Entonces iba a buscarlo con deseos de venganza que harían encoger de miedo a cualquier guerrero [...] lo cual lo hacía sentir menospreciado y profundamente herido, provocando que se retrajera aun más; todo lo del «Ciclo Alienante». Pero él por primera vez estuvo dispuesto a admitir que había actuado «desamoradamente». Reconoció que era responsable de parte del asunto. Creo que pudo ver que yo era más frágil (aunque me esfuerzo mucho por convencer a todo el mundo de que soy fuerte, incluso a él) y que lo necesito y que deseo su apoyo y su

fuerza. Le pedí que me perdonara por ser tan irrespetuosa. Hemos estado hablando y las cosas han ido cambiando gradualmente. Estamos estableciendo una comprensión mutua.

Ciertos argumentos de este capítulo pueden sonar como si estuviera dándoles una paliza a las esposas por su falta de respeto incondicional hacia su esposo. Pero no es lo que estoy tratando de hacer: *estoy intentando ayudarlas*, porque conozco el papel fundamental del respeto que juega una esposa para detener el Ciclo Alienante. Sí, muchos hombres son en una u otra ocasión brutos desamorados, pero pueden cambiar. De hecho, muchos de ellos desean hacerlo, y la mejor manera de lograr que cambien es tratándolos con respeto incondicional.

En nuestras conferencias y en situaciones de consejería, tratamos constantemente con esposos y esposas que comprenden rápidamente el concepto del Ciclo Alienante. Ellos desean poder salir —lo más pronto posible—, pero aún quedan ciertas reservas. Han estado dando vueltas durante tanto tiempo que se preguntan: *¿de verdad funcionará?* En el capítulo 5 empezaremos a ver algunas respuestas a ciertas preguntas típicas y a dar consejos prácticos para detener el Ciclo Alienante.

Capítulo 5

Ella teme convertirse en felpudo; él está harto de que no lo respete

He aconsejado a muchas esposas que desean poner en práctica el enfoque del respeto incondicional, pero aún no están totalmente convencidas de que vaya a resultar. La vieja actitud de «la rata debe ganarse mi respeto», no se pierde fácilmente. Y he aconsejado a muchos esposos que realmente desean ser hombres más amorosos; están dispuestos a intentarlo, pero recelan de quedar como tontos desamorados otra vez.

Las preguntas de las esposas y los esposos que desean intentar detener el Ciclo Alienante, o al menos reducir su velocidad, por lo general se centran en tres áreas generales:

1. Ella se pregunta: *¿no voy a terminar siendo un felpudo?*
   Él se pregunta: *¿por qué no se da cuenta de que estoy harto de oír: «Simplemente no entiendes».*
2. Ella piensa: *pero si en realidad no siento respeto por él, voy a ser una hipócrita.*
   Él piensa: *ella no me respeta, ¿qué caso tiene?*
3. Ella piensa: *¿podré perdonarlo realmente?*
   Él piensa: *exploté otra vez... ¡nadie puede amar a esa mujer!*

Deseo tratar con todas estas reservas para mostrarles a los esposos y a las esposas que aunque estas preocupaciones sean típicas y naturales, hay respuestas que pueden darles valor y motivación para comenzar a utilizar la Conexión entre Amor y Respeto, y así detener el Ciclo Alienante. Como veremos, en cada una de estas áreas la preocupación de la esposa es, en muchas maneras, el reflejo directo de las preocupaciones de su esposo.

¿Quién debería dar el primer paso?

Pero antes de comenzar, hay una pregunta fundamental para que el esposo y la esposa consideren. Cuando pensamos en detener el Ciclo Alienante; ¿quién da el primer paso? Como esposa, haga lo que haga, no diga: «Emerson tiene razón. Necesito tu amor, así que empieza a amarme y yo te voy a respetar». Eso sencillamente no va a funcionar porque esa actitud en sí misma es irrespetuosa y genera una reacción desamorada. Con esto usted está haciendo responsable a su esposo tanto por el amor como por el respeto en el matrimonio. Él simplemente se encerrará en sí mismo.

Por otro lado, como esposo, nunca diga: «Emerson tiene razón. Si me respetas, todo andará bien y yo seré más amoroso». Eso tampoco va a resultar, porque esa actitud en sí misma es desamorada y genera una reacción irrespetuosa. Con esto usted está haciendo responsable a su esposa tanto por el amor como por el respeto en el matrimonio. Ella simplemente se encerrará en sí misma.

Entonces, ¿quién debería dar el primer paso? En nuestras conferencias sobre el matrimonio explico que he orado al respecto y aquí está la respuesta que Dios me dio: *quien se considere más maduro*. Como verá, usted no puede esperar que su cónyuge actúe primero, aunque le parezca lo preferible. Todos deseamos que nuestro cónyuge sea el primero en comenzar a respetar o amar. ¿Pero puede darse el lujo de esperar pasivamente que esto suceda como un espectador neutral? ¿Puede un esposo esperar que su esposa lo respete antes de que él se convierta en un hombre más amoroso?

¿Puede una esposa esperar a que su esposo realmente la ame para que ella le muestre respeto?

El temor, por supuesto, es que usted le muestre amor o respeto a su cónyuge, según el caso, y reciba una respuesta negativa. Entonces tenderá a retraerse, esperando que la otra persona dé el primer paso. Pero, ¿cuáles son sus opciones? Retener su amor o su respeto solo provocará que el Ciclo Alienante siga su curso; pero ser maduro y tomar la iniciativa podría aminorar su marcha.

Piénselo de esta manera. Resulta absolutamente vano que un esposo exclame: «¡No voy a amar a esa mujer hasta que empiece a respetarme!». Es inútil que una esposa grite: «¡No voy a respetarlo hasta que él empiece a amarme!». Asumir el rol de cónyuge maduro y dar el primer paso puede ser riesgoso, pero es muy poderoso. Es raro que pierda; piénselo. Usted sabe que si su cónyuge actuara primero, usted respondería positivamente. Sabiendo eso, ¿realmente cree que su cónyuge no tiene suficiente buena voluntad como para reaccionar amorosa o respetuosamente si *usted* da el primer paso? Cuando tocamos la necesidad más profunda de nuestro cónyuge, siempre sucede algo bueno. La clave para energizar a su cónyuge es satisfacer los deseos más profundos de su corazón. (Sobre cómo hacerlo, ver el apéndice A, pág. 301.)

> *Sea el primero en su matrimonio: «Busque la paz, y sígala» (1 Pedro 3.11).*

En este capítulo, y en los capítulos 6 y 7, estaremos observando tres temas que preocupan a los esposos y a las esposas que desean detener el Ciclo Alienante, pero aún tienen sus reservas. La primera preocupación es la que oímos mucho en nuestras conferencias: la esposa teme que respetar a su esposo incondicionalmente sea una garantía de que acabará siendo un felpudo.

No es un felpudo, sino una mujer con poder

Cuando aconsejo a algunas esposas a que utilicen el respeto incondicional, me doy cuenta de que sospechan que soy un machista vestido de oveja que intenta someterlas a una vida de servilismo. Recuerdo a esa esposa que debe ser paciente. Estoy tratando de ayudarla a lograr que su esposo la ame *más*, no que le pase por encima.

Cuando hablo acerca de respetar a su esposo, no quiero decir que deba ser un felpudo. No me refiero a que deba enterrar su cerebro, nunca mostrar su capacidad de liderazgo o jamás estar en desacuerdo con él en lo más mínimo. No quiero decir que él sea superior y ella inferior en algún sentido. Tampoco deseo que ignore sus propias heridas y áreas vulnerables.

A pesar de darles garantías, algunas esposas temen que adoptar una actitud de respeto en medio de un conflicto con su esposo las deje indefensas. Estas mujeres no creen que un esposo se vaya a convertir en un hombre más amoroso a menos que abra los ojos a sus defectos. Y la única manera de que tome conciencia de sus fallas y deficiencias es que oiga los rezongos, las correcciones y el menosprecio de su esposa. Una esposa confesó: «Yo solía escuchar sus conversaciones telefónicas (o conversaciones con un grupo de gente) para "corregir" cualquier cosa errónea que pudiera decir».

Otra esposa admitió actuar como si fuera la madre de su esposo. «Como madres tenemos incorporado ser instructoras, es una parte importante de la maternidad. Pero es extremadamente difícil distinguir entre nuestros roles de madre y esposa. Por ejemplo, cuando viene el bebé, papá parece no saber qué hacer y nosotros "instruimos" a papá. Con el tiempo comenzamos a instruir en muchas áreas».

La típica esposa sabe por instinto que corregir y actuar como si fuera la madre de su esposo no es una buena forma de acercarse a él; pero, ¿qué puede hacer? Si sigue ganando batallas de esta manera, esto podría ayudarla a ganar la guerra de convertirlo en la clase de hombre que ella siente que él debería ser. Ella continúa utilizando el negativismo, porque siente que le da mayor control y cree que se hace entender. Ella sabe que ser amable no funciona, sencillamente porque él parece ignorarlo. Su falta de respeto llama su atención y ella parece ganar las escaramuzas, que por lo general giran en torno a los mismos problemas: llegar tarde, trabajar demasiado, la mala crianza, insensibilidad, etc. Pero ninguno de

Esposas: «Hagan el bien y vivan sin ningún temor» (ver 1 Pedro 3.6, NIV).

estos problemas es la raíz del asunto. La falta de amor y de respeto está en el centro de todo esto. (Para evaluar la perspectiva que tiene de su cónyuge, ver el apéndice B, pág. 305.)

Como observa John Gottman: «El objetivo más importante es quebrar el ciclo de negatividad».[1] Una esposa confesó: «La mayoría de la gente me calificaría como "una de las personas más felices y más positivas que conozco", pero luego sucede algo a puertas cerradas. Puedo gritar, chillar y despotricar eternamente por pequeñeces».

Lamentablemente, la esposa que siente que la negatividad le da más control ni siquiera se da cuenta de que necesita quebrar ese ciclo. Pero ella puede percibir que sus críticas no lo motivan a ser más amoroso, por lo que intenta disculparse después de una discusión o un conflicto. Puede ser que él acepte sus disculpas, porque sabe que ella es una mujer benevolente que se siente mal. Pero cuando el Ciclo Alienante vuelve a dar vueltas al mes (o la semana) siguiente, luego se convierte en un patrón característico, y él comienza a creer que ella lo menosprecia como ser humano, que lo desprecia en lo secreto.

Puesto que está confundido, no pregunta: «¿Me respetas?», por miedo a que ella diga: «No, no te respeto». Eso lo atemoriza y por eso lo evita. Como resultado, ella se encierra en su falta de respeto hacia él como una forma de comunicarle su fastidio y de rezongar para que él cambie. Pero durante el curso de su matrimonio, algo muere lentamente entre ellos. Ella gana las batallas, pero muy en lo profundo sabe que está perdiendo la guerra.

¿Y SI USTED TEME CORRER EL RIESGO?

Pero supongamos que ella asiste a la conferencia de Amor y Respeto y aprende acerca de lo que puede suceder si comienza a mostrarle respeto incondicional a su esposo. Ve una vislumbre de esperanza, pero es muy posible que tema «correr el riesgo». Hablo con muchas mujeres que se encuentran en ese estado de ánimo luego de oír nuestro mensaje por primera vez. Una esposa escribió: «Estoy dispuesta a poner en práctica este enfoque como una clave para mejorar mi relación matrimonial. Es un riesgo, porque no sé cuál será la respuesta de mi esposo. Estoy aferrada a la mano de Dios y confío en él».

En tiempos pasados, las esposas eran «santas mujeres que esperaban en Dios» (1 Pedro 3.5), y hoy Dios las llama a hacer lo mismo.

A esta querida mujer y a muchas otras como ella, ¡les digo que correr el riesgo es la forma de lograr su objetivo! Si una esposa puede confiar en la benevolencia básica y las buenas intenciones de su esposo (aunque a veces él actúe con desamor), ella puede darle un nuevo rumbo a su matrimonio, como testifican los siguientes relatos. Una mujer escribió, admitiendo que estaba triste, por qué se había casado hacía veintidós años y recién ahora estaba empezando a comprender el mensaje de Amor y Respeto. Ella dijo:

Le escribí dos cartas a mi esposo acerca de por qué lo respetaba. Estoy sorprendida de cómo se ha suavizado su respuesta hacia mí. Oré durante años para que mi esposo me amara y hablara mi lenguaje de amor. Pero cuando empecé a hablar su lenguaje, entonces respondió con lo que yo quería.

Otra esposa que asistió a nuestra conferencia, Amor y Respeto, con su esposo escribió:

Estoy casi impresionada por los cambios que he visto en mi esposo en estos últimos días. Para que conozca un poco nuestro trasfondo [...] tuvimos una pelea fuerte en enero pasado y la segunda ronda en mayo. Ahí fue cuando me dijo que no estaba seguro de lo que sentía por mí, y que no sabía cuál sería el futuro de nuestro matrimonio. ¡Ni hablar del Ciclo Alienante! Ya nos habíamos metido e íbamos rumbo a la muerte.

Lo que me impactó fue su comentario de que un hombre puede sentir muy profundamente la pérdida del respeto, pero no puede expresar con voz o palabras qué es lo que anda mal. Como hombre poco dado a expresar sus emociones cuando todo va bien, creo que mi esposo fue afectado de esta manera. Pudo decirme que lo había presionado demasiado, pero que yo no entendía qué botón había presionado. Como resultado fracasaron muchos de mis esfuerzos por acercarme durante estos últimos seis meses.

Entonces, en la víspera de Año Nuevo le dejé una tarjeta en la caja de su almuerzo. Nada sensiblero, solo un mensaje que decía: «Me das muchas razones para sonreír», a lo que agregué: «y hay muchas cosas que respeto de ti»; después di gracias por la Navidad y le deseé un próspero Año Nuevo. Al día siguiente, ¡él se levantó de la mesa y me acercó una silla! El domingo pasado sugirió que fuéramos a ver una película a la tarde, se sentó y habló antes de que empezara la película, me propuso que fuéramos a un musical que habrá en la ciudad la próxima semana. En general ha estado mucho más abierto y comunicativo.

Aunque sería simplista y falso decir que todos nuestros problemas se resolvieron mágicamente, hay entre nosotros un puente que no existía semanas atrás. Todavía me falta oír la palabra «Amor» provenir de sus labios; pero sus acciones son tales que sé que todavía existe en su corazón, y me he propuesto, con la ayuda de Dios, avivar la llama lo más posible.

Los siguientes son comentarios de tres mujeres diferentes que también descubrieron el poder de respetar a su esposo:

No sabía que algo de parte de Dios pudiera ser tan fácil. He creído en Dios toda mi vida, pero nunca antes me habían enseñado esto. Y tiene tanto sentido. Si respeta a su esposo, él la amará. Quizás no siempre de la manera en que yo lo amo a él, pero lo hace a su manera especial. Le doy gracias a Dios todos los días por permitirme aprender esto.

Yo andaba «a ciegas» acerca de que la necesidad número uno del hombre es el respeto [...], incluso por encima del amor.

Ahora, en lugar de decirle que lo amo, he empezado a decirle lo que aprecio y admiro de él. ¡Y lo cree por completo!

Una amiga íntima me llamó para decirme que Dios deseaba que escuchara lo que usted decía acerca del respeto. Mi esposo y yo hemos asistido a numerosas conferencias sobre el matrimonio y leído muchos libros juntos, pero ni remotamente se mencionó algo de esto. Creo que es la clave para entender a mi esposo y para tener un matrimonio dichoso. Es asombroso lo que Dios hace cuando le obedecemos.

Todas estas esposas «lo captaron». Han descifrado los mensajes que les estaban enviando su esposo, y aprendieron cuán vulnerable al enojo y menosprecio de su esposa puede ser un hombre. Lo mejor de todo es que han ajustado sus gafas y audífonos rosas, y están conscientes de que cuando una esposa respeta a su marido *no* se convierte en un felpudo. En realidad, ¡él empieza a desenrollarle la alfombra roja!

Pero, ¿qué decirles a los esposos que necesitan ajustar sus gafas y audífonos azules, y hacer su parte para establecer la Conexión entre Amor y Respeto? He hablado con muchos hombres que estarían dispuestos a hacer el intento, pero que no tienen idea de cómo empezar. Consideraremos esos problemas a continuación.

ESPOSOS, RECUERDEN UNA SOLA IDEA: AMOR

En estos últimos años, he aconsejado a bastantes hombres que dicen estar cansados de oír el incesante mantra: «Ustedes los hombres no entienden. Son tontos». Ellos admiten que hay ciertas cosas que no comprenden, pero catalogarlos de «neandertales» u «hombres de las cavernas» es degradante y descorazonador. Si la caverna existiera, ¡esos hombres preferirían ir allí a esconderse! Estarían de acuerdo con los proverbios bíblicos que dicen que es mejor que un hombre no respetado viva en un rincón de la azotea o en una tierra desierta, antes que con una mujer rencillosa e iracunda (ver Proverbios 21.9, 19). Como dijo un esposo lastimera pero acertadamente: «Me he pasado los últimos veinte años literalmente consumido en tratar de entender qué está pasando en nuestro matrimonio».

Comprendo a estos esposos, porque en estos últimos treinta años muchas veces me sentí de la misma manera. Pero quiero recordarles a todos los esposos que sus mujeres son personas que básicamente tienen buena voluntad. Solo actúan de forma crítica, contenciosa e irrespetuosa, porque están pidiendo amor. El esposo honorable que es lo suficientemente hombre como para intentar cambiar las cosas debe aprender cómo reaccionar cuando se siente ofendido y no respetado. Debe aprender qué hacer cuando su esposa reacciona negativamente y lo acusa de ser desamorado.

Las buenas noticias son que el esposo solamente debe concentrarse en dos preguntas. En primer lugar, debe preguntarse: «¿Mi mujer está actuando de manera irrespetuosa porque no se está sintiendo amada?». Le esperan cosas buenas si aprende a descifrar el clamor más profundo de su esposa: «¡Por favor, ámame!». Para realizar esta decodificación, el marido debe preguntarse qué tiene su esposa contra él, *por qué* se siente rechazada y hasta abandonada. Puede ser que el marido no logre descifrar completamente el mensaje de su esposa, o quizás sí, pero lo importante es que él intentará entenderla, no lanzarle un contraataque. En segundo lugar, un esposo debe preguntarse: «Lo que estoy a punto de decir o hacer, ¿le resultará amoroso o desamorado a mi esposa?».

> *No importa cuánto cueste hacerlo, «Maridos, amad a vuestras mujeres»*
> *(Colosenses 3.19).*

En Génesis 29 y 30, se narra la historia del casamiento entre Jacob y Raquel. Primero, ellos estaban locamente enamorados. Él estuvo dispuesto a trabajar siete años por ella y le parecieron «unos pocos días». Entonces, después de caer en la trampa de su tío Labán para casarlo con la hermana de Raquel, Lea, Jacob tuvo que trabajar siete años *más* antes de que Raquel pudiera convertirse en su esposa. Pero cuando Raquel vio que Lea tenía hijos y ella no, se puso celosa y confrontó a Jacob, suplicándole: «Dame hijos o si no, me muero» (Génesis 30.1). En vez de confortar a Raquel, Jacob se enojó y le dijo: «¿Soy yo acaso Dios que te impidió el fruto de tu vientre?» (v. 2). En lugar de enojarse, Jacob podría haber intentado descifrar la demanda de Raquel. ¿Ella realmente esperaba que él estuviera en lugar de Dios? ¿O estaba ventilando su dolor interior a causa de su esterilidad y de la lucha social que sostenía con su hermana por estar más cerca del corazón de Jacob?

Como esposo, yo siempre busco descifrar lo que mi esposa siente. Supongamos que Sarah me confronta de una manera que me hace sentir ofendido, no respetado o descrito como un desamorado. Puedo reaccionar defensivamente y decir: «¡Mujeres! ¿Quién las entiende?». O como sé que el Ciclo Alienante siempre está listo para activarse, puedo darme cuenta de que en realidad Sarah me está llamando. Ella me necesita. No está tratando de molestarme.

Es verdad, cuando me siento ofendido, va en contra de mi naturaleza decir: «Ah, ya entiendo. Sarah quiere que yo la ame». Pero sé que eso es precisamente lo que está ocurriendo, porque estoy seguro de que me he casado con una mujer benevolente. Ella no está intentando ser irrespetuosa o despreciativa de forma deliberada, simplemente me está haciendo saber que estoy pisando su manguera de oxígeno —otra vez—, y que necesita mi amor más que nunca.

En el corazón de cada esposa hay un clamor: «Ahora, por tanto, me amará mi marido» (Génesis 29.32).

ESTE ESPOSO LO DESCIFRÓ EN LA CÁRCEL

Un esposo aprendió a descifrar el mensaje de su esposa de la manera más difícil. Así es como describe su «epifanía»:

Un sábado en la tarde, enojado, arrojé al aire un plato que golpeó a mi esposa en el rostro, causándole un pequeño corte. Ella llamó a la policía, y después de esposarme me llevaron a la cárcel. Un juez de faltas consideró que era mejor que pasara allí el fin de semana y me fijó una fianza ENORME... Yo no quise pagarla [...] [y] después de estar unas cuatro horas en un catre de acero, todo empezó a dejar de ser novedoso y comencé a pensar seriamente en la razón por la que estaba allí. Sin nada qué leer ni un lugar adonde ir, y ya sin poder dormir, básicamente caminé y oré durante dos días. En mi mente permaneció un solo versículo todo el tiempo: «Maridos, amad a vuestras mujeres, así como Cristo amó a la iglesia...».

Durante dos días, Dios trajo a mi mente los recuerdos de nuestras discusiones, y en cada uno estuve dolorosamente consciente de que no había logrado amar a mi esposa. Era como pasar un video y que Alguien estuviera allí señalándome: «Ves, ahí podrías haberte acercado a tu esposa para tranquilizarla, pero estabas demasiado ocupado tratando de demostrar que tenías razón».

En un momento vi su rostro todo distorsionado por la ira, mientras me gritaba, pero totalmente sin sonido alguno [...]; había pulsado el botón de silencio en este recuerdo; y luego, poco a poco, el sonido se fue elevando hasta poder oírlo, solo que las palabras no eran las que mi esposa me había estado gritando. En su lugar, esas palabras habían sido reemplazadas con otras que yo necesitaba oír: «Quiero que me AMES, ¿por qué no me AMAS? Tengo miedo y me siento insegura, y necesito que me sostengas y que me AMES...».

Y allí comencé a llorar. Todo ese tiempo había estado encerrado en mis propias necesidades: exigir respeto, tener la razón a toda costa, ganar una pequeña discusión; esto lastimó nuestra invaluable relación. Había estado tan enfrascado en las palabras que no había visto sus sentimientos, su necesidad.

Esta fue mi epifanía, y es por eso que la Escritura me ordena amar a mi esposa como Cristo amó a la iglesia. En las conversaciones que he tenido con otros hombres desde entonces, he visto que sus rostros se ponen pálidos cuando les cuento mi experiencia, y veo que van tomando conciencia al darse cuenta de que ellos también habían echado todo a perder. Nosotros NECESITAMOS este mandamiento, pero muchos de nosotros no nos imaginamos cuánto.

De igual manera, Dios me sentó en la cárcel durante dos días, me quitó todas las distracciones y me llevó a mirarme a mí mismo de una forma que nunca lo había hecho antes. Hacia el final de todo ello, yo había sido emocionalmente destruido y restaurado, y ya anhelaba ir a casa y compartir con mi esposa lo que Dios me había mostrado. En mi última tarde en aquella celda, yo era más libre que nunca. Sabía que el Señor me había hablado y que iba a hacer algo al respecto, primero en mi propio matrimonio y después en otros, si el Señor me lo permitía.

Aunque el esposo y la esposa se reconciliaron, el tribunal dispuso que él asistiera a una terapia por violencia familiar, lo cual hizo con gran agrado. Esperó un poco más de un año después de su experiencia, para validar los cambios de su vida y después, con la bendición de su pastor, comenzó a invitar a otros hombres para conversar sobre el tema del matrimonio con él. Ahora él y su esposa se reúnen con parejas que vienen a verlos por problemas familiares como los que ellos tenían. Él agrega: «Siempre lamentaré lo que le hice a mi esposa, y siempre estaré agradecido por lo que él ha hecho en nuestro matrimonio desde entonces».

Existen muchas razones por las que me gusta la historia de este hombre, pero quizás la mejor de todas es que su esposa fue la primera en ponerse en contacto con nosotros cuando solicitó nuestros recursos para aprender más sobre cómo respetar incondicionalmente a su marido. En el pedido que nos envió por correo electrónico, no mencionó absolutamente nada acerca de este incidente insultante. Ella solo escribió que estaba:

... poderosamente convencida de que tenía necesidad de aprender sobre este aspecto vital de mi rol de esposa. Mi esposo dirige un grupo de estudio bíblico de hombres donde, naturalmente, se pone énfasis en amar y guiar a la esposa conforme a lo que Dios manda. Hay escasez de material sobre el otro aspecto importante de un matrimonio piadoso, concretamente, las esposas y el respeto. Mucho hay acerca de la sumisión, pero no así acerca del respeto. Mi esposo y yo hemos estado casados, muy mal (y sin Dios) [...] y estamos comprometidos a hacer de la nuestra una relación que honre y glorifique su presencia y su gracia en nuestra vida.

No hubo ninguna alusión al golpe que ella había recibido en el rostro, ni al hecho de que él había tenido que ir a la cárcel. Yo sentí curiosidad acerca del tipo de estudio bíblico que su esposo estaba dirigiendo, así que le envié un correo electrónico y le pedí que me explicara lo que hacía y por qué lo hacía. Allí fue cuando me contó toda la historia de que había golpeado a su esposa había ido a parar a la cárcel, y que luego había entendido las cosas mientras caminaba de un lado a otro en su celda. ¡Qué mujer! ¡Qué hombre! Él había cambiado tanto que ella ansiaba hacer su parte, y ahora trabajan juntos para ayudar a otros matrimonios.

¿Un esposo puede comprender? En medio de un conflicto grave, si un esposo tranquiliza a su esposa reafirmándole que realmente la ama a pesar de la pelea que están teniendo, y evita a toda costa enviarle el mensaje: «No te amo», todo marchará bien. Un hombre escribió para contarnos acerca de que finalmente aprendió a decodificar:

Tarde aquella noche, repasé en mi mente lo que ella había dicho y lo que usted enseñó. Oré pidiendo sabiduría. A estas alturas gran parte del dolor ya se había ido (ya he pasado por esto muchas veces), pero esta vez era algo diferente. Había una paz y una tranquilidad que no había sentido antes, como si el Espíritu Santo me estuviera diciendo: «No pierdas la calma, no te apures; solo relájate». Y lo hice. No dormí muy bien esa noche y pasé mucho tiempo pensando. Fue entonces que pude descifrar lo que ella estaba diciendo realmente. Estaba tratando de expresar el dolor que sentía en nuestro matrimonio...

Me llevó toda la noche comprender lo que había detrás de sus palabras; sus palabras no eran respetuosas ni amorosas, pero lo que estaba intentando decirme era más profundo y comencé a «decodificarlo». Comencé diciéndole lo que yo creía que estaba detrás de lo que ella había dicho, y que esa era su forma de expresar el dolor que sentía. Todo comenzó con una conversación de una hora que terminó con ella sentada sobre mis rodillas, abrazada a mí, llorando y llorando. Fue una descarga emocional de dolor. Fue un momento muy triste de angustia, pero también fue un momento de SANIDAD. Fue la primera vez que ella hizo eso. Esta fue la primera vez que sentí que la había comprendido.

¿Qué hizo este esposo para lograr este momento de «avance» en su matrimonio? No perdió la calma. Oró pidiendo sabiduría. Se relajó y reajustó sus gafas. En vez de ver todo azul, trató de ver algo en rosa, y el dolor de su esposa le resultó claro. Como vimos en el capítulo dos, la clave para decodificar los mensajes uno del otro es estar consciente de las gafas y audífonos rosas de ella y los azules de él. Ambos cónyuges pueden reajustar sus lentes si desean intentarlo. Como me escribió otro esposo para contarme:

Creo que el Espíritu Santo está revelando (forma cortés de decir «me dio en el entrecejo con un 2x4») mi incapacidad de «decodificar». Solamente veo a través de mis propias lentes, pero no a través de las de ella. No logro mirar a través de «sus ojos».

Podemos reducir la velocidad del Ciclo Alienante —incluso detenerlo— con solo tener ojos para ver y oídos para oír.

CAPÍTULO 6

ELLA TEME SER HIPÓCRITA; ÉL SE QUEJA: «¡NO ME RESPETA!»

Había estado casada durante treinta y ocho años, y no había sido fácil. Su esposo había servido en honor a los marinos de Estados Unidos en Vietnam, y había regresado con un trastorno de estrés postraumático. Durante los años que le siguieron a la guerra, él lidió con sus recuerdos exigiéndose más de lo necesario, y llegó a ser muy exitoso. Aunque era cristiano, con el tiempo se involucró en una aventura amorosa y se convirtió en alcohólico, arruinando así su salud.

«No puede trabajar —continuaba su carta—. Está lejos del Señor. Durante años he estado "estancada" en el mandamiento de que las esposas deben respetar a sus esposos. Si el Señor lo dijo, creo que es verdad, pero yo no quería ser hipócrita...».

Muchas esposas se encuentran en situaciones similares, y a menudo me cuentan que al mismo tiempo que desean ser respetuosas y obedientes al Señor, no quieren ser hipócritas, cumpliendo formalidades que no significan nada. Gentil pero firmemente respondo que yo no estoy pidiendo que las esposas sean hipócritas, y que les muestren respeto a sus maridos aun cuando «no lo sientan». En realidad esto no se trata de sentimientos. Se trata de que las esposas ayuden a controlar el Ciclo Alienante haciendo lo que dicen las Escrituras. Pedro llama a las esposas a ser castas y respetuosas para que ganen a sus esposos que son desobedientes a la Palabra de Dios (ver 1 Pedro 3.1–2). Obviamente, las esposas pueden seguir «ganando batallas» atacando, criticando o sermoneando a sus esposos bebedores, descarriados o por el problema que fuera, pero a la larga perderán la guerra.

Cuando un hombre es áspero, indiferente o no es consciente de algo, la esposa puede decir que él es un desamorado y que debe cambiar; que debe corregirse, y estoy completamente de acuerdo. Obviamente, el hombre debe entender su feminidad y su necesidad de amor. Si el espíritu de ella se desinfla y se entristece, él es llamado a ser un hombre de honor y satisfacer sus necesidades. Pero aquí está el problema: tal hombre puede ser llamado, pero no necesariamente responderá. En este momento la esposa se enfrenta a dos opciones. Puede intentar realizar ajustes personales y tratar a su esposo con respeto, de acuerdo con lo que dicen las Escrituras; o puede continuar con su mirada agria y una actitud negativa e irrespetuosa. Puede continuar arguyendo: «Si no se siente respetado, ese es su problema. ¿Cómo puedo sentir respeto por él cuando está ajeno a mí y a mis sentimientos? Eso sería hipócrita».

Entiendo por qué una esposa podría sentirse hipócrita al respetar a un hombre que ha estado tratándola mal. Pero continuar con la actitud irrespetuosa sería como cavar su propia fosa. Pocas esposas tienen verdadera malicia en su corazón, pero sus emociones negativas pueden quitar lo mejor de ellas. El anhelo más profundo de su corazón —amor— está empañado por la negatividad. Los esposos no solamente sienten que nunca llegan a cumplir las expectativas amorosas de una esposa, sino que ahora tampoco se sienten respetados como seres humanos.

El hombre típico no puede verbalizarlo, pero se siente responsable de satisfacer la necesidad de amor de su esposa y de tratar de satisfacer de alguna manera su propia necesidad de respeto. Esta clase de hombre se recluye en sí mismo ante todo esto. Sencillamente es demasiado abrumador. El esposo que no se siente respetado, ¿le hace saber a su esposa cómo se siente? No. Por regla general, un hombre no se queja ni llora. Solamente aprieta los dientes y compartimenta sus sentimientos. Quizás se esté muriendo por dentro, pero no se lo dirá a su esposa por temor a que ella le diga: «Tú no te mereces mi respeto». Entonces él se vuelve callado. Se recluye, quizás hasta se retire enojado. Ella ha ganado otra batalla, pero se siente todavía menos amada.

Ella se siente atrapada. No siente amor de parte de él, por lo que le parece falso mostrarle respeto. Además, si le muestra respeto, ella siente que él «se saldrá con la suya». Le pregunté a una mujer: «¿Usted teme que su actitud respetuosa reduzca las posibilidades de motivar a su esposo para que cambie?». Aquí está su respuesta:

Somos llamados a seguir a Jesús, quien «encomendaba la causa al que juzga justamente» (1 Pedro 2.23).

> Después de reflexionar sobre eso, he llegado a la conclusión de que este es el quid de la cuestión. Si me fío de mis sentimientos (o de experiencias anteriores en las que el menosprecio ha resultado efectivo), voy a sentir temor de hacerlo de forma diferente. Si doy un paso de fe, declarando que la Palabra de Dios es el fundamento de mis acciones, eso muestra que confío en que Dios hará lo que dijo que haría. ¡No puedo fallar en eso! He determinado que ese será el camino que voy a seguir sin importar cuán desconocido sea para mí.

¡Amén! ¡Esta esposa «lo captó»! Obedecer la Palabra de Dios no convierte a una esposa en hipócrita impotente. En realidad, eso hace de ella una mujer que ama y reverencia a Dios.

Esto puede ocurrir incluso en las situaciones más difíciles. La señora cuya carta abre este capítulo hizo a un lado sus temores de hipocresía e intentó mostrarle respeto a su marido. Su carta continúa:

> Estoy pidiéndole al Señor que me muestre formas en las que pueda mostrarle [a mi esposo] respeto genuino. Definitivamente he visto una diferencia en su actitud conmigo. Creo que vendrán más cosas buenas a medida que continúe mostrándole respeto incondicional, y después de todo, el Señor se ocupa del

resultado. Solo tengo que ser obediente a él, y él se encarga de lo que me preocupa a mí.

Exactamente. No fuimos llamados a cambiar todo ni a todos. Solamente se nos llamó a ser obedientes, y Dios se encarga a partir de allí. Nunca se me ocurrió decir que fuera algo simple y que no demande esfuerzo. Requiere de gran fe, valor y fortaleza. Pero puede repercutir en beneficios increíbles, como aprendió una esposa que leyó nuestro material sobre Amor y Respeto. Ella escribe:

> Es asombroso ver lo que puede suceder cuando un hombre se siente respetado. Yo sabía que necesitaba mostrarle respeto incondicional, sintiera ganas o no. Comencé a poner en práctica las acciones, aunque los sentimientos no estuvieran allí. Después de un tiempo, los sentimientos comenzaron a fluir, ¡especialmente ahora! Mi esposo ha estado sirviendo así como usted dijo. Este último fin de semana invitamos a los vecinos a cenar [y] él se ofreció a preparar la cena. También lavó mi automóvil este fin de semana (nunca antes lo había hecho) y de su bonificación de Navidad me dio $500 dólares para gastar, sin hacer ninguna pregunta. También ha limpiado la cocina y ha lavado los platos dos veces. Yo le he estado enviando correos electrónicos a su trabajo más o menos una vez por semana solo para decirle que estoy muy agradecida porque, gracias a él y a su trabajo duro, puedo quedarme en casa para cuidar a nuestros dos hijos. Me he asegurado de que la casa esté limpia y de que la cena esté lista cuando él llega de trabajar. También me aseguro de no estar con los pantalones del equipo de gimnasia y de no tener un aspecto «desaliñado» cuando regresa a casa. Soy más agradable y estoy más entusiasmada.

¡Confiar y obedecer la Palabra de Dios porque amamos y reverenciamos a Dios nunca, nunca nos hace hipócritas! Cuando suena el despertador en la mañana, nos levantamos, aunque no sintamos ganas de levantarnos. Hacer lo que no tenemos ganas de hacer, ¿nos convierte en hipócritas? No, es una señal de que somos gente responsable. Mostrar una conducta respetuosa cuando «no lo sentimos» es evidencia de madurez, no de hipocresía.

NIÉGUESE A JUGAR AL OFENDIDO; NO SEA OBSTRUCCIONISTA

Para el esposo que perciba que su esposa piensa que mostrarle respeto sería hipócrita, mi consejo es este: ¡no se dé por vencido! Y no vuelva a ese gastado mantra del comediante Rodney Dangerfield: «¡Simplemente no me respeta!». En lugar de eso, sea un hombre de honor y acérquese a su esposa aunque reciba lo que parecen ser ataques verbales. Invoque ese mismo sentido de honor masculino que hace que en combate un hombre esté dispuesto a recibir un golpe en lugar de sus compañeros. Esté dispuesto a soportar los ataques verbales de su esposa. No va a morirse (aunque a veces la muerte parecería preferible).

> *Confíe en que Dios se encarga de eso. «Porque los ojos del Señor están sobre los justos; y sus oídos, atentos a sus oraciones»* (1 Pedro 3.12, NVI).

Usted puede ser el cónyuge maduro que da el primer paso hacia su esposa, aun cuando ella lo haya ofendido gravemente. Al entablar conversación con ella, usted puede soportar sus ataques verbales para detener la locura. Sí, será difícil e incluso humillante, ¡pero puede ganarse el corazón de su esposa! La Escritura dice: «El necio muestra enseguida su enojo; pero el prudente pasa por alto el insulto» (Proverbios 12.16 NVI). Suponga que su esposa está siendo horriblemente irrespetuosa. No hay lugar a dudas de que usted tiene «derecho» de estar ofendido. Pero como hombre de sabiduría, *usted decide pasar por alto el insulto.* Oye que Dios lo está llamando a adoptar un enfoque diferente, y usted *puede* hacerlo. Pero si sigue diciendo que no puede, se convencerá de que esto es imposible. Debe diferenciar entre «no puedo» y «no quiero».

YO SOLÍA DECIR: «¡YA VERÁ!»

En mi propio matrimonio hubo una etapa en la que me era importante saber por qué reaccionaba contra Sarah. Cuando esta noción del respeto incondicional surgió en mi alma, aún sentía vergüenza de decirle directamente: «No me siento respetado». Eso me parecía egocéntrico, y tengo que admitir que no estaba seguro de la respuesta de Sarah. ¿Me respondería: «Bien, tú no mereces respeto»? No recuerdo haberla oído decir eso jamás, pero recuerdo claramente que pensaba peligroso expresar sentimientos de no sentirme respetado. Era mucho más fácil para mí enviar mi mensaje indirectamente en código; me enojaba o me quedaba callado. En mi enojo, pensaba: *no puede tratarme de esta manera. ¡Ya verá!*

Entonces me recluía. Extrañamente, eso nunca parecía funcionar. Yo no me daba cuenta en ese momento, pero como deseaba respeto intentaba motivarla a que fuera más respetuosa no mostrándole amor. (Algo así como tratar de instalar a ser más observadora, pinchándole el ojo con una vara punzante.) Sin embargo, llegó un momento en que me di cuenta de que tenía que ser más claro. Tenía que crecer y ser más maduro. ¿Pero cómo podía responderle a Sarah de manera que entendiera mi verdadero mensaje? Como hombre de honor, necesitaba introducir algún tipo de cambio. La frase que se me ocurrió fue: «Cariño, eso me pareció irrespetuoso. ¿Mi actitud te resultó desamorada?». (Para obtener más ideas sobre qué decir o no decir, ver el apéndice A, pág. 301.)

> *Esposos, cuando estén ofendidos «portaos varonilmente, y esforzaos» (1 Corintios 16.13).*

Yo no decía: «¡Sarah, eres una irrespetuosa viuda negra que usa su veneno para devorarme!». Los ataques personales nunca, nunca resultan con nadie. La frase «Eso me pareció irrespetuoso» eliminaba el ataque personal. Yo no estaba diciendo que Sarah era una persona irrespetuosa. Solo estaba describiendo lo que yo sentía. Mi nueva perspectiva me permitía expresar mis sentimientos sin decir que Sara estaba equivocada y que yo tenía razón.

Yo podía decirle: «No estoy diciendo que tengo razón en sentirme de esta manera, y tampoco estoy diciendo que tú hiciste que me sintiera así. Solo estoy diciendo que me siento de esta manera». No necesariamente estaba confesando que mis sentimientos fueran pecaminosos, y tampoco estaba diciendo que Sarah fuera un ángel.

La frase «Cariño, eso me pareció irrespetuoso» tiene muchas aplicaciones posibles. A veces yo necesitaba crecer y no personalizar como «falta de respeto» aquello que Sarah decía o hacía. En otras ocasiones, Sarah necesitaba ser un poquito más positiva en cuanto al hombre con quien se había casado.

Pero la cereza del pastel venía cuando a eso le agregaba: «¿Mi actitud te resultó desamorada?». Esto le daba a Sarah el beneficio de la duda, y a menudo me devolvía el favor. En muchas oportunidades en el pasado yo la había puesto a la defensiva. En incontables ocasiones, Sarah había dicho derrotada: «Siempre soy yo. Siempre tengo la culpa. Tú siempre tienes razón. Nunca te equivocas».

Mi nuevo abordaje le daba una tregua. Yo no decía que siempre tenía la razón y que nunca me equivocaba. Reconocía mi parte de la culpa, ¡y para ella esto era una bocanada de aire

> *«El corazón del sabio hace prudente su boca, y añade gracia a sus labios» (Proverbios 16.23).*

fresco! Sarah decidió rápidamente que le encantaba oírme decir: «Cariño, eso me pareció irrespetuoso. ¿Mi actitud te resultó desamorada?».

De acuerdo, estas dos oraciones pueden resultar un poco incómodas al usarlas por primera o segunda vez. Lo están obligando a ser transparente, e incluso a bajar la barbilla en algún sentido. Pero si una pareja desea tratar las cuestiones más profundas cuando surgen los conflictos, esto los ayudará a lograrlo rápidamente. Si una pareja desea salir del Ciclo Alienante, esto acelera el proceso. Ciertamente lo ha hecho con nosotros.

Es verdad, existe el riesgo de que Sarah diga: «Bueno, sí, no me sentí amada porque tú eres un desamorado y no mereces respeto». Pero en la mayoría de las parejas eso nunca sucederá. El poder de estas simples expresiones de Amor y Respeto radica en que ambos esposos se sientan afirmados en el nivel de su necesidad más profunda. Por lo general, lo que sucede es que Sarah dice: «Sí, no me sentí amada. Siento haber actuado de manera tan irrespetuosa. ¿Me perdonas?».

Yo respondo: «Sí. ¿Me perdonas por haber actuado de forma tan desamorada?».

Ella responde: «Por supuesto». Y asunto terminado. Así de rápido.

Esto da resultado, incluso en nuestros peores días

Habiendo dicho eso, en un día cualquiera, Sarah y yo podemos ponernos de lo más crueles el uno con el otro. Nos ponemos tercos y hacemos muecas. ¡Incluso llegamos a levantarnos la voz! Quizás le lance una mirada malévola y me encierre en mí mismo, negándome a hablarle. Posiblemente Sarah se retire de la habitación dando taconazos. Nos pisamos mutuamente nuestras mangueras de oxígeno, ¡a veces con entusiasmo!

Siempre es sabio que los esposos sean «misericordiosos, amigables» (1 Pedro 3.8).

Pero suceda lo que suceda, ambos tenemos un firme compromiso de volver a nuestras expresiones de Amor y Respeto antes de ir a dormir. Si me siento irrespetado se lo digo, y luego le pregunto si he sido desamorado. Si ella no se sintió amada, me lo dice y después me pregunta si ha tenido una actitud irrespetuosa. La enseñanza bíblica es: «Airaos, pero no pequéis; no se ponga el sol sobre vuestro enojo» (Efesios 4.26). Esto funciona, y funciona bien.

La lucha está en humillarse a sí mismo, decir genuinamente estas dos breves expresiones y después permitir que le conduzcan a una conversación honesta. Si usted no desea ver cambios positivos en su matrimonio, no lo hará. Pero para mí como hombre hablar de no sentirme respetado está en conformidad con quien yo soy. El mensaje de Amor y Respeto me da un incentivo para «hacerlo». Y cuando le digo a Sarah: «¿Mi actitud te resultó desamorada?», ella se siente animada a responder. Esto funciona.

Si yo puedo hacerlo, tú también

Como hombres maduros necesitamos asumir el liderazgo y poner las cosas sobre la mesa. Debemos reconocer nuestros sentimientos: necesitamos que nos respeten. Sin embargo, a la vez que debemos reconocer los sentimientos de nuestra esposa, ¡ella necesita sentirse amada! Esta es una manera justa y equilibrada de abordar la situación que les permite a ambos sacar a la luz lo que realmente sucedió. Evitar todo el asunto una y otra vez (o estallar en ira cada vez) no soluciona nada. Un cónyuge escribió:

Pudimos hablar de situaciones «peliagudas» sin que la conversación terminara en una discusión acalorada. ¡ESA fue la parte fenomenal! Y ambos dijimos las cosas sin rodeos, hasta que ambos admitimos: «¡Sí! ¡Así es como me he sentido durante todos estos años!». [...] Así hemos comenzado este nuevo nivel de aprendizaje juntos. Estoy muy entusiasmado. Veo que mi matrimonio ha mejorado drásticamente. Cuando conversamos y llegamos a comprender todo esto fue como si hubiera sido quitado un peso de nuestro semblante.

Hay que admitir que esto requiere agallas. Un hombre me contó:

Veo el enojo y el odio que mi esposa siente por mí, y a veces simplemente no sé cómo resolver esto [...] Sé que no pide mucho, pero nunca he podido tener una buena comunicación con ella y no sé cómo comenzar, y luego continúo haciéndolo. Estoy cansado de pelear con ella, y muchas veces evito la comunicación para que no acabe en una discusión. Ella percibe mi falta de comunicación como indiferencia y deshonestidad hacia ella. No sé por qué me resulta tan difícil hacerlo.

Otro esposo lo describió de esta manera:

Nuestros desacuerdos se centran en sus arranques emocionales y en mi falta de emotividad. Yo amo a mi esposa y me considero afectivo con ella. Sin embargo, trato de no permitir que las emociones me controlen. Yo creo que el amor se expresa con acciones y no con reacciones [...] Sí amo las emociones que mi esposa siente, y sé que Dios nos colocó juntos para amarnos y respetarnos mutuamente, a la vez que buscamos glorificarlo a él; pero lucho cuando mi esposa justifica su comportamiento como una reacción emocional incontrolable. No

estoy buscando algo para condenarla; en cambio me gustaría
poder manejar esto.

Les digo a ambos esposos: «Señores, es cierto que Dios no los diseñó para disfrutar del desprecio, pero sí los llama a soportar el golpe».
En su amplia investigación sobre el matrimonio, El doctor John
Gottman llegó a la conclusión de que resultaba eficaz que el esposo
pudiera comprender el enojo de su esposa. Él les aconsejó a los hombres que *no* evitaran el conflicto si deseaban lograr que sus matrimonios funcionaran. Esquivar el problema, dejar el conflicto sin resolver,
solo provocaría que la esposa se sintiera más disgustada. El marido
siempre debe recordar que su esposa necesita hablar de lo que le
preocupa. Al desahogarse, ella cree que está haciendo que el matrimonio se mantenga saludable y que está ayudando a que la relación
funcione más armoniosamente. No está tratando de atacar personalmente a su esposo. «Si usted permanece con ella en medio de este
desasosiego y escucha sus críticas —dice Gottman— ella se tranqui-
lizará. Si usted se encierra en sí mismo, ella se sentirá nerviosa y se
agravará el conflicto».[1]

Mi sugerencia para los esposos es que en vez de huir de su esposa,
ustedes se acerquen o dejen que ella se acerque (aunque ella les dispa-
re sus pequeños dardos venenosos a medida que se aproxima). Si está
preparado a soportar el golpe, puede detener la locura. Después de
que ella se desahogue, usted puede decirle con ternura: «Cariño, te
amo. No quiero esto. Cuando hablas así, sé que es porque no te sien-
tes amada. Trabajemos juntos en esto. Yo quiero ser más amoroso, y
espero que tú desees tener actitudes más respetuosas». (Para obtener
más ideas, ver apéndices A, B y C.)

El esposo que nunca dejó de amar

Uno de los ejemplos más asombrosos es el de un marido que nunca
dejó de mostrarle amor a su esposa, incluso cuando ella trató de
asestarle un golpe mortal al matrimonio. Este caso me llegó en un
correo electrónico escrito por la esposa, luego de haber viajado

seiscientas millas junto con su esposo para asistir a una de nuestras conferencias. Su matrimonio pendía de un hilo cuando llegaron.

Ambos estuvieron de acuerdo en que había sido la mejor conferencia a la que jamás habían asistido; pero cuando regresaron a su casa, la esposa seguía muy negativa en cuanto a su matrimonio. Aun seguía cansada de su vida y de su marido. Pero él no se daba por vencido, y la historia se cuenta en el resto del correo electrónico que ella envió:

> *«¿Qué mérito tienen ustedes al amar a quienes los aman? Aun los pecadores lo hacen así»* (Lucas 6.32, NVI).

Continuamos juntos hoy, porque durante estos últimos meses él ha hecho exactamente lo que usted dijo en su conferencia referente a «Su amor sin importar su respeto». Él me amó cuando yo no en absoluto amorosa, y se aferró a su matrimonio y a su familia cuando no había absolutamente NADA a qué aferrarse.

En octubre pasado, le pedí por favor que se fuera de la casa. Deseaba estar sola y solo sentía que ya no lo amaba. Se marchó de mala gana durante un par de semanas [...] Yo sabía que mi vida y la vida de las niñas cambiaria drásticamente con un divorcio. Pensé en una visita compartida y en cómo haríamos para vender nuestra casa, la cual habíamos terminado de remodelar poco tiempo antes; pero no me importaba. ¡Solo quería terminar con todo eso! [Mientras tanto] él oraba, estudiaba libros y grabaciones sobre el matrimonio, y tomó la decisión de amarme sucediera lo que sucediera.

Las niñas estaban empezando a extrañar no tenerlo en casa, entonces decidimos que no regresaría sino «hasta nuevo aviso». Y bien, él ponía su mano sobre la mía y oraba por mí y por nuestro matrimonio, mientras yo miraba el techo esperando ansiosa que terminara. Me dejaba notitas o una pequeña flor en el espejo del baño o en mi coche. Hacía tantas pequeñas cosas para mostrarme que me amaba y que no iba a dejar que su matrimonio terminara tan fácilmente.

Todo esto me fastidiaba. *¿No puede entender que ya no lo amo, que ya no quiero estar con él? ¿Para qué está esforzándose tanto?* Ya no sentía estar perdidamente «enamorada» de él. Mis necesidades no estaban siendo satisfechas así que quería terminar con todo; era muy egoísta e inmadura...

Emocionalmente estaba pasando por algo que ninguno de los dos comprendió realmente, pero él estuvo allí y me amó en medio de todo eso. Voy a ahorrarle todos los detalles, pero finalmente me quebranté. Ninguna mujer en su sano juicio podría dejar tanto amor y compromiso.

[Ahora] estoy muy enamorada de mi marido. He aprendido que el amor no es un sentimiento; es una elección. Un compromiso. No fuimos parte de una estadística, porque mi esposo decidió amarme fuera cual fuera mi reacción con él. Siento humildad al mirar atrás y ver lo amoroso y paciente que fue conmigo (créame, no fue fácil) y cómo, solamente a través de la fuerza de Cristo, salvó nuestro matrimonio. Aún no puedo decir que estamos completamente fuera del túnel, pero ciertamente estamos muy cerca.

Realmente queda muy poco por agregar a la historia de esta mujer, excepto: «Amén». Su esposo entendió aun cuando no había forma de entender. Él le demostró su amor, incluso cuando ella miraba el techo mientras él oraba (hablando de falta de respeto, sin mencionar la irreverencia). En resumidas cuentas, él ganó el partido —*ellos* ganaron el partido—, y están juntos hoy porque él estuvo dispuesto a hacer lo que fuera necesario para detener el Ciclo Alienante. Hasta que finalmente ella captó el mensaje y también quiso detenerlo.

No importa cuán desesperado o desahuciado parezca un matrimonio, si esposo y esposa tienen buena voluntad en su corazón pueden detener el Ciclo Alienante. Así como el esposo que nunca se dio por vencido, ambos tienen que estar dispuestos a hacer «lo que sea necesario», es decir, dentro de los límites de «la ley de Cristo» (1 Corintios 9.21). La ley de Cristo puede significar que tengamos que dar y perdonar constantemente: «Porque el amor cubrirá multitud de pecados» (1 Pedro 4.8; Mateo 5.38–46). Pero la ley de Cristo también puede significar hacer volver al pecador de una «multitud de pecados» (Santiago 5.20; Mateo 18.15). El amor debe ser tenaz. Para saber cómo abordar su matrimonio busque consejo sagrado y sabio.

Por supuesto, hacer lo que sea necesario puede llevarlo a un lugar donde usted quizás no desee ir. Cuando aconsejo a las parejas y doy seminarios, continuamente encuentro esposas que han sido tan heridas, e incluso abusadas, que no creen que puedan perdonar a su esposo. Y encuentro maridos que simplemente no saben qué hacer cuando ella no lo quiere perdonar. No dejan de decir que otra vez lo han echado todo a perder. Y con el tiempo comienzan a pensar: *¿podrá alguien vivir con esta mujer? Veo que no estoy teniendo mucha suerte.* En el capítulo 7 veremos estas dos áreas que preocupan a ambos cónyuges.

Capítulo 7

Ella cree que no puede perdonarlo; él dice: «¡Nadie puede amar a esa mujer!»

Muchas esposas se sienten tan abatidas por la áspera dureza de su marido que simplemente no tienen esperanza. Han intentado perdonar una y otra vez, pero él no hace más que empeorar. Enfrentarlo —no mostrarle respeto— parece ser la única forma en que ella puede sobrevivir. Desearía poder detener el Ciclo Alienante, pero solo lo perdonará cuando él se lo pida, ¡y no antes! El problema aquí es que pocos esposos piden perdón, particularmente si la esposa continúa sin respetarlo. El Ciclo Alienante dará vueltas y vueltas todavía durante algún tiempo.

La Biblia condena al esposo que es «duro y de malas obras» (1 Samuel 25.3).

Hay muchos libros sobre el perdón y también unos cuantos versículos bíblicos. Jesús enseñó acerca del perdón, y lo mismo hizo Pablo. Cuando Pedro le preguntó a Jesús si perdonar a alguien siete veces era suficiente, Jesús le respondió: «[No te digo hasta siete], sino aun hasta setenta veces siete» (Mateo 18.22). En otras palabras, sin límites.

Es posible que Pablo haya tenido en mente las palabras de Jesús cuando escribió: «Antes sed benignos unos con otros, misericordiosos, perdonándoos unos a otros, como Dios también os perdonó a vosotros en Cristo» (Efesios 4.32).

Admito francamente que en realidad no es «justo» pedir que las esposas perdonen a su marido desamorado. Pero aquí no se trata de si es justo o no; tiene que ver con impactar el *espíritu* de su esposo, y posiblemente Dios lo toque a él también. Quizás la esposa haya sufrido maltrato, pero puede influir en la situación para darle un nuevo rumbo. ¿Puede pasar por alto otro comentario áspero o una acción desconsiderada? Es más fácil perdonar cuando deja de creer que su cónyuge quería hacerle mal a propósito. La Conexión entre Amor y Respeto enseña que cuando ustedes dos terminan dando vueltas en el Ciclo Alienante, su esposo no tenía la intención de ser desamorado, así como usted tampoco tenía la intención de faltarle el respeto. ¡Usted reaccionó porque no se sintió amada!

¿Debería un esposo negarse a perdonar su falta de respeto cuando su clamor más profundo era por amor? En teoría, la respuesta es no. Pero, como es humano, su esposo podría reaccionar de forma desamorada cuando siente que usted no lo está respetando. ¿Por qué negarse a perdonar cuando todo lo que él quería era sentir que usted lo seguía respetando como ser humano? Quizás haya sido áspero, indiferente, incluso grosero, pero no tenía el propósito de hacerle daño.

Algunas esposas podrían desconfiar un poco de lo que estoy diciendo. Al recordar toda su historia pasada, usted *sabe* que su cónyuge quería hacerle daño, al menos un poco. ¿Pero realmente piensa que la misión de su esposo es tratarla sin amor porque tiene maldad en su corazón? Su esposo no se levanta en la mañana pensando: *¿qué puedo hacer para disgustarla hoy?* Tampoco usted se despierta con el propósito de ofenderlo. Pero a veces pisamos la manguera de oxígeno del otro.

Sí, las acciones o reacciones desamoradas de su esposo la hieren. Pero como dijo Pablo:

> *Si una esposa está experimentando problemas maritales, no es una tonta por tratar de «[reconciliarse] con su marido»*
> *(1 Corintios 7.11).*

«De modo que se toleren unos a otros y se perdonen si alguno tiene queja contra otro. Así como el Señor los perdonó, perdonen también ustedes» (Colosenses 3.13, NVI). Ciertamente, «perdonen» incluye a su esposo entonces, ¿por qué no dar el primer paso y ser el cónyuge maduro? Cuando lo perdona por su falta de amor, usted renuncia a su derecho de guardarle rencor y ser irrespetuosa a su vez. Al perdonar, usted adquiere fuerza y libertad, y asombrosamente, en muchos casos logrará detener el Ciclo Alienante. Una esposa escribe:

> Yo no respetaba a mi marido porque provenía de una familia en la que mi madre se había divorciado dos veces y el padrastro que me crió era alcohólico, y ni mi madre ni mis hermanas lo respetaban. Tampoco entendía que el respeto era algo que mi esposo necesitaba. Él es una persona muy amorosa, pero ha hecho algunas cosas que realmente nos han lastimado a mí y a nuestro matrimonio, y me ha resultado difícil perdonarlo [...] Ahora me doy cuenta de que Dios se centra en el corazón y no en la conducta. Como consecuencia, me he dado cuenta de que es más fácil perdonar a mi marido. Esto me ha hecho libre.

Jesús dijo: «El que de vosotros esté sin pecado sea el primero en arrojar la piedra contra ella» (Juan 8.7). ¿Sabe por qué Sarah siempre está dispuesta a perdonarme por ser desamorado? Mi madura esposa ha aceptado por fe que a los ojos de Dios su falta de respeto es igual a mi falta de amor. Esto es lo que implica claramente Efesios 5.33, por lo cual ella ha dejado a un lado sus piedras. Ella no siente que tenga derecho a juzgarme con severidad. A su vez, su ejemplo me ha afectado profundamente. Cuando no me muestra respeto, yo no le guardo rencor. ¿Quién soy yo para juzgarla y pasar por alto mi tendencia desamorada al enojo y a la falta de espíritu de servicio? El perdón viene cuando vemos nuestra propia injusticia. ¿Cómo podemos negarnos a perdonar cuando nosotros también hemos ofendido? Las palabras de advertencia de Jesús suenan fuerte: «No juzguéis, para que no seáis juzgados. Porque con el juicio con que juzgáis, seréis juzgados [...] ¿Y por qué miras la paja que está en el ojo de

tu hermano, y no echas de ver la viga que está en tu propio ojo?»
(Mateo 7.1–3).

Como esposa, si usted juzga a su esposo por su falta de amor,
pregúntese usted misma: *¿soy culpable de faltarle el respeto?* Una esposa oyó nuestro mensaje sobre Amor y Respeto y nos escribió para
contarnos:

> Mi problema es este [...] Realmente estaba entusiasmada por
> cambiar la forma en que trato y motivo a mi marido. Pero él me
> dejó helada con la noticia de que está teniendo una aventura y
> ha estado pensando en dejarme. Mi mundo se vino abajo. Él no
> está seguro si me ama; pero no está listo para decidir qué rum-
> bo seguir. Yo quiero aceptar los principios de Dios, pero no
> tengo la seguridad de que esto sea aplicable a mi situación.
> Estoy buscando consejo para saber si un hombre infiel está en
> posición de responder y si yo debería intentar una cosa tan difí-
> cil en este momento.

Le respondí a esta mujer que estaba pasando por esa situación
desgarradora, señalándole que usar los principios de Amor y Respeto
puede dar resultado, y de hecho da resultado, con un esposo que ha
hecho lo que hizo el suyo. «Está en pecado —le dije—. Está ofendien-
do a Dios y a usted. No hay duda alguna de eso, pero hay esposas que
están ganando a sus esposos quienes se encuentran exactamente en la
misma situación. Hace tan solo dos semanas nos encontramos con un
matrimonio. Ella lo recuperó. Puede suceder y sucede, y vale la pena».

Varios meses después, le envié un correo electrónico a esta mujer
para ver cómo iban las cosas. Ella me respondió:

> Emerson, escuché con atención lo que me dijo. Escuché aun
> más atentamente lo que el Señor me decía también. Pasé meses
> de rodillas solo tratando de superar todo esto [...]
>   Es difícil explicar cómo cambió mi corazón a través de esta
> experiencia. Aún estoy profundamente asombrada de tener la
> capacidad de perdonar algo tan imperdonable. Estoy pasmada

ante el aplomo y el control que Dios me dio en medio de mis luchas [...] Oraba todos los días buscando en mi mente UNA cosa que pudiera respetar de mi esposo. Lo despreciaba. Creía que no hallaría nada. Usted me dio ideas y lugares por donde empezar. Así que allí es donde comencé. Después, a medida que íbamos avanzando en la consejería, él también hizo su parte para asegurarme de que ella se había ido y de que ya no había más contacto entre ellos [...]

Es gracioso. Siento que yo debería haberme esforzado más para recoger los pedazos de mi corazón y perdonarlo. Simplemente Dios lo hizo todo, y nunca nos sentimos dignos de esa clase de milagros [...] Mi esposo está enamorado de mí otra vez, y verdaderamente tiene un corazón arrepentido. Su aventura terminó hace mucho tiempo, y ella pasó a ser historia por completo, punto. Aún seguimos asistiendo a las sesiones de consejería, porque hay tanto que aún necesitamos hacer para reparar un matrimonio que nunca llegó a ser lo mejor que podía ser. Yo diría que nuestro matrimonio ahora está mejor de lo que nunca había estado, pero todavía nos queda un largo camino por recorrer. Dios me ha ayudado con mi dolor y me ha sanado tan bien.

Dio resultado. Logré recuperarlo. Cuando usted me dijo que podía, realmente me pregunté si era posible [pero] Dios ha cambiado a mi esposo más de lo que yo esperaba, y espero que continúe. Yo también he cambiado. Finalmente estoy viendo en mí a la esposa que siempre he deseado ser.

Hay dos cosas en la carta de esta mujer que valen la pena resaltar. Una es que está asombrada de que Dios pusiera perdón en su corazón cuando se comprometió a obedecer su Palabra. Ella no tuvo que esforzarse por tratar de perdonar a su esposo; solo se esforzó por obedecer al Señor, y entonces el perdón fluyó hacia su corazón. En segundo lugar, ella ve que se está convirtiendo en la esposa que «siempre deseó ser». Se da cuenta de que mientras que él tenía vigas en los ojos, ella tenía las suyas propias con las cuales luchar. Perdonar es el opuesto directo de juzgar. Nada es más fácil que juzgar, nada es más difícil que perdonar, y nada cosecha más bendiciones.

Mientras que las esposas pueden tener dificultades para perdonar a sus maridos desamorados, estos mismos esposos pueden sentirse tentados a pensar que no hay forma de que puedan ganar, que nadie podría amar a la mujer con la que se han casado. Pero esa clase de pensamiento está ante un callejón sin salida. Existe una forma de ganar y de «amar a esa mujer» después de todo, como veremos más adelante.

SI NO LOGRA AMARLA, ¡REBOTE!

Muchos entrenadores de básquetbol ponen tanto énfasis en los rebotes como en los saques. Los grandes jugadores siempre van en busca de rebotes en ambos extremos de la cancha. Retoman en el ángulo del saque fallido, y se colocan en el lugar correcto cuando la pelota cae del aro. En muchos casos, después de recuperar la pelota, anotan un tanto y cometen faltas en el proceso. Cualquier entrenador le dirá que los buenos rebotes mantendrán al equipo en el juego.

La analogía es obvia. El esposo que está comenzando a «captar» lo de la Conexión entre Amor y Respeto, y que busca el perdón de su esposa, no puede permitir que unos pocos saques fallidos lo detengan. Quizás ha fracasado otra vez al decodificar su clamor más profundamente. Ha fracasado otra vez al reaccionar desamoradamente a su falta de respeto. De hecho, usted está cansado de los ataques verbales y se encerró en sí mismo, alejándose de ella y de su constante criticismo.

Nunca se dé por vencido. Cuando falle, ¡rebote! Vuelva a intentarlo. Usted puede ganar el corazón de su esposa, y lo ganará, aun después de un primer intento pobre, un segundo o un tercero. Cuando usted se olvide y reaccione sin amor, rebote. Dígale: «Lo siento. ¿Me perdonas por reaccionar de esta manera?».

Para rebotar después de haber actuado sin amor: «Confesaos vuestras ofensas unos a otros» (Santiago 5.16).

En este momento, los esposos que están leyendo este libro posiblemente piensen: *Emerson, eso está bien para usted, pero usted nunca ha tenido que enfrentar lo que yo enfrento.* Bueno, miremos mi historia personal. Se supone que soy el modelo del cartel del mensaje de Amor y Respeto. He predicado este mensaje durante más de cinco años, pero aún tengo momentos en los que me enojo y me encierro en mí mismo. Sigo siendo un hombre, y la carne puede ser débil sin importar cuánta experiencia uno pueda creer que tiene.

Y a través de los años he tenido más presiones que otros hombres. Hubo veces en las que, a pesar de todo lo que había estado hablándoles a los asistentes al seminario sobre la Conexión entre Amor y Respeto, me enojaba cuando Sarah me criticaba, y luego le respondía con evasivas. Ella simplemente me seguía por toda la casa, diciendo: «¿Qué le dirías a un esposo que está actuando como tú? ¿Cómo le aconsejarías *a él* que me tratara?».

¡Santo cielo! ¡Detengan el mundo que me quiero bajar! ¡Qué vergüenza! ¡Qué penoso! ¡Qué injusto!

Sin embargo, en algún momento me tengo que tranquilizar. Tengo que crecer, ¡ser maduro! Trato de articular como Fonz en *Happy Days*: «Cometí un errrr... Cometí un errrroooor... Cometí un error».

No me gusta que me falten el respeto y después tener que pedir disculpas por no ser más desamorado que cualquier otro. ¡No es normal! Pero por experiencia propia sé que es posible fracasar, incluso como supuesto experto, y recuperarse. Sé lo que es rebotar cierto día cuando parece que no podemos «anotar ningún tanto». Mientras oraba y buscaba respuestas a mis propias debilidades, encontré ayuda en las Escrituras. Malaquías nos dice: «Guardaos, pues, en vuestro espíritu, y no seáis desleales para con la mujer de vuestra juventud» (2.15). También hallé verdadero solaz en Proverbios 24.16: «Porque siete veces cae el justo, y vuelve a levantarse».

Ninguno de nosotros es perfecto. Todos explotamos alguna vez. Mientras un hombre da pasitos de bebé hacia un matrimonio mejor a través de la Conexión entre Amor y Respeto, quizás caiga siete veces y posiblemente más. Pero debería aprender la lección de uno de sus propios hijos cuando ese bebé estaba aprendiendo a caminar. Ningún pequeño se cae la primera vez y se queda sentado. Se levanta y se cae, se levanta y se cae, se levanta y se cae, se levanta y... sigue caminando. Con el tiempo, logra resolverlo.

Esposos, algunos de ustedes aún tienen cosas de su pasado. Hay malos hábitos. Los pecados de sus padres son visitados hasta su generación (Éxodo 20.5). Usted se equivocará y no pensará en decodificar el mensaje de su esposa en ese momento, porque ella se ha puesto muy ofensiva. Quizás usted diga: «Basta», e intentará seguir adelante sin pensar más en el asunto.

Dios es misericordioso y amable, pero a la vez sabe que los viejos hábitos no mueren a menos que se trate con ellos. Es en momentos como esos que él le hablará, diciendo: «Vuelve. Sin quererlo olvidaste descodificar su mensaje. Respondiste como varón. Pensabas que estabas haciendo algo honorable al negarte a entablar una conversación con ella. Pero eso ahora no va a funcionar. La locura no se detendrá. Quiero que oigas su clamor más profundo y te acerques a ella. Permítele desahogarse. Acepta su enojo y su negatividad».

Si puede hacer eso —si puede soportar el golpe y seguir acercándose—, entonces será capaz de decir algo como esto: «Cariño, siento haber tenido una actitud tan desamorada. Cuando me atacas de esa manera me hace enojar, porque siento que no me respetas. Pero quiero cambiar. Por favor, ayúdame».

Si ella tiene algo contra usted vaya y reconcíliese (Mateo 5.24, NVI).

Cuando su esposa lo ataca, echando chispas por los ojos y con una lengua que destila veneno, cualquier esposo tiene dos opciones: (1) defender su orgullo, contraatacando con su propio veneno o respondiendo con evasivas; o (2) intentar oír el clamor de su esposa y responder con amor incondicional.

He tomado la decisión de que, con la ayuda de Dios, siempre voy a elegir la opción (2) intentar oír el clamor de Sarah y responder con amor incondicional. Pero aunque nuestro matrimonio esté mucho mejor y más fuerte que nunca, aún sucede que erro al blanco del amor de vez en cuando. Y cuando erro —aun por poco—, reboto. Después de tranquilizarme (por lo general después de unos minutos), le digo: «Cariño, lo siento. Sé que he sido un desamorado». Y por supuesto, del otro extremo de nuestro matrimonio, esa maravillosa mujer que siempre supe que sería mi amiga, responde y dice que siente haberme faltado el respeto. (¡Lo mejor de todo es que ya no me sigue por toda la casa deseando saber cómo le aconsejaría a un esposo que actuara como un necio desamorado!)

EL MATRIMONIO: LA PROPUESTA DE QUE DOS LLEGUEN A SER UNO

Espero que esposos y esposas utilicen las reflexiones de este capítulo, al igual que las de los capítulos 3 al 6, para encontrar el valor y la motivación para aplicar la Conexión entre Amor y Respeto, y así detener el Ciclo Alienante. Es cierto que el respeto incondicional de la esposa hacia el marido es la parte de nuestro mensaje vista como nueva e incluso revolucionaria. El respeto hacia los esposos ha estado siempre allí, anidando en una corta frase de Efesios 5.33, y por alguna razón en la iglesia lo hemos pasado por alto durante todos estos años. Pero ahora, el secreto parece haber salido a la luz. Cuando la esposa ve la buena voluntad de su marido y perdona su pasado, muchos de sus sentimientos de falta de respeto se desvanecerán. Aunque permanecieran algunos, sus acciones respetuosas pueden capacitarla para influir en su matrimonio, llevándolo hacia la dirección que anhela.

En estos capítulos he intentado equilibrar la balanza y hacer que los esposos tomen conciencia del inmenso poder que puede ser de ellos si deciden acercarse con comprensión, y tratan de captar la atención de su esposa, aun cuando ella les lance ataques verbales, y rebotar cuando no logren amar incondicionalmente como Dios manda. Sí, un matrimonio puede sobrevivir, e incluso mejorar un poco, cuando uno de los cónyuges lleva la mayor parte de la carga; pero el designio de Dios es que el matrimonio sea una propuesta de que «dos lleguen a ser uno». Los milagros sí suceden cuando esposos y esposas aprenden a respetarse y a amarse mutuamente. Los malos matrimonios se vuelven buenos, los matrimonios aburridos se tornan emocionantes y los buenos matrimonios son cada vez mejores.

Un esposo cuyo «estupendo matrimonio» llegó a estar mucho mejor escribió para contarnos que había estado casado durante veintitrés años, tenía hijos maravillosos y había podido iniciar un ministerio para la familia en radio y televisión. Pero le faltaba algo, y compartió con su esposa que Dios había estado moviéndose en su corazón para que su trabajo con familias en crisis adoptara un enfoque diferente. Él podía ver que entre hombres y mujeres había diferencias muy reales que no eran reconocidas en una sociedad desequilibrada en la forma en que educa a hombres y mujeres desde temprana edad. Junto con su esposa discutió la necesidad más grande de él (respeto) y la necesidad más grande de ella (amor). Y unos cuantos días después, ¡oyeron el mensaje de Amor y Respeto por la radio! Solicitaron algunos de nuestros materiales, y después de estudiarlos, se dieron cuenta de que Dios estaba haciendo cosas grandes en su vida como en una «cita divina». Su carta continúa diciendo:

> Aunque por fuera para muchos parecíamos tener un matrimonio maravilloso (lo tenemos), había varias áreas de nuestro matrimonio en las que me había dado por vencido. En una escala del 1 a 10 estábamos viviendo un matrimonio entre 5 y 6 la mayor parte del tiempo. Ambos deseábamos una relación que se caracterizara por estar entre 9 y 10 (al menos parte del tiempo). Después de leer su libro, mi esposa y yo nos fuimos durante varios días, y la mejor forma en que puedo describirlo es diciendo que Dios ha traído el mayor avance que jamás haya visto en mi relación con ella. De alguna forma Dios ablandó nuestro corazón cuando empezamos a darle mayor prioridad a esta cuestión del amor y el respeto. Esto no debería ser sorpresa, pero es mucho más fácil enseñar lo correcto y verdadero que vivirlo totalmente uno mismo. Ahora mi esposa y yo seguimos acercándonos, y creo que nuestra efectividad al ministrar a otras parejas necesitadas está siendo impactada tremendamente.

También recibimos cartas de parejas cuyo malo matrimonio se ha vuelto bueno. Por ejemplo, nos enteramos de una esposa que reconoció que ella y su esposo estaban casados en terceras nupcias. Además, estaban en proceso de recuperación del alcoholismo, y ella venía de un hogar destruido y sentía poco respeto hacia los hombres. Después de dos años de este tercer matrimonio, ella creía que este tampoco duraría. Había estado renuente a casarse otra vez tras dos fracasos, pero después de ver a un consejero, quiso «hacer las cosas como Dios manda esta vez». Después, su esposo resultó herido y tuvo que ser sometido a operaciones que le impidieron trabajar durante dos años. La presión financiera era terrible al tratar de sostener una familia reconstituida con cinco muchachos adolescentes. Su esposo parecía no sentir respeto alguno por sí mismo y tampoco le mostraba amor ni respeto a ella. Ella sentía que si lo amaba más las cosas resultarían, pero no fue así. Intentaron estudiar videos y libros sobre el matrimonio, además de asistir a sesiones de consejería, pero no podían revertir su Ciclo Alienante. Sintiéndose atrapada y sin esperanza, esta esposa lloraba hasta quedarse dormida al menos dos veces por semana, y no podía imaginar seguir así durante mucho más tiempo, cuando oyó hablar de nuestro libro *Motivating Your Man God's Way* [Cómo motivar a su hombre a la manera de Dios]. Su carta continúa:

> *Para detener el Ciclo Alienante obedezca la Palabra de Dios, «la cual actúa en vosotros los creyentes»*
> *(1 Tesalonicenses 2.13).*

Después de leer su libro, le pedí disculpas a mi esposo y le dije que no lo había respetado, pero realmente quería hacerlo, y después simplemente comencé a hacerlo. ¡Y gracias, Dios funciona! No tengo palabras para expresar mi gratitud. Finalmente lo «capté» [...] Gracias por revelarme cómo respetar a mi marido como Dios lo ha ordenado. He estado utilizando frases que expresan respeto, y mi actitud (y lo que es más importante, su conducta y su actitud) ha dado un giro de 180 grados. Tengo paz y esperanza de que este será nuestro último matrimonio y le dará honra a nuestro Dios.

Me gusta especialmente una carta enviada por una hija que cuenta la diferencia que el mensaje de Amor y Respeto había logrado

en el matrimonio de sus padres. Su madre le dijo que solo le pide al
Señor que cambie la expresión de su rostro y sus sentimientos. Eso
siempre funciona (¡si ella mantiene la boca cerrada!). La carta de esta
hija continúa:

> De todas formas, mi madre está haciendo eso y mi padre está
> confesando cosas de su pasado. Ella está viendo un cambio
> grande en la forma que él tiene de pensar y actuar, y esto le ha
> dado esperanza para el futuro. También dice que está utilizan-
> do palabras de respeto y va viendo resultados inmediatos en la
> forma de responderle de mi papá [...] Esto es asombroso porque
> nunca han podido tener una conversación seria sin enojo o sin
> levantarse la voz [...] Gracias por traerle esperanza a mi madre,
> y a la larga también a mí y a mis hermanas.

Del Ciclo Alienante al Ciclo Energizante

Continúan llegando cartas de este tipo. La Conexión entre Amor y
Respeto está deteniendo el Ciclo Alienante en matrimonios de todo
el país. Si esposo y esposa pueden comprometerse a satisfacer la necesidad más importante de cada uno —amor incondicional para ella y
respeto incondicional para él—, darán un paso gigante para lograr
mantener al Ciclo Alienante bajo control. Observe que no dije «deshacerse del Ciclo Alienante de una vez por todas». Por mucho que
quisiera darle una forma infalible para hacerlo, no puedo. Todos
entramos en el Ciclo Alienante de vez en cuando, porque nadie es
perfecto. Sarah y yo aún seguimos esforzándonos por controlarlo,
porque a veces reaccionamos en formas aparentemente insignificantes. Ella ve rosa y yo veo azul; ella oye rosa y yo oigo azul, así que el
conflicto siempre puede ocurrir. Cuidar que el conflicto esté contenido y no permitir que se inicie una escalada es la mejor manera de
controlar el Ciclo Alienante. (Para obtener formas de controlar el
Ciclo Alienante, ver apéndices A y B.)

Sarah y yo hemos aprendido a reconocer las señales de cuando el
Ciclo Alienante amenaza con empezar a dar vueltas. Y sabemos cómo

controlarlo poco a poco hasta detenerlo por completo cuando empieza a dar una vuelta o dos. Lo mejor de todo es que tenemos un arma secreta que por lo general mantiene al Ciclo Alienante en su jaula. Se llama el Ciclo Energizante, el cual por un simple mecanismo:

EL AMOR DE ÉL MOTIVA EL RESPETO DE ELLA;

EL RESPETO DE ELLA MOTIVA EL AMOR DE ÉL.

En la parte II de este libro voy a darle literalmente docenas de ideas, principios y estrategias que colocarán su matrimonio en el Ciclo Energizante. Y si se compromete a esforzarse en esto, ¡logrará permanecer allí!

PARTE II

EL CICLO ENERGIZANTE

P uesto que pusieron a girar el Ciclo Alienante siempre, usted y
su cónyuge necesitan entrar en el Ciclo Energizante y
permanecer allí. Los siguientes capítulos contienen importantes
pasajes bíblicos que se aplican a la Conexión entre Amor y Respeto
en el matrimonio. También voy a compartirle principios, técnicas y
sentido común para ayudar a esposos y esposas a aprender cómo
practicar diariamente el mensaje de Amor y Respeto. Como
aprendimos en la parte I, los esposos necesitan especial ayuda para
amar; y la esposas, una ayuda especial para respetar.

Para simplificar el asunto, uso dos acrónimos[a] que contienen
seis áreas de vital importancia para cada cónyuge: P-A-R-E-J-A, es
un consejo para los esposos con capítulos separados para
Intimidad—Apertura—Comprensión—Reconciliación—
Lealtad—Estima. S-I-L-L-A-S trata de consejos para las esposas e
incluye capítulos separados sobre Conquista—Jerarquía—
Autoridad—Discernimiento—Relación—Sexualidad.

Permanecer en el Ciclo Energizante requiere de esfuerzo
constante. Estos breves capítulos están llenos de ayuda bíblica y de
ideas prácticas que lo ayudarán a edificar un matrimonio mejor y
más fuerte.

———

a. Nota del traductor: Acrónimos intraducibles. En inglés: C-O-U-P-L-E, formado por
Closeness (Intimidad); Openness (Apertura); Understanding (Comprensión); Peacemaking
(Reconciliación); Loyalty (Lealtad); Esteem (Estima); y C-H-A-I-R-S, formado por Conquest
(Conquista); Hierarchy (Jerarquía); Authority (Autoridad); Insight (Discernimiento);
Relationship (Relación) y Sexuality (Sexualidad).

CAPÍTULO 8

P-A-R-E-J-A: CÓMO DELETREARLE AMOR A SU ESPOSA

(Nota para las esposas: este capítulo y los seis que siguen son «para esposos solamente», pero las esposas están invitadas a acompañarlos en la lectura.)

Caballeros, hemos dedicado bastante tiempo a aprender cómo detener el Ciclo Alienante. En los siguientes capítulos deseamos concentrarnos en el Ciclo Energizante y en cómo permanecer en él. Este ciclo es proactivo, es positivo y es preventivo. Permanezca en el Ciclo Energizante, y el Ciclo Alienante no seguirá girando.

Sin embargo, puesto que usted y su esposa son humanos, quizás el Ciclo Alienante empiece a dar una o dos vueltas. Aún sucede con Sarah y conmigo, *pero solamente cuando nos olvidamos de usar las herramientas y las técnicas del Ciclo Energizante.* Lo que cubriremos del capítulo 9 al 14, quizás no parezca «natural» para usted, y eso está bien. Como ya hemos visto, el amor no es la lengua materna del esposo. Pero cuando viva las simples verdades establecidas para los

esposos en las Escrituras, las que se presentan en el acrónimo P-A-R-
E-J-A, eso energizará a su esposa. Ella responderá con respeto, y esa
es la lengua materna de usted.

Antes de entrar en detalle en los temas de Intimidad, Apertura,
Comprensión, Reconciliación, Lealtad y Estima, necesitamos mirar
la palabra en sí misma. Significa que dos per-
sonas que están conectadas entre sí, y esta es la
clave para entender la forma en que las mujeres ven las relaciones. Las esposas desean
conectividad.

*Puesto que la sabiduría lo
«honrará, cuando [usted]
la haya abrazado»
(Proverbios 4.8), creo que
una esposa con buena
voluntad lo honrará
cuando usted la ame.*

Piense en una fotografía de ustedes dos
que simboliza su relación. Cuando las dificultades, grandes o pequeñas, golpean su matrimonio, imagine que la foto se rasga de arriba
abajo por la mitad, o al menos se le rompe un pedacito. Su esposa ve
como su misión pegar la relación para volver a unirla. Quiere conectarse con usted, y se le acerca con esa intención en mente. Aquí es
donde las parejas suelen meterse en dificultades cuando intentan
resolver sus problemas, aun los pequeños. Las mujeres confrontan
para conectarse. Sin embargo, la respuesta típica de un hombre es
pensar que su esposa confronta para controlar. Si otro hombre le
hablara de esa manera, sonaría intencionalmente provocativo. ¿No es
por ello que algunos hombres sienten que su esposa está buscando
una pelea?

Hasta la más simple y leve «confrontación» entre usted y su esposa es un ejemplo excelente de esta diferencia básica entre las necesidades más profundas de un hombre y una mujer en una relación. Es una
muestra clara de que los códigos que ustedes se envían el uno al otro
pueden malinterpretarse por sus necesidades tan distintas. En la parte
I vimos la necesidad de aprender a descifrar. Cuando su esposa, una
persona con buena voluntad, parece ser negativa y ofensiva, ella está
pidiendo a gritos P-A-R-E-J-A. En tales momentos, sus sentimientos
quizás digan que ella solo está siendo crítica e irrespetuosa. Sin embargo, acepte por fe que lo que ella realmente desea es conectarse. Ella
desea su amor.

Este esposo no quería creerme hasta que...

Una pareja que vino a verme buscando consejo tenía precisamente el problema del que estoy hablando. Ella había estado confrontándolo, y él se sentía asfixiado, frustrado con su actitud controladora y su aparente «falta de respeto» hacia él. Le dije a este esposo: «Señor, su esposa lo confronta para conectarse».

—No —respondió él rápidamente—. Ella trata de controlarme.

Me dirigí a la esposa y le pregunté: «¿Realmente lo confronta para intentar controlarlo?».

—Por supuesto que no —respondió ella—. Es como usted acaba de decir. Estoy tratando de conectarme con él.

Dentro del Ciclo Alienante, «el camino del necio es derecho en su opinión» (Proverbios 12.15).

Me dirigí al esposo nuevamente: «¿Lo ve?».

Él no lo veía. Seguía insistiendo: «Ella es una persona controladora». En esa sesión y en varias de las siguientes, el esposo no se desprendía de la interpretación que tenía de las «actitudes confrontadoras» de su esposa. Estaba convencido de que conocía sus intenciones y que sabía por qué ella hacía lo que estaba haciendo. Él había recibido su código, lo había traducido y creyó haber entendido el mensaje: «Es una persona controladora».

Obviamente, él estaba equivocado; pero en ese momento no estaba dispuesto a intentar decodificar con mayor precisión el mensaje de su esposa.

Y sucedió que un tiempo después asistieron a una de nuestras conferencias de Amor y Respeto, y más tarde me enviaron una nota: «Ahora somos una pareja de Amor y Respeto. Nos damos cuenta de que malinterpretamos los códigos que recibíamos, y cuando intentábamos comunicar lo que sentimos, podía resultar distinto de lo que queríamos transmitir».

Esta pareja «lo captó», particularmente el esposo. Si le parecía que su esposa estaba siendo controladora o demasiado negativa, quejosa o irrespetuosa, él tenía que darse cuenta de que podía malinterpretar fácilmente su código. Su clamor era: «¡Ámame!». Cuando él se recluía, ella simplemente se esforzaba todavía mucho más por tener acceso a su corazón. Cuando intentaba atraerlo, él supuso equivocadamente que ella estaba tratando de dominarlo aun más. Una vez que aprendió a descifrar correctamente su código, él comenzó a avanzar hasta salir del Ciclo Alienante y entrar en el Ciclo Energizante (ver pág. 111). Ella no lo estaba regañando como a un «niño malo». Ella anhelaba ser su amante, no su madre.

Aprenda a confiar en sus instrumentos

El *vértigo* se define como una sensación de mareo y de movimiento rotatorio en el medio que lo rodea. El término *vértigo* a veces es utilizado cuando se enseña a la gente a volar, especialmente cuando se aprende a volar con instrumentos, sin poder ver hacia dónde se dirige. A menos que un piloto aprenda a prestarles atención a sus instrumentos, sentirá como si todo estuviera dando vueltas, se desorientará rápidamente y se estrellará. Él aprende que si el tablero de control le dice que está cabeza abajo, aunque sienta que está cabeza arriba, debería prestar atención al tablero de control y dar vuelta el avión, sin importar cómo se sienta. El tablero de control no puede ser estorbado por «sentimientos», y tampoco por un banco infranqueable de nubes o niebla que envuelvan al avión.

Para decodificar correctamente «el que obedece al consejo es sabio» (Proverbios 12.15).

A medida que analicemos todos los secretos de P-A-R-E-J-A y los diversos aspectos de la conectividad, deseo que considere los seis breves capítulos que siguen el tablero de control de sus instrumentos. No siempre permita que lo que ve, oye y le parece sentir determine la forma en que interpretará determinada situación. En lugar de eso, tenga presente que es usted quien lleva puestos gafas y audífonos azules. Ambos colorean e influyen lo que usted ve y oye, y forman su comprensión del código que está recibiendo de su esposa.

Quizás piense: *talvez las esposas de algunos hombres tratan de conectarse con ellos, pero no la mía. Ella está tratando de controlarme.* Tiene que hacer todo eso a un lado. Debe confiar en su tablero de control, denominado P-A-R-E-J-A. Haga esto y no estará mareado ni se desorientará, síntomas seguros del Ciclo Alienante. En cambio energizará a su esposa. P-A-R-E-J-A está basado en pasajes bíblicos fundamentales relacionados con los esposos en el matrimonio. Usted no puede dejar de obedecer y confiar en la revelación de Dios. Aprenderá a mostrar amor en su tono de voz, sus palabras y la expresión de su rostro, aunque se encuentre en medio de un conflicto que normalmente lo llevaría a un estado de irritación o de reclusión. Y verá cómo ella se derrite. Confíe en mí, el Ciclo Energizante es verdaderamente poderoso cuando confía en su tablero de control de instrumentos.

No puede equivocarse cuando dice: «En tu palabra he confiado» (Salmo 119.42).

LOS HOMBRES SE HUNDEN EN EL OCÉANO DEL CONFLICTO, A MENOS QUE...

Como vimos en la parte I, la tendencia del hombre es retirarse del conflicto. Cuando el océano de las emociones se pone turbulento en un matrimonio, el esposo puede sentir como si se estuviera ahogando. Una esposa, por otro lado, permanece a flote fácilmente y sin problemas. Pero si un esposo usa principios bíblicos —las técnicas de Dios, si usted quiere—, creo que puede aprender a nadar a través del conflicto.

Un hombre me expresó su descontento por la forma en que su esposa lo molestaba verbalmente. Él era un hombre muy masculino, «azul» hasta la médula. Su tendencia cuando ella estallaba en cólera era encerrarse en sí mismo, lo cual la ponía aun más furiosa. Yo lo entrené para que se acercara a ella en una forma distinta, para descubrir el poder benevolente que poseía sobre el espíritu de su esposa, un poder al que toda mujer está dispuesta a adherirse cuando es amada.

Luego me contó lo asombrado que quedó cuando puso a prueba lo que le sugerí. Como de costumbre, ella se molestó y se enfadó con él por algo de poca importancia. Él la detuvo, y le dijo dulce pero firmemente: «Mira, puedes seguir molestándome o puedes venir al sofá para sentarte conmigo y orar juntos sobre esto».

Tal como el aire que sale de un globo, toda la negatividad desapareció de ella. Dejó de sermonearlo, se volvió para dirigirse al sofá, se sentó, inclinó la cabeza y extendió la mano para que él la sostuviera. Nunca había visto algo semejante. Le dije: «Mira, puede parecer que las mujeres están fuera de control o que están tratando de controlarlo, pero su verdadero motivo es conectarse con amor. Cuando siente verdadero amor que fluye hacia ella, inmediata y respetuosamente se alinea con el espíritu de su esposo. Su objetivo está cumplido. ¡Ese fue su propósito desde el principio!».

Usar la Conexión entre Amor y Respeto demuestra que «el hombre sabio es fuerte» (Proverbios 24.5).

Este esposo entendió lo que trataba de decirle. Admitió que poner en práctica mis sugerencias iba contra sus tendencias naturales, pero cuando vio los resultados, creyó. Había aprendido a confiar en su tablero de control de instrumentos. (Para obtener más ejemplos sobre cómo comunicarle sus necesidades a su esposa y cómo tener una mayor comprensión de sus necesidades, ver apéndice C.)

Amarla no significa volverse rosa

Note que cuando le pido que confíe en su tablero de control de instrumentos y que busque transitar el camino del amor con su esposa, no le estoy diciendo que se convierta en una mujer. En la iglesia se comete un error muy grande, particularmente entre los evangélicos. Les decimos a los hombres que «se pongan en sintonía con su lado femenino», pero no les decimos a las mujeres que se pongan en sintonía con su lado masculino.

Los hombres no deben ser afeminados (ver 1 Corintios 6.9). Cuando desafío a un esposo a amar, no le estoy diciendo que se vuelva rosa. En lugar de eso, le digo que debe ser un hombre de honor para ajustar un poquito sus gafas y audífonos azules, y así ver a través del amor.

La verdad es que a un hombre le es más fácil morir por honor que acercarse de forma amorosa a una esposa despreciativa y decirle: «Creo que me equivoqué. ¿Podemos hablar de esto?». Volverse a su esposa en medio de un conflicto para decirle «¿Me perdonas?» requiere de agallas. Lo sé porque he estado allí. No es agradable, pero funciona poderosamente. Con el tiempo se torna más fácil, pero nunca es natural. Aun así, esta respuesta le da el poder para drenar la negatividad de su esposa, conflicto tras conflicto.

Y la mejor parte es que usted, el varón que tiende a ver y oír la vida a través del azul, impactará a su esposa, quien ve y oye a través del rosa, en la forma tierna y amorosa que ella desea. Algunas esposas simplemente se derriten. Otras se suavizan considerablemente. Como mínimo, ella se ablandará, y usted podrá hablar sobre la situación cualquiera que esta sea. Usted se ganará el derecho de pedirle que entienda su necesidad de respeto y de entrar en el Ciclo Energizante.

A medida que estudiemos P-A-R-E-J-A, mi oración es que descubra cómo describen las Escrituras el corazón de Dios y aprenda lo que significa ser un esposo. No necesitará convertirse en un estudiante de la Biblia y estudiar docenas de pasajes. Solo le mostraré una pequeña cantidad de versículos, pero todos serán significativos porque le deletrean amor a una esposa. Como un esposo me dijo: «La información está dando resultado. He observado cómo le brillan los ojos a mi esposa cuando la aplico; y la forma en que se siente derrotada y desesperada cuando no practico los principios que usted trata de enseñarme a través de su material y de la Palabra de Dios».

Para que a su esposa le sigan brillando los ojos, actúe de acuerdo con los principios bíblicos que voy a describir en los capítulos que siguen y su esposa se sentirá amada. Eso es conectividad; eso es acoplamiento. Usted energizará a su esposa a la manera de Dios y verá cómo funciona su voluntad en el corazón de una mujer benevolente.

Cuando actúa de acuerdo con P-A-R-E-J-A, usted «goza de la vida con la mujer amada» (Eclesiastés 9.9 NVI).

¿Aún le quedan algunas dudas? Echemos un vistazo a P-A-R-E-J-Aª más de cerca y veamos. Comenzaremos con Intimidad.

a. Nota del traductor: Acrónimo intraducible. En inglés: C-O-U-P-L-E, formado por **C**loseness (Intimidad); **O**penness (Apertura); **U**nderstanding (Comprensión); **P**eacemaking (Reconciliación); **L**oyalty (Lealtad); **E**steem (Estima).

CAPÍTULO 9

INTIMIDAD: ELLA DESEA QUE USTED ESTÉ CERCA

No es coincidencia que en los primeros capítulos de la Biblia —cuando se describe el primer matrimonio de la historia humana— haya una definición vivaz del significado de la intimidad: «Por tanto, dejará el hombre a su padre y a su madre, y se unirá a su mujer, y serán una sola carne» (Génesis 2.24).

Cuando la Escritura habla de «unirse», en hebreo da la idea de asirse, adherirse, mantenerse unidos. Dos personas son unidas frente a frente para llegar a ser una sola carne. ¿Sabía usted que de toda la creación de Dios los seres humanos son los únicos que gozan de intimidad sexual frente a frente? Sin embargo, unirse es algo que va más allá de lo sexual. También significa intimidad espiritual y emocional. Hay un pasaje destacado para los esposos que es profundamente revelador. Su esposa se sentirá amada cuando usted se acerque a ella y le haga saber que desea estar cerca con una mirada, un toque o una sonrisa.

En el libro de Deuteronomio encontramos más sobre lo que significa estar cerca: «Cuando alguno fuere recién casado, no saldrá a la guerra, ni en ninguna cosa se le ocupará; libre estará en su casa por un año, para alegrar a la mujer que tomó» (Deuteronomio 24.5). Este es un pasaje fascinante, porque muestra lo bien que los israelitas entendían el matrimonio. ¿Por qué todo el primer año? Ellos sabían que el primer año de matrimonio es fundamental. Es importante establecer el tono para la intimidad de la relación, antes de que los ajetreos de la vida lleven al esposo a estar fuera de casa por ciertos períodos, antes de que se enfrenten a otros problemas.

LOS PRIMEROS SEGUNDOS ESTABLECEN EL TONO

Pasar todo el primer año juntos sin separarse jamás no es factible para el matrimonio moderno, pero aun así usted puede establecer un tono positivo cada día. Cuando llega a casa después de haber estado separados, los pocos primeros momentos de reconexión determinarán cómo será el resto de la tarde. En la cultura de hoy, la economía establece que tanto el esposo como la esposa trabajen. Quizás su esposa llegue después que usted, pero la dinámica básica de la intimidad sigue siendo aplicable.

Recuerde que ella desea conectarse. Desea intercambio cara a cara. Ambos han tenido un día largo y posiblemente difícil. Si lo único que usted quiere hacer es desplomarse en el sofá y mirar televisión, mientras ella le prepara una rica cena, usted está pasando por alto algo muy importante. Esta clase de conducta no participativa hará que su esposa no se sienta amada. Ella se sentirá amada si usted va a la cocina y la ayuda a preparar la cena (aunque solo se trate de poner la mesa). Incluso podría comenzar a preparar la comida antes de que ella llegue (¡qué idea!).

Otra idea podría ser sentarse y conversar con ella mientras prepara la cena. Cuéntele cómo fue su día, y asegúrese de preguntarle cómo fue el de ella. Quizás esté ocupada con los niños u otras tareas, pero estará escuchando, se lo aseguro. Lo que ella tiende a buscar es que usted desee «habitar» con ella durante un corto período para descubrir dónde está su corazón. Si percibe que usted desea conectarse auténticamente, esto puede hacer más por ella que una discusión de una hora. Para su esposa, el tiempo cara a cara es tiempo de corazón a corazón. (Esto sucede en especial si se siente profundamente agobiada, y el esposo sabio intenta captar señales que indiquen si ese puede ser el caso.)

Algunos esposos quizás piensen que pasar todo ese tiempo en la cocina sea impropio para un hombre, pero como vimos en Deuteronomio 24.5, los generales hebreos no se burlaban de un guerrero por estar en su casa. De hecho, como hombre de honor, se le ordenaba pasar su primer año de matrimonio con su esposa. Sin duda, un joven recién desposado quería estar fuera con sus camaradas peleando contra el enemigo, pero como hombre de honor aprendía a hacer dos cosas: en el campo de batalla hacía lo que era respetable, y en la familia hacía lo que era amoroso. Intercambiaba sus dos sombreros y los usaba bien.

> *El énfasis del corazón de un esposo está en ser un amante «más unido que un hermano» (Proverbios 18.24).*

Lo que me enseñó mi hija de cuatro años sobre conectarse

Si un esposo ajusta sus gafas y sus audífonos azules, entenderá que su esposa tiene una necesidad de sentirse cerca de él y de conectarse cara a cara en una manera que él no posee. Piense en las cafeterías de todo el mundo donde se sorben y se saborean capuchinos y café con leche. Muchas de estas cafeterías tienen mesitas redondas con dos sillas enfrentadas. Usualmente, en ellas encontramos a dos personas sentadas, inclinadas hacia delante, frente a frente, la mano bajo el mentón, y están hablando. Estas personas que están hablando, ¿son hombres o mujeres? Por lo general son mujeres. A ellas les gustan las mesas redondas, porque no colocan a nadie en la cabecera ni en posición de liderazgo. Les gusta mirar a los ojos y conectarse en un nivel personal.

Yo aprendí de mi hija Joy esta necesidad femenina de conexión cara a cara, cuando ella tan solo tenía cuatro años. Una noche la acosté, y yo me recosté a su lado durante unos momentos para ayudarla a dormirse. La habitación estaba totalmente oscura y Joy estaba hablando como de costumbre, la pequeña Señorita Boca de Motor. Ninguno de nosotros podíamos ver al otro en la oscuridad. Mientras hablaba, dijo de pronto: «¡Papá, mírame!». Entonces asió mi rostro con sus pequeñas manos, forzándome a mirar en dirección a ella. Ya a esa edad, incluso en la oscuridad, ella percibió que su papá no la estaba mirando, y si no estaba mirando, ¡por ende no estaba escuchando! No puedo recordar que mis hijos, Jonathan y David, hayan asido mi rostro de esa manera jamás y me demandaran: «¡Mírame!». Esta conectividad es lo que las mujeres buscan en toda relación, y especialmente en el matrimonio. Cuando se casó con usted, ella creía que usted sería como la mejor amiga que tiene; que en sentido figurado se sentaría con ella alrededor de la mesita redonda para hablar ambos mirándose a los ojos. Pero eso quizás no sucedió. Eso casi nunca sucede con muchas parejas.

¿INCLUSIÓN O INDEPENDENCIA?

Antes de que empiece a sentir remordimiento, dese cuenta de que ningún hombre puede satisfacer todas las necesidades emocionales de una mujer. A la vez, usted quizás comience a tratar de satisfacer las necesidades de su esposa sacrificando su comodidad, su periódico, su *programa favorito de deportes*. Usted puede comprender lo que ella hace cuando se le acerca, lo cual hará normalmente. Es por ello que durante la tarde anda alrededor de usted por toda la casa (o lo hacía cuando estaban recién casados). Es su forma de demostrar que lo ama.

Una mujer enamorada anhela sentirse cerca: «Hallé luego al que ama mi alma; Lo así, y no lo dejé» (Cantares 3.4).

Una manera de graficar su matrimonio es trazar una línea con la palabra *Inclusión* en un extremo y la palabra *Independencia* en el otro, como se muestra abajo:

Inclusión _____ Independencia

En la relación matrimonial típica, ella se inclina más hacia el lado de la «Inclusión», mientras que él se inclinará más hacia el lado de la «Independencia». Cuando usted se torna demasiado independiente (especialmente cuando se ensimisma), ella no se siente cerca de usted y comienza a sentir que no la ama. Cuando ella no le da el espacio que necesita, usted comienza a sentir que ella está intentando meterse demasiado y que no lo respeta. La línea ilustra la tensión que existe entre sus necesidades básicas de inclusión e independencia. La tensión no es mala, simplemente está allí. De hecho, es una parte necesaria de su relación. Cierto grado de tensión en un matrimonio es en realidad una de las cosas que hacen que la relación sea buena (podrá leer más sobre este tema en el capítulo 12).

Solo los gallinas son dominados

La tensión entre inclusión e independencia es otro ejemplo de la diferencia entre el rosa y el azul. Como hombre, usted probablemente no tenga la capacidad de involucrarse en el mundo de su esposa tanto como a ella le gustaría. No estoy diciendo que los hombres se conviertan en aquellas mujeres que se sientan a las minúsculas mesas de las cafeterías a beber café, mientras comparten su vida cara a cara. Usted es un hombre y su esposa lo ama por ser un hombre, no una mujer. Ella no espera que usted sea femenino como su amiga. Pero cuando usted se acerca a ella, cuando le muestra que desea conectarse incluso en pequeñas formas, observe qué sucede. Esto la motivará. La energizará y mantendrá su matrimonio fuera del Ciclo Alienante y dentro del Ciclo Energizante.

Por supuesto, usted siempre puede aferrarse firmemente a su aro dorado llamado «Independencia». Usted puede insistir en tener «su espacio». Después de todo, trabaja duro toda la semana y se merece un poquito de golf (de pesca o mirar un buen partido por televisión). Usted no va a ser el marido dominado que nunca puede salir con sus amigos, porque su esposa siempre le dice que haga alguna tarea o mandado que desea que usted haga.

Y además, usted no va a acercarse a ella hasta que le muestre más respeto, y sea un poquito más consciente de que usted necesita espacio e independencia. Esto, por supuesto, no resulta, nunca ha resultado y jamás resultará. No puede motivar a su esposa si le niega lo que ella realmente necesita. Si lo hace, entrará de un salto al Ciclo

Alienante. Sin amor, ella reaccionará sin respeto; sin respeto, usted reaccionará sin amor.

Uno de los mayores impedimentos para acercarse a su esposa puede ser el clásico temor masculino de ser tan controlado por ella, tanto que sienta que no puede hacer ningún movimiento sin coincidir con ella. Si usted se ha comprometido a ser un esposo de Amor y Respeto, esos temores de ser un dominado son infantiles. Génesis 2.24 habla de unirse y ser una sola carne con su esposa. No dice nada sobre ser dominado. Obviamente, cada uno de ustedes necesita tener su propio espacio de vez en cuando, y solucionarlo es parte del proceso de convertirse en adultos maduros que se comunican y que intentan decodificar las necesidades del otro. (Ver apéndice A, pág. 301.)

Un esposo debe reconocer que «en el Señor, ni el varón es sin la mujer, ni la mujer sin el varón» (1 Corintios 11.11).

CICLO ALIENANTE CONTRA CICLO ENERGIZANTE, UNA BATALLA A MUERTE

Por lo tanto, elija ser un adulto. Yo lo hice y resultó. Finalmente comprendí que para detener el Ciclo Alienante y permanecer en el Ciclo Energizante tenía que darle a Sarah lo que ella realmente necesitaba. Algo curioso ocurrió cuando lo hice: ella se sintió motivada a darme lo que realmente necesito. Para parafrasear la regla de oro: «Traten a su cónyuge tal y como quieren ser tratados por su cónyuge» (ver Lucas 6.31). Aquí no hay zona neutral. En cierta forma, esta es una guerra, una batalla a muerte entre el Ciclo Alienante y el Ciclo Energizante. Usted puede motivar a su esposa de la forma correcta o desmoralizarla. La elección es suya.

Hay una vieja historia sobre una pareja de personas mayores que se encontraba cenando en un restaurante. La esposa ve que otra pareja más o menos de su edad, se sienta en una mesa cercana. Observa al esposo sentado junto a su esposa, rodeándola con el brazo. Le está susurrando cosas al oído, y ella sonríe y se sonroja. Él le fricciona el hombro con dulzura y le acaricia el cabello.

La mujer se da vuelta y dice a su marido: «Mira esa pareja que está ahí. Observa lo cerca que el esposo está de ella, cómo le habla. Mira lo dulce que es. ¿Por qué tú nunca haces eso?».

Su esposo levanta la mirada de su plato de ensalada César y le echa un vistazo a la mesa de al lado. Luego se vuelve a su esposa y dice: «Cariño, ni siquiera conozco a esa mujer».

Un viejo chiste —quizás incluso un chiste malo—, pero plantea la cuestión del rosa y el azul. El rosa desea cercanía; el azul está ocupado con su ensalada César, expectante de la costillita que está por llegar. Hasta que ambos ajusten sus gafas y sus audífonos, la tensión será constante y no tendrán un buen matrimonio. Se logra un matrimonio maravilloso cuando la tensión se resuelve de manera creativa; o cuando se le evita por completo, haciendo unas cuantas cositas positivas y afectuosas. Esto puede redundar en beneficios increíbles, especialmente para las esposas. Una mujer me informó: «Mi esposo me habla más y se ha mostrado más cariñoso; y siento que en estas últimas semanas hemos estado más cerca de lo que estuvimos en años».

> *Una esposa siempre tiene esta esperanza: «Ahora [...] se unirá mi marido conmigo»* (Génesis 29.34).

ESTAR CERCA NO CUESTA NADA, SOLO TIEMPO Y AMOR

Muchos de los siguientes consejos y técnicas son cortesía de mi esposa, Sarah, quien habla del Ciclo Energizante en una sesión de cada conferencia que damos juntos. Cuando recopiló su lista de ideas para ayudar a los esposos, escribió cosas que le atraían a ella, y también les preguntó a una gran cantidad de mujeres qué las haría sentirse más cercanas a su hombre. Ellas aportaron ideas simples pero efectivas. Por ejemplo, ¿se da cuenta del poder que tiene tomarla de la mano? Sin ir más lejos, el otro día mientras Sarah y yo caminábamos, ella me dijo: «Una mujer siente que está cerca de su esposo, y por lo tanto se siente amada, cuando él la toma de la mano». Desde luego, lo hice de inmediato. Aprendo rápido.

O considere el poder de un abrazo. Hace algunos años, la madre de Sarah y la mía fallecieron repentinamente en un lapso de once meses. Ella tenía relación con ambas, y a menudo la encontraba sollozando de pie frente al fregadero. Todo lo que hacía era acercarme y abrazarla. No le decía nada, pero la sostenía entre mis brazos hasta que dejaba de llorar. Más tarde me dijo: «Cuando hiciste eso me sentí tan cerca de ti».

Considere ser afectuoso sin desear sexo. Eso puede sonar un poco como un oxímoron, pero es cierto. Se dice que la intimidad sexual a menudo comienza en el desayuno, o en algún otro momento del día. Abrácela, tómela de la mano, dígale que la ama, dígale lo bonita que es. Sea afectuoso pero no sexualmente agresivo. Tocarla y besarla solo cuando usted quiere sexo generalmente le repugna a su esposa. Ella requiere de una preparación mucho más lenta que usted para el sexo; así que durante el día mantenga sus avances solamente en la zona de lo afectivo. Cuando durante el día o la tarde usted crea el ambiente adecuado con pequeños encuentros, eso conduce mucho más natural y fácilmente a la intimidad sexual más adelante.

Recuerde: sea afectuoso y atento todos los días, no solamente aquellos días en que usted desea sexo. El afecto debería ser un fin, no un medio. Oiga lo que dice esta esposa:

> Él mira *SportsCenter*, pero yo aminoro la marcha a las 10:00 p.m. Deseo estar tranquila y acurrucarme junto a él como cuando estábamos recién casados. Sin embargo, ya sin los hijos, somos dos extraños que no van por el mismo camino. Esto me está causando un problema para tener intimidad sexual. Es el único momento en que estamos cerca. Necesito algo más aparte de eso.

He mencionado solamente unos cuantos ejemplos. Vea la siguiente lista, como también las que figuran al final de cada capítulo de P-A-R-E-J-A. Observe que todas estas sugerencias son simples y no le cuestan nada, excepto su tiempo y su disposición a estar cerca.

Su esposa se siente cerca de usted...

- cuando la toma de la mano.
- cuando la abraza.
- cuando es afectuoso sin intenciones sexuales.
- cuando está a solas con ella para concentrarse el uno en el otro y reírse juntos.
- cuando salen juntos a caminar o a correr... cualquier cosa que tenga como resultado el compañerismo.
- cuando la busca, planea una cita nocturna, comen juntos a la luz de las velas.
- cuando deja de hacer lo que estaba haciendo para hacer algo por ella, por ejemplo, un mandado.
- cuando establece como prioridad pasar tiempo con ella.
- cuando está consciente de que ella es una persona con mente y opiniones; le dice que le gusta discutir cosas con ella y escucha sus perspicaces observaciones.
- si usted sugiere algo inesperado: compra comida para llevar y van a comer a la playa; salen a dar una caminata a la luz de la luna llena; se estaciona en un acantilado para ver juntos el atardecer.
- cuando conversan íntimamente después de hacer el amor.

  Quédese junto a ella y abrácela, al mismo tiempo que comparte sentimientos e ideas íntimas, y nunca encienda el televisor para ver *SportsCenter* o *Nightline*.

Capítulo 10

Apertura: ella quiere que usted le abra su corazón

Cuando doy consejería matrimonial advierto una tendencia distintiva entre las parejas que vienen a verme. Cuando entran en mi oficina y se sientan, el esposo se coloca en una posición desde la que me puede ver. De vez en cuando levanta o baja la mirada, o mira hacia el lado opuesto, pero rara vez mira directamente a su esposa, excepto con miradas fugaces. La esposa se ubicará en una posición desde donde pueda vernos a su marido y a mí. Nos observará a ambos, porque está tratando de entender lo que está pasando en el interior de su marido —lo que está pensando—. Recuerde que como mujer, ella es expresivo-receptiva. Desea hablar las cosas. Quiere sacar a la luz sus problemas para discutirlos y así poder resolverlos.

Su esposo, en cambio, se guarda todo. Es lo opuesto a lo expresivo-receptivo, es lo que los psicólogos consideran «compartimentado». Su esposa percibe que en su interior está sucediendo algo, pero él no quiere hablar de ello. «No hay problema», dice. Pero la intuición de ella le dice que él definitivamente está preocupado. Entonces la esposa queda confundida y dice: «A veces no sé qué creer». Pero nunca se da por vencida. Sigue abordando el problema, tratando de resolverlo.

Ella anhela su amor, el cual en su mundo lo experimenta cuando se conecta abiertamente con el corazón de él.

Destroce una de sus lámparas y todas se apagarán

Para entender por completo la dinámica que ocurre cuando una pareja se sienta en mi oficina para recibir consejo, es útil definir los términos *expresivo-receptivo* y *compartimentado* con un ejemplo simple. Ya hemos visto que los hombres y las mujeres son muy diferentes: rosa y azul ven y oyen las cosas de manera muy diferente a nivel de la intimidad marital. Piense en esta diferencia como dos tipos de circuitos eléctricos. En un circuito hay tres mil luces y está diseñado para que, en caso de que una se rompa, toda la hilera se apague. En el otro circuito hay tres mil luces y está diseñado para que, en caso de que usted rompa dos mil, las otras mil sigan funcionando.

Un esposo cerrado «tiene tan mal genio que ni hablar se puede con él» (1 Samuel 25.17, NVI).

A nivel íntimo, la esposa es como el primer circuito. Si existe un conflicto marital grave, esto afecta su ser entero. Todas sus «luces» se apagan, y ella se cierra totalmente. Esto se debe a que ella tiene una personalidad integrada. Su mente, cuerpo y alma están conectados, y su sistema entero reacciona a los sentimientos de dolor. Basta con que su esposo haga un mínimo comentario hiriente que a ella le parezca desamorado, y estará totalmente disgustada con él hasta que las cosas se arreglen. Tal como me dijo una esposa: «Si batallo con él en un aspecto, estoy en guerra con él en todos los aspectos».

A veces una mujer siente que está en una guerra con su marido, porque él la hace sentir sola. A continuación transcribo un tipo de carta que recibo de bastantes esposas:

Muchas noches él llegaba a casa, miraba televisión hasta tarde, venía a la cama con deseo de tener sexo, y yo me sentía usada y no amada. Esos sentimientos de soledad, supongo, volvieron a sobrevenirme y no me gustaba nada cómo me estaba sintiendo [...] Sentía que la televisión era más importante que yo. Me doy cuanta de que no es verdad, pero así es como me siento. Él se siente tan ofendido cuando lee mi lenguaje corporal. Y pasan varios días en que apenas me habla.

Todos los maridos presten atención a lo que esta mujer está diciendo. Cuando ella cree que hay un problema, cuando se siente herida, sola o abandonada, definitivamente no tiene interés en responderle sexualmente. Su cuerpo no está disponible cuando su espíritu está destrozado.

No resulta difícil ver cuando el espíritu de la esposa está destrozado. Su rostro lo dice todo. Mientras que las mujeres son expresivas, los hombres son más impasibles. Posiblemente la esposa se queje de que su esposo parece ser capaz de actuar como si no hubiera ningún problema entre ellos, mientras que ella claramente sigue disgustada y destrozada. Él se va a trabajar, y cuando vuelve a casa no puede creer que ella esté totalmente deseosa de hablar de una tensión anterior. Habitualmente ella le tiene que recordar qué sucedió exactamente, porque a él ya se le olvidó. Para ella, todo su día se entretejió con el altercado que tuvieron en el desayuno. Ella ha repetido y repasado el episodio una docena de veces. Pero él dice: «Ah, bueno... olvidémoslo, ¿está bien? Sigamos adelante».

Ella no puede imaginar cómo es que él puede hacer un comentario semejante. ¿Por qué no está molesto igual que ella? La respuesta es sencilla. ¿Recuerda los dos circuitos eléctricos? Su esposo es el circuito en el que usted puede romper dos mil luces y aun así las otras mil seguirán funcionando. Esto es lo que significa «compartimentar» sus problemas. Un hombre tiene mucha más capacidad de controlar sus reacciones. Su presión sanguínea puede estar hirviendo de rabia, pero él puede mantenerlo en secreto. Puede sentirse profundamente dolorido, pero meterá eso en un «compartimiento» de su mente, diciéndose a sí mismo: *¿qué caso tiene hablar de esto si ella se siente de esa manera?*[1]

Las esposas ven a su esposo como una
isla misteriosa

Lo que acabo de exponer es una información muy poderosa para todos los esposos. Cuando usted comprende que ella está integrada, que es expresivo-receptiva, esto le permite comprender profundamente cómo responder cuando ella intenta hacer que usted se abra. Cuando una pareja se sienta en mi oficina, la esposa intenta entender a su esposo. No logra comprender por qué él no es tan expresivo como solía ser durante el noviazgo.

Durante aquellos primeros meses de noviazgo, ambos habían sido totalmente abiertos, compartiendo sus sueños más íntimos, sus anhelos, temores y fracasos. Hablaban de corazón a corazón, y su franqueza era algo que literalmente podían sentir, muy parecido a los amantes descritos en el Cantar de los Cantares: «Es la voz de mi amado que llama: "Ábreme, hermana mía, amiga mía, paloma mía, perfecta mía"» (5.2). La imagen de la puerta que se abre simboliza a dos personas que se acercan y comparten su corazón. Se sienten atraídos el uno hacia el otro sexual, emocional y espiritualmente.

Entonces, ¿qué pasa con la típica «franqueza» masculina una vez que está casado? Durante el noviazgo, el hombre buscaba descubrir a la mujer de sus sueños. Era una aventura emocionante. Una vez que llegó a la conclusión de que ella era su sueño hecho realidad, quedó satisfecho. Él ya no sentía la necesidad de compartir y ser abierto. De hecho, prefería simplemente que estuvieran juntos hombro a hombro, sin decir mucho (se incluye más sobre este tema, en el capítulo 20). Él no entendía que su apertura durante el noviazgo le deleitaba a su novia amor en letras mayúsculas, y su conversación sincera la energizaba más allá que las palabras. Ahora que está casado, no entiende por qué ella tiene la necesidad de que él sea abierto, de que comparta con ella.

Toda esposa sueña con contarle a otras: «Mi amado [me] habló» (Cantares 2.10), describiendo con detalles sus conversaciones románticas y sus aventuras.

Para las esposas, los esposos a veces parecen islas misteriosas. Dan vueltas alrededor de ellos buscando un lugar dónde desembarcar, pero una densa niebla se lo impide. No hay lugar donde descender. Él parece negarle el acceso. Como escribió una esposa:

> Él está completamente desconectado. Es realmente difícil estar cerca de él. NUNCA habla. No tengo idea de qué podría impactar su corazón, y me gustaría saberlo. Parece como si yo anduviera a tropezones en una habitación oscura, y la llave de la luz no está donde se supone que debería estar.

Por supuesto, siempre hay excepciones. He aconsejado a parejas en las que la mujer es la que se guarda los problemas y el hombre demuestra sus sentimientos; pero a través de los años estas parejas han formado parte de la minoría. En términos generales, hombres y mujeres siguen el patrón expuesto anteriormente. (Ver apéndice D.)

SARAH PREFIERE ESTAR AL DÍA TODOS LOS DÍAS

Muchas esposas son como Sarah. Ella prefiere hablar de los problemas maritales diariamente para mantener la relación «al día». Sarah siente que esto evita que se desarrollen conflictos serios. Durante los primeros años de nuestro matrimonio, yo no comprendía a qué se refería con eso de mantener las cosas al día para evitar problemas. De hecho, ¡a menudo pensaba que hablar de problemas potenciales diariamente tenía que significar que en realidad sí teníamos alguna clase de problema marital grave!

A través de los años, yo malinterpreté el propósito escondido detrás de las palabras de Sarah. A veces sentía que eran otro regaño por mi incapacidad de ser amoroso, y me encerraba en mí mismo para evitar sentirme no respetado.

Cuando respondía con silencio a sus preguntas, ella intentaba acercarse aun más, tratando de descubrir cuál era la dificultad. Y eso solo causaba que me cerrara todavía más.

Yo, Emerson, necesitaba que me recordaran las Escrituras: «El corazón de su marido está en ella confiado» (Proverbios 31.11).

Finalmente me di cuenta de lo que estaba sucediendo, pero el Ciclo Alienante siguió girando más de lo necesario hasta que lo hice.

Ahora para mantenernos en el Ciclo Energizante, hago un gran esfuerzo por decodificar los mensajes de Sarah cuando ella empieza a hacerme preguntas o a presionarme para que le dé información. Aún tengo esa inclinación natural masculina a creer que ella está husmeando, entrometiéndose, criticándome e incluso tratando de controlarme. Me siento tentado a sentirme como aquel esposo que me dijo: «Mi esposa siempre está entrometiéndose. Siento como si ella tuviera unas pinzas gigantes, usted sabe cuáles son las que se usan para abrir automóviles y rescatar a personas que se han quedado atrapadas dentro, y quisiera inmiscuirse dentro de mí. Yo necesito mi espacio. Necesito mi independencia».

Sé cómo se siente este hombre, pero yo hago a un lado esa clase de pensamientos. Estoy seguro de que Sarah no está tratando de controlarme; ella es una mujer de buena voluntad. Sé que solamente desea conectarse conmigo y sentir esa franqueza y cercanía entre nosotros. Esta es una parte poderosa de su feminidad, por la que me enamoré de ella en primer lugar.

Como esposo usted debe comprender que le sobrevendrá esa impresión de sentirse interrogado y de creer que su esposa se está entrometiendo o haciendo muchas preguntas innecesarias. Sucederá, y usted debe detener esos sentimientos para evitar disgustarse. Piense *por qué* su esposa está haciendo eso. Ella desea mantener las cosas al día, y desea acercarse a usted porque lo ama: *¡usted es importante para ella!*

«Le da ella bien y no mal todos los días de su vida» (Proverbios 31.12).

Cuídese de volverse amargado

Lamentablemente algunos esposos no pueden o no desean tratar con sus expresivas esposas, porque temen sentirse inadecuados e irrespetados. Una mujer admitió: «A través de los años resulté ser la pesada de la relación y él siempre sentía que cuando discutíamos cosas era para cambiarlo, por lo que evitaba nuestras supuestas discusiones».

Un hombre que junto con su esposa estaba luchando por permanecer más tiempo en el Ciclo Energizante escribió para confesar que en un tiempo su temor a abrir su corazón había constituido un serio problema. Él dijo:

> No le revelaba mi corazón a ella. Me guardaba muchos de mis pensamientos, emociones y necesidades, porque temía que me rechazara si yo las expresaba [...] Esto era aislarla por completo. Creo que fue una abdicación de mi responsabilidad. Durante bastantes años he sabido que la honestidad y la franqueza son lo que Dios desea, pero hasta hace poco no había podido aceptarlo.

Con los años he tratado con muchos esposos amargados, cuyo enojo bulle bajo la superficie. Esta clase de marido no es dulce ni tiernamente abierto con su esposa. En cambio, él sospecha de ella y siente que tiene la intención de provocarlo e irritarlo. Su esposa sabe intuitivamente, o tiene fuertes sospechas de que él está secreta y constantemente enojado con ella. Pablo bien pudo haber tenido en mente a esta clase de hombre cuando escribió la única advertencia negativa de todo el Nuevo Testamento para los esposos sobre cómo debían tratar a su esposa: «Esposos, amen a sus esposas, y no sean duros con ellas» (Colosenses 3.19).

El concepto transmitido en griego es la idea del sabor amargo en la boca. Estar amargado significa que usted está ofendido, irritado, exasperado, indignado y enojado. Cuando decimos que una persona está amargada, por lo general pensamos que se está revolviendo con enojo en alguna decepción pasada. El marido amargado puede ser áspero, desconfiado o estar resentido. En lugar de abrirle su corazón a su esposa, cierra por completo lo más profundo de su corazón, lo que da la impresión de que hay pocas cosas de ella que él encuentra atractivas.

El esposo amargado no tiene esperanza de ser abierto con su esposa. Quizás haya algún grado de amargura que constituye un problema para usted en su matrimonio, aunque usted y su esposa hayan prometido salir del Ciclo Alienante y empezar a energizarse mutuamente. La respuesta a la amargura es prestar oído al dulce recordatorio del Espíritu Santo (ver Juan 14.17, 26; Romanos 8.9). Esto puede obrar maravillas, como claramente lo muestra la carta de esta esposa. Su marido y ella asistieron a una de nuestras conferencias de Amor y Respeto. Después, ella continuaba sintiéndose emocionalmente sensible y vulnerable. Al día siguiente, él la criticó duramente por su forma de conducir. Al percibir que se sentía lastimada, más tarde le preguntó si todo estaba bien. Ella le dijo cómo se sentía —no podía complacerlo cuando conducía— y él discutió, diciéndole que sus sentimientos estaban equivocados, lo cual provocó que se sintiera aun peor. La carta continúa:

> *«Así que cuídense ustedes en su propio espíritu, y no traicionen a la esposa de su juventud»*
> *(Malaquías 2.15).*

> Pero unos cinco minutos después, vino a buscarme para decirme que lo sentía, y que si lo que él estaba haciendo para ayudarla en realidad le estaba haciendo daño, él dejaría de hacerlo inmediatamente. «Entonces nos abrazamos y todo terminó». ¡Qué maravilloso! ¡Una cosa pequeña pero maravillosa!

Este esposo decidió concentrarse en su hombre interior. Recapacitó en lugar de racionalizar sus críticas y actitudes negativas. Escuchó ese silbo suave y apacible en su interior. Cuando le abrió su corazón a su esposa, ¡ella sintió su amor! Si tan solo los esposos se dieran cuenta del poder de su amor y de cuánto lo necesitan sus esposas. Las siguientes son citas de diferentes esposas que anhelan franqueza y un poquito de ternura:

> Necesito que él penetre en profundidad, que dispare certeramente y que esté dispuesto a responder desde su corazón, y no desde la emoción del enojo. Eso no da resultado.

En vez de estar cerrado y distante, mi esposo ha comenzado a hacer cosas que yo hubiera querido que hiciera en el pasado (por ejemplo, compartir su corazón conmigo).

Cosas asombrosas empezaron a ocurrir. Él comenzó a revelarme su corazón. Ahora tenemos conversaciones en vez de monólogos.

¿Entonces cómo podrá vivir con esa sensible criatura?

A estas alturas quizás muchos esposos estén diciendo: «¡Santo cielo! No tenía idea de dónde me estaba metiendo cuando me casé con esta sensible criatura». Tiene razón, no lo sabía; pero debería estar agradecido por la sensibilidad de su esposa en muchas facetas. Esto le permite a ella permanecer levantada toda la noche con los niños cuando están enfermos. Su sensibilidad también la impulsa a esperar atada de pies y de manos cuando usted ha caído en cama con gripe, quejándose, gimiendo y deseando tomar otro Excedrín. Sí, su sensibilidad a veces la hace sentir que usted se encierra por completo en sí mismo, retirándose de ella, que está enojado con ella. Quizás se sienta tentado a decir: «Ah, vamos, no seas tan sensible», pero es mejor que se dé cuenta de que debe aceptar sus defectos junto con sus virtudes.

Cada esposo debe tomar una decisión respecto de la sensibilidad y las necesidades de su esposa. Puede encerrarse en sí mismo y negarse a abrirle su corazón, o puede acercarse y conectarse con ella en nuevos niveles de apertura. Uno de los pasos más simples pero más efectivos que usted puede dar es sencillamente compartir con ella lo que pasó en el día. Si en ese momento no siente deseos de hablar, diga algo como: «Hoy sucedió algo en el trabajo, y quizás podamos hablar de ello más tarde, pero ahora preferiría no hacerlo. No es ningún problema entre nosotros». Esa última frase es lo que ella estará esperando, porque necesita saber que su estado de ánimo no tiene nada que ver con ella.

Cuando hablen, tenga especial cuidado de no sonar áspero. Un hombre por lo general es bastante enérgico cuando expresa sus opiniones. Usted puede sonar duro sin darse cuenta. Quizás no era su intención, pero su esposa se desinflará ante sus ojos. Aunque usted simplemente expuso los hechos y dio su opinión con firmeza; le pisó su manguera de oxigenó.

Hace algunos años, uno de nuestros hijos adolescentes estaba hablándole a Sarah en una forma que ella consideraba muy dura. Le dijo firmemente: «David, por favor, no me hables de esa manera». Según Sarah, él la miró como si ella fuera de otro planeta.

Le dijo: «¿Qué quieres decir? Así es como hablo a mis amigos». «Adivina qué —respondió Sarah—, yo no soy uno de tus amigos. Soy tu madre, y soy una mujer». Ese día David aprendió una gran lección titulada: «Lección 1 de por qué no debo ser áspero». (Para obtener más instrucciones, ver apéndices A, B y C.)

Y una cosa más. A riesgo de sonar como disco rayado, recuerde que si usted tiene buena voluntad y es franco con su esposa en lo que respecta a sus emociones, ella se sentirá cerca de usted y dispuesta a tener intimidad sexual. En otras palabras, usted no debe abrir su corazón para después poder «conseguir sexo». Una esposa se da cuenta y se cierra sexualmente. Pero cuando usted satisfaga genuinamente sus necesidades emocionales, ella establecerá empatía con las necesidades sexuales de usted. Dios ha diseñado el matrimonio para que sea simbiótico.

Encontrará más ideas en la lista de consejos que figura a continuación. Pero lo más importante de todo es confiar en el corazón de su esposa. Ábrale su corazón, y permanecerá fuera del Ciclo Alienante, mientras el Ciclo Energizante tararea suavemente.

SU ESPOSA SIENTE QUE USTED ES ABIERTO CON ELLA...

- cuando comparte sus sentimientos, contándole como fue su día y si hubo dificultades.

- cuando dice: «Hablemos». Pregúntele lo que siente y pídale sus opiniones.

- cuando su rostro muestra que desea hablar —lenguaje corporal relajado, buen contacto visual—.

- cuando la lleva a caminar para recordar cómo se conocieron o quizás para hablar acerca de los niños y los problemas que ella pueda estar teniendo con ellos.

- cuando ora con ella.

- cuando le da toda su atención. No le responde con un gruñido mientras intenta mirar la televisión, leer el diario o escribir un correo electrónico.

- cuando conversa con ella cuestiones financieras, posibles cambios de trabajo o ideas para su futuro.

Capítulo 11

Comprensión: no trate de arreglarla; solo escúchela

Ya nos hemos referido a 1 Pedro 3.7 en los capítulos 2 y 3; pero ahora queremos mirar este versículo a través de una lente denominada: «Cómo tener empatía con su esposa». Pedro les aconseja a los maridos: «Vosotros, maridos, igualmente, vivid con ellas sabiamente». Me encanta este versículo, porque Pedro no dice que yo tenga que entender a Sarah. Como todos los demás hombres, sé que no puedo entender totalmente a ninguna mujer, incluso a la que amo con todo mi corazón. La clave para mí es desear vivir sabiamente con Sarah; e incluso más que eso, quiero que ella sepa que confío en su corazón.

Me doy cuenta de que 1 Pedro 3.7 es un versículo controvertido para algunos, porque el pasaje completo dice que los esposos deberían vivir con ellas sabiamente «dando honor a la mujer como a vaso más frágil». Las feministas se enfurecen al oír eso y sostienen: «El hombre no es el género más fuerte. ¡Somos iguales!». Sin embargo, lo que debemos recordar es que Pedro hace una declaración comparativa, no cualitativa. Él no está diciendo que las mujeres sean débiles. Está diciendo que la esposa es un «vaso más frágil» por su vulnerabilidad para con su esposo dentro de la relación matrimonial.

Su esposa es vulnerable a usted al menos en dos áreas: (1) cuando usted dice cosas como: «Sencillamente no te entiendo..., me pregunto si vale la pena intentarlo»; y (2) cuando la deshonra tratándola como menos que a igual; «coheredera[s] de la gracia de la vida» (ver 1 Pedro 3.7). Las feministas intentan usar este versículo para decir que la Biblia declara que las mujeres son el género más débil. Lo que Pedro está diciendo es que una esposa es vulnerable a su esposo (no que todas las mujeres son más débiles que todos los hombres); y cuando usted, el esposo, no trata de entenderla, ella es en efecto muy vulnerable.

Una esposa agradecida por un esposo comprensivo me escribió: «Aun cuando me he rebelado contra su liderazgo, él me comprende y me acepta, y no guarda rencor contra mí».

Maneje la porcelana siempre con cuidado

Una forma de observar la frase «vaso más frágil» es pensar en dos tazones: uno hecho de porcelana, el otro de cobre. El esposo es el cobre; la esposa es la porcelana. No es que ella tenga menos valor; de hecho, a veces un tazón de porcelana puede tener mayor valor que uno de cobre. Los dos son diferentes y tienen funciones distintas, en contextos diferentes.

Pero su esposa —la porcelana— es delicada. Puede rajarse, e incluso romperse si usted no tiene cuidado. En el calor de la frustración, un esposo puede decir: «Nadie puede entender a las mujeres, especialmente a ti». Y en este punto quizás dé media vuelta y vaya a alguna parte para encerrarse durante un tiempo, prometiéndose no doblegarse ante sus actitudes controladoras, hasta que ella empiece a respetarlo.

Si ha estado en una situación semejante y después pronunció esas desafortunadas palabras o algunas similares, quizás desee mirar hacia abajo y observar el agujero del suelo. Acaba de cavar su propia fosa, otra vez. Dios no hizo a su esposa para que funcione con esa clase de actitud. Dios está llamando a los esposos a darse cuenta de que sus esposas son tazones en los que él ha puesto un cartel bien legible: «Manejar con cuidado».

Un esposo por fin se dio cuenta de que su esposa era su aliada, no su enemiga. La vio como la clase de mujer que describe Pedro: delicada y digna de honor. Al aceptarla y apreciarla, la relación entera comenzó a cambiar:

Estamos en un nuevo nivel de comprensión mutua. Yo solía orar una y otra vez: «Dios, por favor sana nuestro matrimonio, el dolor es demasiado. ¿Por qué nos pusiste juntos?». ¡Ahora estoy MUY agradecido de que lo haya hecho! Mi esposa es mi compañera en todos los sentidos, antes no podía verlo. Se me ha quitado un GRAN peso de encima. No soy el mismo.

LOS PRINCIPIOS DE P-A-R-E-J-A ESTÁN
CONECTADOS

Quizás haya notado la conexión entre los principios que representa la palabra *P-A-R-E-J-A*.[a] Intimidad y Apertura son muy similares, y una se complementa con el otro. Y Comprensión actúa conjuntamente con ambas. Cuando se acerque a su esposa y sea abierto con ella, ella sentirá que usted la comprende o que al menos está tratando de hacerlo. Recuerde que el esposo es la figura de Cristo; la mujer es la figura de la iglesia. Y así como la iglesia deposita sus cargas en Cristo, la esposa desea depositar sus cargas sobre su esposo. Aunque ella no pueda expresarlo con palabras, su esposa lo ve como el que lleva la carga, como el que tiene esos anchos hombros. Cuando ella se le acerca buscando comprensión, es un halago. En esto consiste una parte importante del amor. Pero cuando usted se retira, se cierra a ella o parece no oír lo que está intentando decirle, eso abate su espíritu.

> *«Maridos, amad a vuestras mujeres, así como Cristo amó a la iglesia, y se entregó a sí mismo por ella» (Efesios 5.25).*

a. Nota del traductor: Acrónimo intraducible. En inglés: C-O-U-P-L-E, formado por **C**loseness (Intimidad); **O**penness (Apertura); **U**nderstanding (Comprensión); **P**eacemaking (Reconciliación); **L**oyalty (Lealtad); **E**steem (Estima).

Para comprender, limítese a escuchar

¿Cómo ser un esposo comprensivo? Las armas más poderosas que posee son sus oídos. Simplemente escuche a su esposa, y es mucho más probable que ella se sienta comprendida.

Pero como los audífonos de él son azules, el esposo tiene un inconveniente importante. Usualmente «solo escuchar» no es su punto fuerte. Él está más dotado para analizar, dar respuestas y «arreglar» la situación. El marido que no es consciente de esto, no descodifica fácilmente los mensajes que su esposa le está enviando cuando se acerca a él con sus problemas. Un vívido ejemplo es cuando Sarah y yo empezamos a salir de novios en la Wheaton College. Ella asistía a las clases de español y no le estaba yendo muy bien. Un día mientras nos encontrábamos en la biblioteca, ella comenzó a contarme los problemas que tenía con sus clases de español. La escuché atentamente mientras se desahogaba conmigo, y luego le dije: «Muy bien, voy a empezar a trabajar en eso. La solución es crear un calendario de estudio. Dividimos tus lecciones en partes más pequeñas, y cada día estudias un pedacito».

En ese mismo momento, en la mesa de estudio de la biblioteca, me puse a diagramar un cronograma de estudio para Sarah. Levanté la mirada y no la encontré por ningún lado. Miré a mi alrededor y la vi riendo alegremente con sus amigas, pasando un momento agradable. Sin estar muy seguro de lo que estaba ocurriendo, me pregunté: *¿será que de alguna manera logré resolver su problema?*

Entonces la miré y le hice señas para que se acercara. Se acercó rápidamente y se sentó con una expresión de alegría en su rostro. «¿Resolví tu problema con el español?», le pregunté.

—Ah, no, en realidad, no.

—¿Entonces por qué estás tan contenta? —le pregunté.

—Solo necesitaba que alguien me escuchara —dijo Sarah con una gran sonrisa—. Ahora me siento mejor.

De alguna forma había logrado darle a Sarah justo lo que ella necesitaba: un oído dispuesto a escuchar. Por supuesto, después intenté «resolver su problema», pero para cuando empecé a hacerlo, ella ya se sentía mejor. Quizás me diga que en esa oportunidad tuve suerte. Más tarde se presentaron otras situaciones, después de comprometernos y después de casarnos, en las que fui culpable de querer solucionar más que escuchar, y he oído acerca de eso.

La dinámica que estaba operando ese día en la biblioteca cuando escuché a Sarah contarme sus problemas con el español es muy poderosa. La verdad es que yo no tenía que resolver su problema, todo lo que ella deseaba era mi oído dispuesto a escucharla. (Aprendí que Sarah tiene necesidades que yo no tengo, y que eso está bien. También aprendí que tengo necesidades que ella no tiene, ¡y eso está bien para ella!) Como esposo, si logra comprender que no siempre tiene que resolver los problemas de su esposa, usted dará un paso gigantesco hacia la demostración de empatía y comprensión. Y no solamente eso, también le ahorrará mucho tiempo, problemas y vueltas en el Ciclo Alienante.

«¿Necesitas una solución... o mi oído?»

A lo largo de los años he tenido mis altibajos con respecto a ser una persona que sabe escuchar; pero cuando Sarah se acerca a mí con una carga, he aprendido a hacer dos preguntas. La primera es: «¿Estoy en problemas?». Por lo general la respuesta es: «No, no, no».

Mi segunda pregunta es realmente la más importante. «¿Necesitas una solución o un oído dispuesto a escucharte?».

Entonces Sarah puede decir, y generalmente lo dice: «Solo necesito que me escuches».

Entonces yo la escucho. Después que Sarah ha compartido su problema, grande o pequeño, ella se siente mejor. Va sintiéndose comprendida y amada. El Ciclo Energizante marcha viento en popa.

Pero en situaciones de consejería y en nuestras conferencias, me encuentro con muchos esposos que no lo «captan». De hecho, tratar de solucionar en lugar de escuchar suele ser un tema de conflicto en el matrimonio. Estos esposos aún siguen operando estrictamente con sus gafas y sus audífonos azules. Abordan los problemas como hombres.

A veces un hombre se acerca a otro con su problema. Por instinto, Harry sabe que Joe no viene a verlo para «descargar sus emociones». Sabe que Joe no espera que simplemente «lo escuche». (Solamente cuando está atravesando una grave crisis es que un hombre deseará que alguien lo escuche, porque ya no aguanta más.) Pero 95 a 98% de las veces, un hombre se acerca a otro para compartir su problema, porque necesita alguna ayuda. Entonces Harry dice: «Bueno, ¿probaste esto?», y le da una posible solución.

—Es una buena idea —dice Joe—. Muchas gracias.

Los hombres, como ven, creen que ayudan a otros al resolverles sus problemas. Es bien sabido que hombres y mujeres obtienen rendimiento diferente en los exámenes. Él tiene alto rendimiento en aptitud analítica; ella, en aptitudes verbales.

Los esposos sabios deben «estar listos para escuchar, y ser lentos para hablar» (Santiago 1.19).

Él tiende a pensar en términos de análisis, y esa es la forma en que procesa las cosas. (Se incluye más respecto de este tema en el capítulo 19, el cual trata el tema del discernimiento del esposo.)

Y de esta manera, después de ayudar a Joe, Harry se irá a su casa, donde su esposa se le acerca con un problema. Como tuvo mucha suerte con Joe, Harry intenta resolver el problema de ella, solo para oír que su esposa dice: «¿Por qué no dejas de tratar de solucionar esto y simplemente me escuchas?». Como es característico de todo varón, a Harry no le gusta mucho esta respuesta. No puede creer que su esposa sea tan irrespetuosa y malagradecida. Después de todo, solo está tratando de ayudarla. Pero es precisamente en este punto donde Harry necesita refrenarse. Necesita aprenderse la frase: «Cariño, ¿necesitas una solución o solo quieres que escuche?».

Esto no es natural, pero le garantizo que funciona. Una cosa qué recordar es que cuando una esposa se acerca a su esposo con su problema, no viene porque desee que él se lo resuelva. En realidad, en muchos casos ella sabe exactamente qué hacer. Pero viene a compartir, a sentirse comprendida, a comunicarse en un nivel totalmente diferente. Los hombres tienden a comunicarse por una sola razón: para intercambiar información. Ellos se preguntan: «¿Por qué otro motivo querría uno comunicarse? Ir a los hechos. Compartir opiniones. Llegar a algunas conclusiones. ¿Qué más?».

Entonces cuando una esposa se acerca y dice: «¿Podemos hablar?», el esposo responde: «¿De qué?». Él está listo para intercambiar información, para dar soluciones. Pero después ella dice: «Oh, no sé. Solo necesito hablar». Esta frase no es en absoluto reconfortante para el esposo promedio. Esto hace añicos su sistema de intercambio de información. Él comienza a sospechar: ella debe estar engatusándolo para después regañarlo por algo.

Ana es estéril, y su esposo trata de resolver su problema de manera analítica: «¿Por qué está afligido tu corazón? ¿No te soy yo mejor que diez hijos?» (1 Samuel 1.8).

«SOLO HABLAR» ES UNA CLAVE PARA ENTENDERSE

En los capítulos 9 y 10 remarqué la importancia de dedicar tiempo para hablar con su esposa. Esta no es una opción, hay que hacerlo. Hablar es la manera en que las mujeres entablan comunicación. Esto puede sonarle como «conversaciones triviales». Usted puede estar preparado o no para hacerlo en todo momento, especialmente cuando llega a casa después de un día difícil en el trabajo; pero aparte tiempo para hablar con ella todo lo posible. Comprenda la importancia de compartirle cómo fue su día y que usted le comparta cómo fue el suyo. No tiene que darle todos los detalles del día. Sin embargo, intente repasar algunas cosas importantes, un suceso en particular, algo que la haga sentirse amada, porque estará entablando una comunicación con la persona más importante de su vida.

Recuerde también que a las esposas les encanta hablar para descargar sus emociones. Puesto que la mujer tiene una personalidad integrada, es como un hervidor de agua: junta todas las cosas que le han ido ocurriendo durante el día y eso tiene un efecto acumulativo. Ella necesita liberar algunas de estas emociones, y en realidad no puede esperar hasta el día siguiente. Como consideramos en el capítulo 10, los hombres son compartimentados. Usted puede archivar las cosas y no tener que hablar de ellas; usted no tiene esa presión interna que se acumula como le ocurre a su esposa. Cuando le permita compartir sus «conversaciones triviales» y le da una oportunidad para «soltar el humo», ella se sentirá bien. Se sentirá conectada con usted.

Las mujeres también necesitan hablar para comprender sus sentimientos. Los hombres generalmente saben lo que sienten, y hablarán de ello si lo creen necesario. Las mujeres por su parte, pueden sentir muchas cosas pero no saber exactamente qué. Cuando comienzan a hablar de lo que ocurrió durante el día, pueden volver al problema que parecen no poder identificar. Por eso es que la esposa dice algunas veces: «¿Podemos hablar?».

«Dando honor a la mujer como a vaso más frágil» (1 Pedro 3.7). Dios hizo a su esposa con necesidades y puntos vulnerables diferentes de los suyos; por lo tanto no la juzgue.

Cuando se le pregunta «¿Por qué?», ella realmente no lo sabe, simplemente tuvo un mal día y «solo necesita hablar». Como esposo, debe darse cuenta de que su esposa necesita procesar sus sentimientos: comprender exactamente cómo se siente. Y al hablar con usted, se le clarifican las cosas; entonces se siente mejor y se siente comprendida.

La comprensión requiere de tiempo programado

Sarah y yo llegamos a un punto de nuestro matrimonio en el que nuestros hijos eran pequeños y las demandas del día eran muy pesadas para ambos. Entonces, después de la cena, le decíamos a nuestro hijo mayor que cuidara a los otros dos, y nosotros nos encerrábamos en nuestra habitación. Este período de quince minutos era el tiempo de mamá y papá, y la regla era: «No interrumpir hasta que terminemos».

Lo mejor de estos quince minutos después de la cena era su impredecibilidad. Sarah sabía que este sería su tiempo para hablar conmigo, para compartir sus sentimientos. En otra etapa de nuestro matrimonio experimentamos cierta tensión, porque Sarah siempre me veía cuando yo salía o llegaba. Ella quería algo más que momentos de transición para contarme todo lo que sentía, de manera que establecimos una noche de cita. La tensión desapareció, porque ahora Sarah tenía un tiempo programado conmigo: los jueves a la noche.

Entonces ella reservaba todo lo que había en su mente y en su corazón para ese momento. Ella literalmente hacía listas, y después de ir a cenar a algún lado, las recorría punto por punto, y hablábamos.

Quizás haya algunos esposos que se pregunten: «Muy bien, usted y Sarah hablan, *¿de qué?*». Si tiene una esposa típica, usted no necesita dirigir la conversación, solo asegúrese de escuchar. No piense en el compromiso que tiene mañana o en que debe llevar el auto al mecánico, etc. Y de vez en cuando repita lo que ella esté diciendo. Por ejemplo: «Eso es interesante. Lo que creo que quieres decir...». De esta manera, ella sabrá que usted la está escuchando y que le interesa lo que le está diciendo.

Hay muchas maneras de hacerle saber a su esposa que usted está tratando de entenderla y aquello que enfrenta cada día como centro emocional de su hogar. En cada oportunidad que tenga, exprésele su aprecio por todo lo que hace. Hemos oído de un esposo que le dio una tarjeta especial a su esposa, agradeciéndole por cada humilde tarea que realizaba en el hogar: desde lavar la ropa hasta cocinar, desde llevar a los niños a la escuela con sus almuerzos preparados hasta ayudarlos con sus tareas. Había una lista de quince cosas. La esposa se quedó tan emocionada por esta tarjeta que dijo: «Voy a poner esto en mi Biblia y lo voy a leer seguido».

Como esposo comprensivo, siempre aproveche «bien el tiempo» (Efesios 5.16).

Esa esposa se sintió comprendida, al menos en parte. No obstante, tenga presente que la necesidad que una mujer tiene de sentirse comprendida es insaciable. Eso requerirá esfuerzo constante de su parte, y aunque nunca logre hacerlo a la perfección, cada esfuerzo que usted haga le dirá: «Te amo».

La carta de este esposo lo resume de manera muy bella:

Uno de mis objetivos siempre ha sido darle a mi esposa un ambiente seguro en el que pueda ser libre para ser la persona que Dios quiso que fuera, y espero que eso esté sucediendo. Ahora se siente libre para identificarse como alguien que tan solo dos años atrás «no era feliz», pero lo ha dejado atrás.

Espero estar comprendiéndola mejor y siendo un mejor amigo para ella. Cada semana enfrentamos muchos desafíos al tener que criar a cuatro hijos, pero somos un equipo, y siento que estamos trabajando juntos en todo esto, con la ayuda y la presencia activas de Dios.

Su esposa siente que usted trata de comprenderla...

- cuando escucha y puede repetir lo que ella dijo.
- cuando no intenta «solucionarle sus problemas» a menos que ella le pida específicamente una solución.
- cuando trata de identificar sus sentimientos.
- cuando nunca descarta sus sentimientos, por muy ilógicos que le parezcan para usted.
- cuando dice: «Aprecio que compartas eso conmigo».
- cuando no la interrumpe mientras está tratando de decirle cómo se siente.
- cuando usted se disculpa y admite que se equivocó.
- cuando le alivia un poco el trabajo durante su ciclo menstrual.
- cuando ve que falta hacer algo y lo hace sin mucha complicación.
- cuando expresa su aprecio por todo lo que ella hace: «Cariño, yo nunca podría hacer tu trabajo».
- cuando ora con ella y por ella.

Capítulo 12

Reconciliación: ella desea oírle decir «lo siento»

Cuando hice mi carrera de posgrado, me inscribí en una clase que incluía mucho debate sobre marcos conceptuales para ciertas ideas. Solo habíamos dos o tres hombres en la clase; el resto eran mujeres, y todas ellas feministas. Un día surgió para discusión la palabra *conectividad*. Observé que a las mujeres literalmente se les iluminó el rostro, y una ola de energía recorrió el salón de clases. Les dirigí una pregunta a las damas: «¿Para ustedes qué significa conectividad?». Hicieron una pausa, discutieron entre ellas en voz baja y después dijeron cosas como: «Bueno, es conectarse..., ser uno..., ser almas gemelas».

Eso estaba bien para comenzar, pero yo quería saber más. «¿Podrían darme una definición de trabajo al respecto? Después de todo, todos estamos trabajando en posgrados aquí. Necesitamos poder discutir y definir esto en términos específicos».

Ninguna de las mujeres pudo hacerlo. Reconocieron: «No podemos. Sencillamente sabemos cuando está presente y cuando no».

—Entiendo —les dije. Desde luego que no comprendía, pero teníamos que pasar al siguiente concepto.

Nunca olvidé ese debate, y continué trabajando para definir *conectividad* al mismo tiempo que entraba al pastorado y especialmente cuando empecé a aconsejar a matrimonios. Con el tiempo llegué a comprender mucho mejor el concepto de conectividad al crear el acrónimo P-A-R-E-J-A. Como ya hemos visto en estos capítulos, la conectividad tiene muchas facetas. Ya hemos visto la proximidad, la franqueza y la comprensión. Obviamente, todas tienen que ver con el grado de conexión que siente la esposa con su marido.

Hay un cuarto aspecto de la conectividad que necesitamos examinar detenidamente: la Reconciliación. En cierto modo podría ser lo más importante. Si hay un distanciamiento, un conflicto, incluso una sensación de tensión, usted y su esposa no están totalmente en paz, y por lo tanto, usted no se siente realmente conectado. Sin paz en su relación, ella no se siente cercana, no siente que usted sea abierto, y ciertamente piensa que usted no entiende. Todo esto se origina en la tensión o el distanciamiento que se ha producido entre ustedes.

> Si está enojado con su esposa, aunque sea «por un breve momento», ella se siente «triste de espíritu» y «abandonada», necesita la reconfirmación de que usted la ama (Isaías 54.5–8).

Junto con la investigación que los académicos realizaron sobre la conectividad, yo estudié las Escrituras y me encontré con una paradoja. Descubrí que Dios quiso que existiera algo de conflicto en un matrimonio (ver 1 Corintios 7.3–4); también las investigaciones seculares mostraban que los mejores matrimonios los tienen. Es casi como si necesitáramos cierto grado de conflicto para mantener la pasión. La secuencia parece ser que la pareja experimenta un malentendido, tiene una discusión sin importancia, un choque de alguna clase. Pero a medida que tratan de buscar una solución para salir del conflicto, profundizan la mutua comprensión y se valoran y se aprecian el uno al otro mucho más, a través del proceso de reconciliación que sigue el conflicto.

Obviamente, cuando saltan las chispas y una pareja tiene un conflicto serio o sin importancia, existe un riesgo, y pueden suceder dos cosas. Las chispas pueden causar un fuego controlable que calienta el hogar y hace las que las cosas sean más cálidas y cómodas; o pueden iniciar un incendio que queme la casa por completo. Todos los matrimonios deben darse cuenta de que las chispas van a estar allí. El asunto es: ¿cómo van a controlarlas?

Hablé con un esposo que me confesó haber intentado motivar a su esposa a que lo respetara, actuando de forma totalmente desamorada. Él se distanciaba de ella y enojado, cerraba su espíritu. No tenía en cuenta sus sentimientos. Sostenía sus argumentos para ganar y nunca se reconciliaba. En resumen, nunca hacía las paces con ella. Ante mí, reconoció: «Pensé que si hacía todo eso, ella comenzaría a respetarme un poco más». Entonces desesperado, apoyó la cabeza sobre el escritorio, y dijo: «Pero se divorció de mí. Hasta ahora no sabía por qué».

EL ESPOSO Y LA ESPOSA PUEDEN «RESOLVERLO»

Cuando tengan un conflicto, es probable que su esposa lo reconozca mucho más pronto que usted. Ella puede sentirse rechazada por usted en una[1] manera en que usted no se sentiría rechazado por ella (ver Isaías 54.6); como consecuencia, ella deseará resolver las cosas entre ustedes, y se le acercará para lograrlo. Cuando se pongan cabeza con cabeza para resolver el problema, llegarán a estar corazón a corazón. Esto es muy precioso para ella. Es algo muy poderoso para su esposa saber que ustedes dos están en paz.

No se niegue a hacer las paces, huyendo del conflicto con su cónyuge. Esta no es una señal de que usted tiene un mal matrimonio. De hecho, la Biblia dice que los que se casan «tendrán aflicción» (1 Corintios 7.28). ¿Qué clase de aflicción tenía en mente Pablo? En los comienzos del capítulo, establece un excelente principio para tratar el conflicto en el matrimonio: «El marido cumpla con la mujer el deber conyugal, y asimismo la mujer con el marido. La mujer no tiene potestad sobre su propio cuerpo, sino el marido; ni tampoco tiene el marido potestad sobre su propio cuerpo, sino la mujer» (1 Corintios 7.3–4).

En este pasaje, Pablo les está aconsejando a los matrimonios de la iglesia de Corinto. En el primer siglo era común que ciertos creyentes tuvieran la idea de que un buen cristiano se abstendría por completo del sexo, y al parecer eso estaba sucediendo en Corinto. Para corregir este error, Pablo alienta las relaciones sexuales entre esposo y esposa, porque esta es la forma de no caer en tentación ni en inmoralidad fuera del matrimonio (ver v. 5).

Sin embargo, parece un poco extraño que Pablo diga que la esposa no tiene autoridad sobre su propio cuerpo y su esposo sí; y que el esposo no tiene autoridad sobre su propio cuerpo pero su esposa sí la tiene. ¿A qué se refiere Pablo? Creo que está estableciendo uno de los mayores principios del Nuevo Testamento: experimentarán conflictos puesto que ustedes tienen necesidades equivalentes pero distintas. Pero pueden solucionar esto como pareja. El esposo no debería actuar en forma independiente de su esposa, y la esposa no debería actuar en forma independiente de su esposo. Esposo y esposa deberían actuar juntos, y pueden hacerlo.[2]

«Sométanse unos a otros, por reverencia a Cristo» (Efesios 5.21, NVI).

Es como si Dios hubiera dicho: «Voy a permitir que exista tensión en su matrimonio. Mi propósito es que la resuelvan, porque en la medida en que lo hagan, su relación se profundizará un poco más, y después otro poco, y continuarán avanzando por la vida solucionando sus conflictos: de aquí para allá, de aquí para allá».

«Mi esposa siempre se pone histórica»

Cuando hablé con un hombre acerca de su matrimonio, él me dijo que cada vez que él y su esposa tenían una pelea, ella se ponía «histórica». Para asegurarme de haberle entendido, le pregunté si en realidad no quería decir «histérica». Me dijo: «No, histórica. Empieza a sacar a relucir todas las cosas del pasado».

Muchas esposas se especializan en ponerse históricas. Es por ello que a un marido no le hace muy bien terminar un conflicto diciendo: «Solo olvidémoslo». Esa no es la forma en que ella piensa, y no lo olvidará. Quizás deje el asunto por el momento, pero a la larga comenzará a «practicar historia» con su esposo otra vez.

Casi todos los maridos con los que he hablado comparten historias como esta acerca de la capacidad, al parecer ilimitada, de recordar quién dijo qué, dónde ocurrió, quién llevaba puesto qué, etc. Su esposa está constituida para ponerse histórica, traer a colación cosas que usted ha olvidado totalmente, hacer un «círculo completo» y resolverlas. Ella las saca a relucir para despejar el ambiente y sentir amor en la relación. Y usted, el desventurado esposo que ha quedado perplejo ante su memoria aparentemente sobrehumana, llegará al punto en que tendrá que aceptar que esta es su personalidad integrada en acción y que ella no puede «olvidarlo».

Cuando se pone histórica, ella está tratando de reconciliarse con usted. Quiere que usted sea franco con ella, y está intentando fomentar la comprensión y la paz entre ustedes. Desea estar segura de que usted no está enojado con ella, para así poder sentirse amada. No está intentando provocarlo, aunque así parezca cuando pronuncia su diatriba histórica. A los esposos puede resultarles difícil creer esto. El hombre que me contó que su esposa a menudo se ponía histórica, se mostró más que escéptico cuando traté de explicarle que ella solamente estaba intentando incrementar los sentimientos de amor entre ellos.

«De ninguna manera», dijo perplejo. Pero es cierto, porque esa es la forma en que funciona la mente de una mujer. Durante un conflicto, el enfoque de la mujer en cuanto a la forma de resolverlo es muy distinta a la del hombre. Como se mencionó en el capítulo 4, dos mujeres que sean buenas amigas pueden tener un desacuerdo serio, pero más tarde —quizás al día siguiente o tal vez al cabo de media hora— lo resolverán al expresar cada una su posición. Ellas pondrán todo sobre la mesa y finalmente se pedirán perdón. El problema es que la esposa típica va a su casa e intenta usar este mismo método para resolver el conflicto con su marido. Pero no funciona.

¿Por qué? Porque el típico varón resuelve el conflicto sin mucho discutir, compartir sentimientos ni disculpas.

Algunos hombres quizás se pidan disculpas unos a otros, pero por regla general, dan por supuesto que «sencillamente lo olvidarán», y lo olvidan. Entonces, cuando la esposa se acerca a su esposo para intentar resolver un conflicto, compartiéndole sus sentimientos y haciendo «un círculo completo» para llegar a la resolución, él lo evita. A mitad de círculo el esposo dice: «Dejémoslo. Olvidémoslo. Ya pasó». Pero el problema con eso es que ella no le creerá. En su mente ella sabe que eso no pasó. Sabe que volverá a mencionárselo, porque aún sigue presente para ella. Está tan dominada por el impulso de amar que le resulta difícil creer que su esposo pueda procesarlo de manera diferente a como ella lo hace.

Esto es lo que sucede. Cuando usted detiene una discusión y dice: «Solo olvídalo», es probable que su esposa piense que usted está secretamente enojado con ella y que en realidad el asunto no está resuelto. Sin resolución alguna, a ella le resultará muy difícil ser feliz. Esta carta capta la frustración que una esposa puede tener:

> Por dentro sigo muriéndome, porque ignoro cómo dejar que el Señor restaure esta relación. En más de una ocasión, mi esposo me ha dicho que el amor que sentimos el uno por el otro es algo inusual. La mayoría de la gente no conoce la intimidad que tenemos a veces. Pero los patrones de conflictos [...] y el hecho de nunca sentirme realmente reconciliada me están afectando profundamente.

Para todo esposo que desee que surjan cada vez menos conflictos, el camino hacia la paz es sencillo. Él solamente debe aprender a decir: «Cariño, lo siento. ¿Me perdonas? No quise hacer eso». Haga esto, aunque en su mente la mayor parte de la culpa o la responsabilidad sea de ella. El porcentaje de culpa no es el problema. Como siempre, el verdadero problema tiene que ver con el amor y el respeto.

POR QUÉ AL HOMBRE LE RESULTA DIFÍCIL DECIR «LO SIENTO»

Como esposo, quiero compartirles a los demás esposos que entiendo por qué es tan difícil decir: «Lo siento». Cuando una mujer dice: «Lo siento», para ella esto aumenta el amor. Pero cuando un hombre dice: «Lo siento», él teme perder el respeto. Esto sucede en especial cuando dice «lo siento» por algo, y después su esposa vuelve a mencionar el tema, porque no está convencida de que él lo haya dicho en serio. Ella solamente piensa que el asunto no está resuelto y que debe ser discutido un poco más; pero él cree que ella acaba de violar su código de honor.

Sin embargo, resulta muy fácil acusar al hombre de ser «orgulloso». No estoy diciendo que no haya un elemento de orgullo implicado aquí. Pero entremezclado con el orgullo masculino se encuentra un arraigado sentido de honor y de desear respeto. Quiero decirles a todos los esposos que yo he estado ahí. He tenido que esforzarme y decirle a Sarah: «Lo siento. Me equivoqué». Y cuando finalmente la convenzo de que lo digo en serio, eso sana su espíritu. Esas simples palabras le devuelven la paz.

Una esposa puede estar extremadamente ofendida, pero si un esposo se disculpa humildemente por lo que hizo, ella se derrite. Creo que no hay muchos hombres que capten esto. Una esposa me escribió acerca de una pelea que tuvo con su marido temprano en la tarde. Fue una tontería. De hecho, en un momento habían hablado de besarse y acabaron peleando. Ella se fue a la cama, y él llegó después:

> *«En fin, vivan en armonía los unos con los otros; compartan penas y alegrías, practiquen el amor fraternal, sean compasivos y humildes»* (1 Pedro 3.8, NVI).

«Me recosté allí durante un rato, y luego de pronto dijo (mirando hacia la pared): "Lo siento, y si quieres ese beso, puedes tenerlo". Y me enamoré de él nuevamente. No hace falta decir que ya no nos estábamos peleando».

Como esposo, oiga el lenguaje de esta mujer: «Me enamoré de él nuevamente». Una esposa tiene una amplia gama de emociones, de altibajos. Usted puede energizarla para conducirla al punto culminante del espectro, haciendo exactamente lo mismo que hizo este esposo.

Un breve curso de reconciliación

¿Aún no está seguro de cómo hacer las paces con su esposa? A continuación encontrara buenas técnicas y principios que guardan correlación con las Escrituras.

En primer lugar, tenga absoluta confianza en el poder de su conducta amorosa. Si parafraseáramos Proverbios 15.1, quedaría así:

«Una respuesta dulce y amorosa quita la ira, especialmente la de su esposa». Cuando muestra una conducta amorosa durante un conflicto de cualquier clase, probablemente tocará la parte más profunda del corazón de ella. La actitud amorosa que usted le muestre produce algo dentro de su corazón como mujer. Dios la hizo de esta manera. Lo esencial es que ella le corresponderá. Un esposo no puede superar a una esposa benevolente. Pero cuando usted «ceda», esté seguro de que lo dice en serio. Si su esposa detecta insinceridad de su parte, es probable que dé otra vuelta en el Ciclo Alienante (ver pág. 1).

«Si es posible, en cuanto dependa de vosotros, estad en paz con todos los hombres» (Romanos 12.18).

De acuerdo, un esposo puede preguntarse: «¿Qué sucede si yo sigo amando y sigo dando, y aun así no me siento respetado? ¿Qué debería hacer?». En este momento se ha ganado el derecho a decir: «Busco ceder ante ti y ser amoroso, pero no me siento respetado. ¿Qué es lo que te estoy diciendo que parezca ser desamorado?». Las mujeres benevolentes tienden a responder a los pedidos razonables, amorosos y honestos, y buscarán la forma de ser deferentes. Si su esposa no lo «capta» la primera vez, es muy probable que lo capte la segunda.

En segundo lugar, usted logrará la paz con ella cuando no la culpe sino que confiese su parte de culpa (ver Santiago 5.16). Ya lo he dicho antes, pero lo repito para enfatizar su importancia: admita cuando se ha equivocado y pida disculpas, diciendo: «Lo siento». Esto es un gran estímulo para una mujer, pero el estímulo sería aun mayor si agrega: «Creo que realmente comprendo tus sentimientos y por qué reaccionas como lo haces. ¿Me perdonas?».

Una cosa más respecto del perdón: su motivación jamás debería ser confesar para que ella admita que también estaba equivocada, pero a menudo eso es exactamente lo que sucede. Las mujeres están formadas para la «igualdad». Por ejemplo, a ella no le gusta sentirse inferior ni estar en un error, pero tampoco desea que usted se sienta inferior ni esté en un error.

Después de que usted confiese, mi predicción es que ella le dirá inmediatamente: «Tú no tienes toda la culpa. En realidad, yo también me equivoqué. De hecho, quizás yo tengo mayor responsabilidad por lo que sucedió. Siento haber hecho lo que hice. ¿Me perdonas?». Ella se encontrará con usted a la mitad de camino casi todas las ocasiones. Esto es hacer las paces en el mundo de una mujer.

Algunos hombres piensan: *¿por qué molestarme con todo ese asunto de «lo siento»? Solo son palabras.* Usted debe entender que las palabras tienen mucho poder para su esposa. Recuerde que aunque ella no lo piense conscientemente, usted es la figura de Cristo para ella. Dios ha inculcado eso en ella. Si usted expresa palabras sinceras de disculpa, perdón y amor, ella confiará en esas palabras y confiará en usted. Puede sanar todo el asunto y estarán unidos, en un sentido, como almas gemelas, «no son ya más dos, sino una sola carne» (Mateo 19.6). Ambos experimentarán la armonía y la conectividad que Dios planeó para el matrimonio.[3] (Ver también los apéndices A y B.)

> *«Humíllense, pues, bajo la poderosa mano de Dios, para que él los exalte a su debido tiempo» (1 Pedro 5.6).*

Hacer las paces puede ser difícil, pero siempre vale la pena. Resulta irónico que tantos hombres ejerciten los músculos en la sala de pesas, tratando de lograr parecerse a Míster Universo, porque piensan que las mujeres se excitan al ver un cuerpo musculoso de la misma forma en que los hombres se excitan cuando ven a una mujer en bikini. Pero las cosas no funcionan de esa manera. Lo que en realidad la excita es la personalidad. Por extraño que parezca, una de las cosas que realmente la estimula es que le diga con genuina humildad: «Lo siento. Por favor perdóname». Esto impacta su espíritu de tal manera que quizás quiera tomarlo de la mano y llevarlo al dormitorio. Ahora parece que vale bastante la pena cualquier posible pérdida del respeto. No estoy diciendo que dé resultado para todos los maridos, pero he sabido que a muchos les dio resultado. Después de una de las sesiones de nuestra conferencia sobre matrimonio, un hombre se me acercó y me dijo: «Usted sabe, decir eso de "Lo siento" realmente funciona. ¡Esta semana he dicho "Lo siento" ochenta y cuatro veces!».

Su esposa se sentirá en paz con usted...

- cuando le permita desahogar sus frustraciones y su dolor, sin que usted se enoje ni se encierre en sí mismo.
- cuando usted admita que se ha equivocado y pida disculpas diciendo: «Lo siento. ¿Me perdonas?».
- cuando entienda su deseo natural de superar un conflicto, de llegar al acuerdo mutuo y de deferir, y se encuentre con ella a la mitad de camino.
- cuando usted trate de mantener la relación «al día», resuelva lo que había quedado pendiente y nunca diga: «Olvídalo».
- cuando le perdone cualquier error que ella confiese.
- cuando no alberga amargura y siempre le reafirme su amor.
- cuando ore con ella después de un momento que le causó dolor.

CAPÍTULO 13

LEALTAD: ELLA NECESITA SABER QUE USTED ESTÁ COMPROMETIDO

Ocurre en casi todos los matrimonios. Deseando tener la seguridad de su amor, ella pregunta: «¿Cuánto me amas? ¿Me amarás cuando sea vieja y canosa? ¿Y si quedo inválida? ¿Y si padeciera Alzheimer?».

Ante esta pregunta hay dos caminos posibles para el hombre. El camino equivocado conduce directamente al Ciclo Alienante, y abarca un poco de diversión a expensas de su esposa. Por supuesto, usted solo está bromeando, y dice: «¿Qué pasa? ¿Tienes miedo de que te cambie por un nuevo modelo? No seas tonta. Tengo intenciones de tenerte cerca de mí... al menos durante un tiempo».

Una esposa sabrá que el esposo solamente está bromeando cuando dice cosas como esta; pero de todas formas, este ciervo grandote y tonto está pisando su manguera de oxígeno. Cuando ella pregunta: «¿Me amas?», no está pidiendo información, está pidiendo reafirmación.

A una mujer siempre le gusta oír a su esposo exclamar: «Oh amiga mía, hermosa mía» (Cantares 2.10).

La respuesta más acertada y sabia a su pregunta es: «Por supuesto que te amo, y vamos a envejecer y a encanecer juntos». Entonces ella quizás pregunte: «¿Por qué?», o «¿Qué es lo que amas de mí?». Ella quiere sacarle esas palabras, porque la energiza la seguridad de su amor.

Una esposa *debe* tener esa seguridad. Como escribe una esposa:

> Tenemos una amistad y un matrimonio maravillosos, pero nos metemos en el Ciclo Alienante en nuestra agitada vida, y la información que recibimos en su conferencia nos ha dado una nueva comprensión uno del otro. Le he estado intentando explicar las veces cuando me sentía «emocionalmente desconectada» de él. Por fin entendió [...] Ahora podemos hablar, y cuando le digo que me siento desconectada, él dice: «Lo siento y no quiero que te sientas así». Salimos de la conferencia con una sensación de confianza, sabiendo que ambos tenemos un compromiso con el Señor primero [y luego el uno con el otro]. Nos sentimos muy dichosos y bendecidos [...] Supongo que siento que tengo una relación renovada con mi marido.

ELLA ES MUJER DE UN SOLO HOMBRE, Y ÉL ES...

Su esposa sabe que es mujer de un solo hombre, que está comprometida con usted, pero tal vez a veces se pregunte si usted es hombre de una sola mujer. Es perfectamente natural que una esposa piense esto, especialmente si ve que su esposo es atraído por alguna bella mujer que ve en la calle o en la televisión. Ella lo toma como una posibilidad de que él pueda serle infiel. Para ser sinceros, ella se siente insegura en esta área y necesita reafirmación, no bromas ni tomaduras de pelo.

Toda esposa desea que su esposo sea «esposo de una sola mujer» (Tito 1.6, NVI).

Observemos la otra cara de la moneda. Supongamos que su esposa llega a casa y le dice: «¿Sabes que Dave Smith, que vive calle abajo, acaba de recibir su tercer ascenso? Bueno, mi amiga querida, Marge, trabaja en su oficina y dice que la gente se detiene en su escritorio para pedirle consejo. Lo cierto es que es un hombre hecho y derecho. Tú sabes, corre maratones, y levanta pesas en el gimnasio. Está ganando mucho dinero y gasta mucho en su esposa e hijos. ¿Cuándo vas a empezar a hacer gimnasia para deshacerte de esa panza? ¿Y cuándo te ven a dar tu próximo ascenso? Seguro nos vendría bien un poco más de dinero por aquí».

Sin duda estas palabras son más que exageradas, pero usted entiende la idea. Si su esposa le dijera algo como eso, ciertamente no lo haría sentir bien. En realidad, según como hayan sido su día o su semana, podría resultarle devastador.

EL MUNDO ESTÁ OBSESIONADO POR UN TRAJE DE BAÑO

¿Ha pensado alguna vez lo difícil que es para una esposa el mundo de hoy, loco por el sexo, plagado de pornografía y obsesionado por el traje de baño? La forma que ella tiene de mirar el mundo a través de sus gafas rosas es muy diferente de la manera en que usted lo mira a través de sus gafas azules. Por eso Job tuvo la idea correcta: «Yo había convenido con mis ojos no mirar con lujuria a ninguna mujer» (Job 31.1, NVI). Job reconoció que era «la ruina para los malvados y el desastre para los malhechores» (Job 31.3, NVI). Job entendía el impacto de sus acciones, no solamente en su vida espiritual, sino también en la relación con su esposa.

La frase «Bebe el agua de tu propio pozo» (Proverbios 5.15, NVI), significa que usted debe serle fiel a su propia esposa.

Todos los esposos pueden aprender de Job en este aspecto. Cuando una mujer percibe que su marido ha hecho un pacto con Dios y que está intentando hacer que Jesucristo sea el Señor de su vida en todas las áreas, incluyendo su matrimonio, ella se siente más segura. Cuando está segura del amor y la lealtad de su esposo, ella se siente energizada y motivada. Esta es la forma en que Dios la hizo, y es por ello que el pacto matrimonial se basa sobre la lealtad, hasta que la muerte los separe.

Su esposa siente muy profundamente lo que expresó el amado en Cantar de los Cantares: «Grábame como un sello sobre tu corazón; llévame como una marca sobre tu brazo» (Cantares. 8.6, NVI).

La costumbre de entregarse mutuamente un anillo en la ceremonia de matrimonio capta la idea que está detrás de este versículo. Y, ¡oh, qué simbolismo tiene ese anillo para la mujer! Ese anillo le dice que es amada y que ya no estará más sola. Hay una persona en el mundo que le será leal para toda la vida, no «hasta que el divorcio los separe».

Muchos hombres no usan la alianza por el tipo de trabajo que realizan, o cuando se dedican al deporte, o porque han engordado unos cuantos kilos con el paso de los años y ya no les entra. Pero una alianza que queda chica se puede agrandar, o puede comprarse otra por unos cuantos dólares. Los anillos no cuestan tanto, y aunque se lo tenga que sacar de vez en cuando mientras trabaja o juega un partido, siempre puede deslizarlo nuevamente en su dedo. Una alianza es un signo de lealtad. Ningún esposo debería salir de casa sin ella.

Y si se asegura de llevar siempre puesta su alianza, también asegúrese de no mencionar jamás la palabra «D», ni siquiera en broma. La palabra *divorcio* hace que su esposa no se sienta segura, no importa cuál sea el contexto.

¿Por qué empezar a deslizarse nuevamente hacia el Ciclo Alienante? Haga todo lo que esté a su alcance para que su esposa sepa que usted está comprometido con ella para todo el tiempo que tengan de vida.

¿Es todo lo leal que podría ser?

«No traicionen a la esposa de su juventud. "Yo aborrezco el divorcio" —dice el Señor, Dios de Israel» (Malaquías 2.15–16, NVI).

Malaquías 2.14–15 es un útil recordatorio de lo que Dios siente respecto de la lealtad matrimonial. En este pasaje, el profeta confronta a los israelitas por romper los lazos matrimoniales con ligereza. El nivel de divorcio era desenfrenado, y es por ello que Malaquías dijo: «Jehová ha atestiguado entre ti y la mujer de tu juventud, contra la cual has sido desleal, siendo ella tu compañera, y la mujer de tu pacto [...] Guardaos, pues, en vuestro espíritu, y no seáis desleales para con la mujer de vuestra juventud».

A estas alturas quizás esté diciendo: «Emerson, ¿no está exagerando un poquito las cosas? Tal vez necesite algo de ayuda para ser tan amoroso como debería, pero no he "sido desleal con ella"».

No estoy diciendo que usted o ningún otro esposo benevolente esté siendo desleal con su esposa. Sin embargo, este pasaje de Malaquías es un buen recordatorio para realizar una autoevaluación. ¿Qué está sucediendo en su espíritu? ¿Qué siente por su esposa? ¿Está siendo franco y comprensivo? ¿Es todo lo leal que podría ser con ella?

No es casualidad que las primeras palabras que usa Malaquías al comienzo del versículo 16 sean: «"Yo aborrezco el divorcio"—dice el SEÑOR, Dios de Israel». Malaquías está describiendo una situación que se inició con el Ciclo Alienante. Los israelitas no conocían ese término, pero estaban en el Ciclo Alienante. Por eso lo insto a permanecer abierto y en el Ciclo Energizante (ver pág. 111) para evitar toda la alienación que sea posible. Recuerde: sin amor, ella reacciona. Y una gran parte de ser amoroso es ser leal en todos los aspectos.

ROBERTSON MCQUILKIN GUARDÓ SU PROMESA

Uno de los mejores ejemplos que encontré de un esposo leal es la historia de Robertson McQuilkin, quien dejó su puesto de presidente del Columbia Bible College and Seminary[1] (Seminario Bíblico Columbia), después de veintidós años, porque su esposa había adquirido la enfermedad de Alzheimer. La enfermedad había avanzado hasta el punto en que su esposa simplemente no podía soportar que él estuviera ausente, aunque fuera por unas pocas horas. Ella en realidad pensaba que estaba «perdido» y salía a buscarlo después que él se iba a trabajar.

«Son muchos los que proclaman su lealtad, ¿pero quién puede hallar a alguien digno de confianza?» (Proverbios 20.6, NVI).

Para el señor McQuilkin resultaba claro que su esposa ahora lo necesitaba a tiempo completo. Fue una decisión difícil, pero en cierta forma le resultó sencilla. Él dijo: «En cierta manera, esta decisión la tomé cuarenta y dos años atrás cuando prometí cuidar a Muriel en la salud y en la enfermedad "hasta que la muerte nos separara"».[2]

McQuilkin continuó diciendo que quería ser hombre de palabra, y que también quería ser justo. Su esposa había cuidado de él con sacrificio durante todos esos cuarenta y dos años, y si él la cuidaba durante los próximos cuarenta y dos, aún no habría saldado su deuda con ella.

Para McQuilkin esta sencilla decisión era su única opción, pero había algo más que cumplir una promesa y ser justo. «Mientras observo su valeroso descenso hacia el olvido, Muriel es el gozo de mi vida —dijo—. Diariamente discierno nuevas manifestaciones de la clase de persona que es, la esposa que siempre he amado».[3]

McQuilkin escribió un libro en el que cuenta su experiencia, *A Promise Kept* [Una promesa cumplida], y en este menciona lo asombrado que estaba por la reacción ante su renuncia como presidente de Columbia Bible College and Seminary para cuidar de su esposa. Esposos y esposas renovaron sus votos matrimoniales. Pastores contaban su historia en sus sermones. Todo le resultó un misterio, hasta que un reconocido oncólogo que constantemente trataba con pacientes moribundos, le dijo: «Casi todas las mujeres permanecen al lado de su hombre; muy pocos hombres permanecen al lado de su mujer».

> *«Tengan todos en alta estima el matrimonio y la fidelidad conyugal»* (Hebreos 13.4, NVI).

POR QUÉ USTED DEBERÍA SER ESPECIALMENTE BUENO CON SUS HIJAS

El hecho de que todas las mujeres permanezcan al lado de su hombre y muy pocos hombres permanezcan al lado de su mujer es obviamente una generalización. Siempre hay excepciones, y Robertson McQuilkin es un ejemplo increíble. Pero el razonamiento que está detrás de esta regla general es que las mujeres son por naturaleza más cuidadoras que los hombres. Hay un viejo dicho: «Sea bueno con sus hijos, pero especialmente con sus hijas».

¿Por qué? Porque si se queda viudo o se enferma en su vejez, es su hija quien hará todo lo que esté a su alcance para convencer a su propio esposo de mudarse al área donde usted vive, para así estar más cerca y poder cuidarlo. Esta clase de lealtad es parte del espíritu de una mujer.

Cuando su esposa se siente un poco insegura y se le acerca con preguntas sobre cuánto la ama o por qué la ama, o si alguna vez la dejará, usted puede pensar que es alguna clase de trampa. Tal vez crea que su esposa lo hace para condenarlo y mostrarle falta de respeto si usted vacila al responder. Pero de ningún modo es así. Ella se le acerca de esa manera, porque le es leal a usted y necesita reasegurarse de su lealtad hacia ella.

Quizás haya oído este viejo chiste. Un grupo de hombres estaban jugando al golf un día y cuatro de ellos estaban en el punto de partida dieciocho, listos para dar el primer golpe. En ese preciso momento pasó una procesión fúnebre, y uno de los hombres se puso de pie, se quitó la gorra y la colocó sobre su pecho. Sus compañeros de juego se quedaron atónitos. Alguien dijo: «Nunca hemos visto a nadie listo para dar el primer golpe, detenerse para poner su gorra sobre el pecho para honrar un cortejo fúnebre. Eso es asombroso».

El hombre respondió: «Sí, fue una gran mujer. Estuvimos casados durante cuarenta y tres años».

¿Jugar golf o asistir al funeral de su esposa? Absurdo, por supuesto, y quizás gracioso para un grupo de hombres. Pero le garantizo que su esposa no pensará que esta broma sea más graciosa que la broma de «cambiarla por un modelo más nuevo». Ella no está hecha para apreciar esa clase de humor. Está constituida de tal manera que aprecia la lealtad y el compromiso. Hacer que se sienta segura de eso los mantendrá a ambos dentro del Ciclo Energizante.

SU ESPOSA SE SIENTE SEGURA DE SU LEALTAD...

- cuando habla bien de ella delante de otras personas.
- cuando se involucra en cosas que son importantes para ella.
- cuando la ayuda a tomar decisiones, como aquellas que tienen que ver con los niños.
- cuando no la corrige delante de los niños.
- cuando no mira con lujuria a otras mujeres.

- cuando hace de ella y de su matrimonio una prioridad.
- si nunca la critica a ella o a los niños delante de otros.
- si la incluye en reuniones sociales, cuando tal vez otros dejan a sus esposas en casa.
- cuando les dice a los niños: «¡No hables a tu madre de esa manera!».
- si la llama y le informa acerca de sus planes.
- cuando cumple los compromisos.
- si habla positivamente de ella y los niños en todo momento.

Capítulo 14

Estima: ella necesita saber que usted la honra y la valora

A través de los años, muchos hombres se han acercado y me han dicho: «Sabe, pastor, mi vida de oración no es como debería ser».

Yo les respondo: «¿Cómo está tratando a su esposa?».

—No, no —el esposo se apresura a explicar—. Mi vida de oración no es como debería ser.

—¿Cómo está tratando a su esposa?

—No, no, pastor, estoy diciendo mi vida de oración; no estoy hablando de mi esposa.

Yo sonrío y digo: «Yo *sí* estoy hablando de su esposa».

En la parte I hablamos acerca de las razones bíblicas por las que los esposos deben valorar a su esposa como igual. El pasaje más importante que consideramos fue 1 Pedro 3.7, que dice que los maridos deben vivir sabiamente con sus esposas, «... dando honor a la mujer como a vaso más frágil, y como a coherederas de la gracia de la vida». Tejida en 1 Pedro 3.7 hay una frase más a la cual deben prestar atención los maridos. Pedro agrega que la razón por la que los esposos deben tratar a sus esposas sabiamente, como coherederas en Cristo, es para que «vuestras oraciones no tengan estorbo». Es por ello que a los hombres que venían a mí por consejo, les decía que si el cielo parecía hacer silencio ante sus oraciones, quizás era que no estaban honrando a su esposa como Dios deseaba.

Estos hombres estaban seguros de estar haciendo todas las cosas correctas, de estar caminando en integridad y sirviendo al Señor, pero cuando oraban, los cielos parecían de bronce. Entonces se preguntaban: «¿Dios, por qué no me estás oyendo?». Y cuando investigábamos un poco más profundamente, a menudo veíamos que la respuesta para estos hombres era que no estaban viviendo sabiamente con su esposa, mostrándoles honra y estima. Tan pronto como estos hombres empezaron a obedecer las Escrituras, su vida de oración mejoró.

> *«Los ojos del Señor están sobre los justos, y sus oídos, atentos a sus oraciones»*
> *(Salmo 34.15, NVI).*

Los principios de P-A-R-E-J-A están conectados

En un sentido muy real, el acrónimo P-A-R-E-J-A es un comentario sobre la mejor manera de mostrarle respeto a su esposa. La mejor forma de respetar u honrar a una esposa es a través de Intimidad, la Apertura, la Comprensión, la Reconciliación, la Lealtad y la Estima. Una esposa que es estimada no cantará el estribillo de Aretha Franklin: «R-E-S-P-E-T-O». Las Escrituras hablan de cómo es que un hombre debería estimar y cuidar a su amada. «¡Qué hermosa eres, y cuán suave, oh amor deleitoso!» (Cantares 7.6). Un esposo debe ser alguien que «cuida» a su esposa (Efesios 5.29).

En el conocido pasaje de Proverbios 31, los versículos 28 y 29 dicen: «Sus hijos se levantan y la felicitan; también su esposo la alaba: "Muchas mujeres han realizado proezas, pero tú las superas a todas"» (NVI).

Dios hizo a las mujeres para que deseen ser estimadas, honradas y respetadas. La manera de honrar a su esposa, como también de honrar su pacto con Dios, es valorarla. Cuando digo que su esposa desea «honra» (respeto), es una clase de honra distinta a la que usted busca como hombre. Para ella, el respeto es una parte del amor. Es probable que la única vez que la oiga decir «¡Tú no me respetas!» será cuando no tenga en cuenta su opinión. En realidad, sus palabras exactas podrían ser: «¡Sé que no me amas, porque ni siquiera me respetas!».

Para su esposa, el respeto, la honra y la estima no son cualidades en sí mismas ni por sí mismas; son componentes del amor que desea de usted. Para decirlo en otros términos, el amor tiene muchas partes, y aquí estamos examinando seis de ellas con el acrónimo P-A-R-E-J-A. A partir del capítulo 15, hablaremos de cómo le deletrea una esposa respeto a su esposo con el acrónimo S-I-L-L-A-S. Hay algo en su naturaleza que se siente llamado a «presidir» la relación. Él no percibe esto en el sentido de «ser superior». Simplemente se siente responsable de protegerla y de morir por ella. Dios creó a los esposos de esta forma, y ellos sienten esta responsabilidad igualmente.

La perspectiva bíblica es que la esposa no se siente llamada a morir por su esposo tal como él se siente llamado a morir por ella. En Efesios 5, el esposo es la figura de Cristo; Cristo murió por la iglesia. La esposa es figura de la iglesia, y su esposo ha de morir por ella. Su esposa no quiere presidir la relación, pero sí quiere ser la primera en importancia para usted. A esto se refiere Pedro cuando dice «dando honor» (1 Pedro 3.7). Su esposa quiere saber que ella está *antes que todo* en su mente y en su corazón. Esto es lo que quiero decir con «estima»; cuando está presente, su esposa se sentirá valorada como si fuera la mujer más amada de toda la tierra. Asimismo, deseará respetarlo de manera similar a como la iglesia reverencia a Cristo. Recuerde que el amor de usted motiva el respeto de ella, ¡y el respeto de ella motiva el amor de usted!

NUESTROS HIJOS LE HACÍAN SENTIR A SARAH QUE ERA UN FRACASO

En muchas ocasiones, mientras nuestros hijos estaban creciendo, Sarah se sentía desanimada en su papel de madre. Cuando los niños se metían en problemas, causaban problemas o eran el problema, como los niños suelen ser, ella se sentía inadecuada, y eso la conducía a menospreciarse a sí misma. Ella decía: «Me siento un fracaso». Cuando nuestros niños eran muy pequeños, yo solía ignorar las quejas de Sarah, minimizándolas como «de poca importancia».

Pero cuando nuestros hijos entraron en sus años de adolescencia, comencé a entender lo que Sarah quería cuando venía a decirme que se sentía un fracaso o que no era «buena» como madre. Ella quería estar segura de que yo creía en ella y en su forma de proceder en su papel de madre. Quería saber si yo confiaba en las decisiones que ella tomaba o si cuestionaba las que ya había tomado. Yo le decía continuamente que valoraba sus esfuerzos y su compromiso, y que la tenía en mucha estima a ella y al papel que jugaba en mi vida, así como en la de los niños. Sabía que yo nunca podría hacer su trabajo, y se lo decía a menudo.

La Conexión entre Amor y Respeto puede ayudarlo a tener una relación matrimonial placentera, saludable y significativa. Sin embargo, la vida nunca será totalmente perfecta. Cuando Adán y Eva cayeron en el jardín del Edén, el pecado pasó a ser el problema universal para todos nosotros (Génesis 3; Romanos 5.12–20). Surgirán conflictos, problemas y tensiones, y usted debe estar preparado para afrontarlos. Como esposo, usted liga su autoimagen a lo que usted es en el campo; esto es, en el trabajo, en logros, en conquistas (ver capítulo 16). Su esposa, en cambio, liga su autoimagen a lo que ella es en la familia. Sí, es verdad que hoy muchas mujeres tienen carreras y posiciones importantes fuera del hogar, pero una mujer que era vicepresidenta de una importante compañía aérea lo expresó muy bien: «Al final del día, lo único que importa es saber que me ama y me valora. Eso es lo que quiero más que ninguna otra cosa».

Utilice símbolos para mostrarle estima a su esposa

Después de egresar de la escuela militar y entrar a Wheaton College, comencé a preguntarme: «¿Quiénes son estas personas llamadas mujeres?». Yo había estado apartado de ellas en la escuela militar desde los trece hasta los dieciocho. Tenía muchas preguntas que muchos muchachos de mi edad no se hacían. Recuerdo estar en el comedor con un grupo de amigos y preguntarles: «¿Por qué se le da una rosa a una chica después de una pelea?». Todos me miraron perplejos, y finalmente uno de ellos dijo: «No sé, solo da resultado. Pásame el pan». Pero yo no me di por vencido. Sabía que allí había un simbolismo que yo no comprendía. Darle rosas a un hombre habitualmente no hace que prorrumpa en llanto y pida un pañuelo.

Más tarde, después de conocer a Sarah, aprendí mucho más acerca del poder del simbolismo y de cómo este le transmite a una mujer que usted la valora y la ama. Nunca llegará a mostrarle toda la apertura emocional y la estima que ella realmente desea —ningún hombre podría—; pero las cosas simbólicas son de gran ayuda para salvar las distancias. Me refiero en particular a los aniversarios y los cumpleaños. Las mujeres valoran mucho estas ocasiones (recuerde mi magnífica metida de pata cuando me olvidé del cumpleaños de Sarah).

Las mujeres son las que tienen bebés, y esa es una razón por la que los cumpleaños significan mucho para ellas. Ella se pregunta durante nueve meses: «¿Cuándo llegará la fecha señalada?». El nacimiento es parte de la cultura de las mujeres. Solo ellas dan a luz.

«Llévame como una marca sobre tu brazo» (Cantares 8.6, NVI).

Como observó Jeremías: «Inquirid ahora, y mirad si el varón da a luz» (Jeremías 30.6). En la mente de una mujer, ¿quién podría olvidar un cumpleaños? Ella nunca lo haría.

De manera muy similar, la fecha de la boda queda grabada en el alma de una mujer. Desde que era niña, su esposa soñaba con el día de su boda cuando jugaba a disfrazarse y cantar: «¡Aquí llega la novia!». Aun hoy, su esposa les mostrará las fotos del casamiento a sus amigas. Hablarán acerca del vestido, del peinado que tenía entonces, etc. Sin embargo, los esposos nunca jugaban a disfrazarse con esmoquin. Los esposos no dicen: «Oye, Harry, déjame mostrarte lo que los muchachos tenían puesto para mi boda». Esta es una ilustración gráfica del rosa y el azul, y usted debería tenerlo presente. Para su esposa, no hay fechas más importantes que su aniversario de casamiento y su cumpleaños, así como los cumpleaños de otros miembros de la familia. Todas estas fechas son oportunidades para que usted le muestre que la ama y la estima al recordarlas y celebrarlas con ella.

La forma en que usted celebre su cumpleaños o su aniversario es un arte, no una ciencia. El enfoque científico le da mucho valor a lo material, lo costoso. Supongamos que un hombre le compra un Mercedes a su esposa para su cumpleaños (puedo pensar por lo menos en tres hombres que hicieron justamente eso). El otro hombre lleva a su esposa al parque para dar un paseo y compartir sentimientos de amor e intimidad, mientras le dice cuánto significa para él. De camino al automóvil, él encuentra una pequeña piedrita lisa, la recoge y se la lleva a casa. Después escribe en ella un pequeño poema o alguna otra notita y se la entrega a su esposa como un recuerdo de la caminata que dieron ese día. ¿Qué esposa apreciará más su regalo?

La natural inclinación masculina (el azul) es creer que el regalo costoso será mucho más significativo para una esposa. Después de todo, si usted le regalara un Mercedes a otro hombre, él iría de aquí para allá contándoles a todos su amigos: «¡Guau! Qué gran tipo este Joe. No puedo creerlo. ¡Me regaló este auto maravilloso!».

«¿Acaso una joven se olvida de sus joyas, o una novia de su atavío?» (Jeremías 2.32).

Pero cuando usted le compra un Mercedes a una mujer, es muy probable que ella diga a sus amigas: «Miren, me regaló un Mercedes. Me pregunto si no estará tratando de sobornarme o algo por el estilo».

Volvamos a la piedrita. Cuando ella tenga noventa y tres años, y usted ya lleve diez de muerto, ¿qué es lo que seguirá allí en la repisa de la chimenea?

¿Una foto del Mercedes? ¡Por supuesto que no! Pondrá aquella piedrita, porque es simbólica de un tiempo en que su esposo le dedicó especial atención, devoción y estima.

Un esposo asistió a nuestra conferencia con quien fue su esposa durante veinticuatro años, y rápidamente captó el poder de las «cosas pequeñas de atención». Su esposa escribió:

El Día de San Valentín fue algo único [...] Mi día comenzó con una búsqueda de dulces por toda la casa. Mi esposo se había tomado el tiempo para escribir cuatro poemas cortitos y pegar cada uno a una bolsita llena de cuatro clases diferentes de dulces de San Valentín [...] Empezó en el baño [...] y había pistas para encontrar el siguiente. Yo iba de un lado a otro de la casa riendo tontamente, fue tan divertido [...] Esa noche, mi esposo hizo reservaciones para una cena de San Valentín. Un guitarrista tocó la guitarra clásica; después nos tomaron una fotografía y la colocaron en un portarretratos del restaurante que decía «gracias». Nos dimos un banquete con una comida maravillosa y una atmósfera muy relajada. ¡Fue definitivamente una de las noches más memorables! Gracias por alentar a mi esposo a amarme.

Las palabras de esta mujer ilustran una verdad clave: el costo de un regalo es secundario con respecto a la dedicación que su esposa percibe que usted pone en el regalo, tarjeta o actividad. Dios diseñó a su esposa para que fuera impactada por cosas que simbolizan que usted la ama y que muestran que la valora. Ella desea saber que usted piensa en ella. Quiere que eso surja de su corazón por iniciativa propia. ¡El pensamiento es lo que realmente cuenta!

¿ELLA QUIERE QUE USTED LE LEA LA MENTE?

La historia anterior de San Valentín es lo que puede suceder cuando todo va bien. Sin embargo, a veces la ley de Murphy contribuye, al menos un poquito. Para ilustrar esto, voy a continuar con el tema de llevar a su esposa a cenar. Suponga que es su quinto aniversario y usted llega a casa y dice: «Cariño, quiero llevarte a cenar afuera para nuestro aniversario. ¿A dónde quieres ir?».

Ella le dice: «Oh, no sé».

Usted le responde: «No, quiero llevarte adonde tú quieras. ¿A dónde te gustaría ir?».

Ella le dice otra vez «Oh, no sé, ¿por qué no decides tú?».

—¿Quieres que yo decida?

—Sí.

—Pero yo no quiero decidir. Quiero llevarte adonde *tú* quieras ir.

—No. Quiero que tú decidas —insiste su esposa.

Muy bien, usted decide: «Bueno, me acabo de enterar de que en Freeway Steak House tienen la mejor carne de la ciudad. ¿Por qué no la probamos?».

Y ella dice: «No quiero ir ahí».

Muchos esposos —quizás la mayoría— han estado en situaciones similares a esta. En este momento usted puede avanzar en una de dos direcciones: puede procesar la respuesta aparentemente exasperante de su esposa, irritándose e incluso enojándose. Puesto que está equipado para ver y oír en azul, puede pensar que su esposa debería *saber* que no puede ser tan irrazonable, ilógica y provocadora. Si ella quiere arruinar la noche, ya los tiene a ambos a medio camino del Ciclo Alienante.

Pero hay otra posibilidad. Usted puede inclinar la balanza a favor del Ciclo Energizante. Puede recordar que su esposa lo ve y lo oye todo en rosa. Usted puede ajustar sus gafas y sus audífonos azules, y ser paciente. En lugar de irritarse, busque un poco más de información.

Ahora bien, su esposa realmente desea que usted haga algo así como «leerle la mente». Ella piensa: *si me amara tanto como yo a él, sabría adónde quiero ir sin que yo tenga que decírselo. Eso es lo que yo haría por él. ¿Por qué no puede hacerlo él por mí? Quiero saber que realmente piensa en mí como yo pienso en él, y que se sienta respecto a mí como yo me siento respecto a él.*

Toda esposa ha esperado que su esposo le lea la mente. Aunque la lectura de la mente raras veces es posible, hay formas de intentar acertar. Usted puede decir: «Está bien, Freeway Steak House es bastante limitada, solo tiene carne de ternera y costilla. ¿Qué te parece...?», y nombra otros dos o tres restaurantes que tengan ambiente y atmósfera propicia, así como un menú más amplio. Lo más probable es que tenga éxito con uno de esos y ella diga: «De acuerdo, ese suena bien». Su quinto aniversario se salvará del desastre y, lo que es más importante aun, su esposa sentirá que la tiene en alta estima, que realmente la valora y quiere que sea feliz.

Sin embargo hay otras situaciones en que su esposa no desea que le lea la mente, pero en las que de todos modos estará totalmente en desacuerdo con usted. Esto puede ponerse un poquito peliagudo. ¿Cómo tratarla con estima si su opinión está en conflicto con la de usted (y posiblemente incluso suena algo descabellada)? Puesto que los hombres tienden a ir al grano, resultaría fácil sonar áspero sin siquiera darse cuenta.

En realidad, hay tres maneras de responderle a una esposa cuando no está de acuerdo con ella, y todas pueden mantener la estima intacta. En primer lugar, usted simplemente puede decir: «Cariño, gracias por compartir tu opinión». En segundo lugar, puede decir: «Cariño, déjame pensarlo». Esto le dice que usted está procesando sus ideas. Y, en tercer lugar, y quizás lo mejor, le dice: «Mi vida, aunque no pienso igual que tú respecto de esto, valoro tu opinión y confío en tu corazón».

DELE LAS GRACIAS POR TODO LO QUE ELLA HACE

Otra forma de estimar a su esposa es hacerle saber que realmente aprecia todo lo que ella hace. Quizás haya oído la historia del esposo que llega a casa de trabajar y se encuentra con que hay bicicletas y monopatines que bloquean la entrada del coche, que la casa está patas arriba, hay platos sin lavar amontonados en el fregadero, una pila de ropa sucia, ropa desparramada por toda la casa, y que sus dos hijos de edad preescolar están escribiendo en la pared. Finalmente, encuentra a su esposa dormida en la cama. La despierta y le pregunta: «Cariño, la casa está hecha un desastre, y los niños están fuera de control, ¿qué sucede?».

Ella lo mira con una sonrisa lánguida y cansada: «Bueno, ¿sabes que siempre llegas a casa y me preguntas qué hice durante todo el día?».

Él le dice: «Sí...». «Bueno, hoy no lo hice».

Estime a su esposa por lo que hace, pero no pase por alto el hecho de valorarla por quien ella es. Una mujer le dijo a su marido: «Acabo de hablar por teléfono con mi hermana. Es increíble. Me dijo que este verano le ayudó al marido a construir una galería trasera en la casa. También hizo una mecedora, y además está haciendo un curso de platillos exóticos. Siempre está haciendo algo, realizando algo. Me siento tan incompetente cuando hablo con ella. *¿Yo* qué hago?».

Su esposo se dio vuelta y le dijo: «Tú me haces feliz».

¡Bingo! ¡Puntos extra para ese marido! Él sabe cómo estimar a su esposa. A continuación encontrará más ideas sobre cómo estimar, valorar y darle honra a la persona más importante de su vida.

«Alégrate con la mujer de tu juventud» *(Proverbios 5.18b).*

SU ESPOSA SENTIRÁ QUE USTED LA ESTIMA...

- si le dice: «Estoy tan orgulloso de ti por la forma en que manejaste eso».
- si habla bien de ella delante de otros.
- si le abre la puerta.
- si intenta hacer algo nuevo con ella.
- si le da aliento o la alaba con amabilidad y entusiasmo.
- si nota que hay algo diferente en su ropa o en su cabello.
- si es físicamente afectuoso con ella en público.
- si les enseña a los niños a mostrarle respeto a ella y a los demás.
- si valora su opinión en las áreas grises, no como equivocadas, sino como distintas y válidas.
- si prefiere las salidas en familia antes que las salidas con sus amigos.
- si la hace sentir como la primera en importancia.
- si está orgulloso de ella y de todo lo que hace.

CAPÍTULO 15

S-I-L-L-A-S: CÓMO

DELETREARLE RESPETO A SU

ESPOSO

(Nota para los esposos: este capítulo y los seis que siguen son
«para las esposas solamente», pero los esposos están invitados a
acompañarlas en la lectura.)

Señoras, ya hemos llevado a sus esposos en un recorrido a través de
P-A-R-E-J-A, para ayudarlos a ser hombres más amorosos. Ahora
es su turno. En los seis capítulos siguientes, las llevaremos en un
recorrido a través del acrónimo S-I-L-L-A-S para darles pautas bíblicas y prácticas que les ayudarán a ser mujeres más respetuosas.

Las esposas no necesitan mucha preparación sobre cómo ser
amorosas. Es algo que Dios puso dentro de ellas, y lo hacen naturalmente. Sin embargo, necesitan un poco de ayuda con el respeto. La
parte I contiene muchas cartas de esposas que descubrieron el tremendo poder de darle respeto incondicional a su esposo. Hay que
admitir que este es un término extraño para muchas mujeres, y aunque haya aceptado la idea de que su esposo desea y necesita respeto,
resulta un concepto difícil de poner en práctica.

La carta de esta esposa representa lo que sienten muchas mujeres cuando intentan salir del Ciclo Alienante, para entrar en el Ciclo Energizante:

Aplicar el concepto de respeto en mi matrimonio me resulta bastante extraño, y he tenido que esforzarme para hacerlo. Siempre pensé que solo necesitaba amar más. Qué revelación para mí, porque amar más no daba resultado. ¡Gracias una vez más! Estoy tan entusiasmada por el lugar al que se dirige nuestro matrimonio a partir de aquí, a medida que apliquemos lo que hemos aprendido. Tengo una nueva energía para nuestra relación.

Proveerla de más energía para su matrimonio es exactamente de lo que tratan los capítulos siguientes. S-I-L-L-A-S es un acrónimo[a] que representa seis valores importantes que tiene su esposo: Conquista, Jerarquía, Autoridad, Discernimiento, Relación y Sexualidad. Cada uno de estos valores se tratará en un capítulo breve. En Conquista, usted aprenderá a apreciar su deseo de trabajar y lograr. Jerarquía trata sobre valorar su deseo de proteger y proveer. Autoridad examina lo que significa apreciar su deseo de servir y liderar. En Discernimiento se considera cómo apreciar su deseo de analizar y aconsejar. Relación la ayudará a entender su deseo de una amistad hombro a hombro. Y en Sexualidad se explica su deseo de intimidad sexual. En esas seis áreas, usted aprenderá a deletrearle «respeto» a su esposo. (Para obtener más ideas sobre cómo compartir sus necesidades mutuamente, ver el apéndice C.)

«La mujer sabia edifica su casa; la necia, con sus manos la destruye»
(Proverbios 14.1, NVI).

De acuerdo, «respeto incondicional» para algunas mujeres suena casi como un oxímoron. Después de todo, él debería *ganarse* el respeto, no recibirlo incondicionalmente, como muchas mujeres parecen

---

a. Nota del traductor: Acrónimo intraducible. En inglés C-H-A-I-R-S, formado por **C**onquest (Conquista); **H**ierarchy (Jerarquía); **A**uthority (Autoridad); **I**nsight (Discernimiento); **R**elationship (Relación) y **S**exuality (Sexualidad).

pensar. Desde que comencé a enseñar la Conexión entre Amor y Respeto, he luchado por ayudar a las esposas a que vean lo que el respeto incondicional puede hacer por su esposo —y su matrimonio—. Darle a su esposo esta clase de respeto es sin duda la forma de recibir amor incondicional de su parte, pero para las mujeres aún sigue siendo difícil de comprender. Aquí hay dos informes de esposas que están cosechando los resultados:

> *Cuando una esposa «se reviste de [...] dignidad», ella se conduce de manera honorable y actúa con respeto (Proverbios 31.25, NVI).*

Yo intentaba conseguir un poco de amor y afecto [...] Una noche hace varias semanas, él me dijo por centésima vez: «Tú nunca me escuchas», como explicación por el trato frío de todo ese mes. Aquella noche volví a escuchar hablar a su «hombre», y finalmente entendí lo que me quería decir [...] todo lo que yo estaba haciendo era fastidiarlo en [mi] intento por acercarme a él. Inmediatamente cambié mi método [y] tomé conciencia de mis decisiones y sus consecuencias, y el resultado ha sido maravilloso, él se ha mostrado muy amoroso.

Estoy agradecida por este concepto de respeto incondicional, porque ahora siento que puedo corresponder, de forma significativa para él, todo el amor que me da [...] Como practicante de artes marciales, he aprendido mucho acerca del respeto, solo que no me daba cuenta de que era un lenguaje [...] Estoy aprendiendo a comunicarme de manera más efectiva con mi hijo adolescente también, gracias a esta nueva comprensión del respeto.

Cómo usar el «test del respeto» con su esposo

Cuando comencé a enseñar la Conexión entre Amor y Respeto, solía hablarle a diversos grupos y citarles los pasajes clave: Efesios 5.33 («La esposa respete a su esposo», NVI) y 1 Pedro 3.1–2 («Mujeres, estad sujetas a vuestros maridos [...] considerando vuestra conducta casta y respetuosa»). Pero francamente, muchas mujeres descartaban estos versículos de manera casi displicente, señalando que tanto Pablo como Pedro eran hombres. ¿Cómo podían saber cómo se sentía una mujer?

En lugar de predicar sermones sobre el tema de no rebelarse contra la Escritura inspirada, ideé un método para poner a prueba el concepto de respeto incondicional con su esposo. Como es lógico, lo denominé el «Test del respeto». Le pedí a un grupo de esposas que dedicaran un momento a pensar en algunas cosas que respetaban de su marido. A algunas de ellas les llevó bastante tiempo, pero finalmente lo lograron. Entonces les dije que fueran a casa, esperaran hasta que su marido ya no estuviera ocupado o distraído y le dijera: «Hoy estuve pensando en ti y en varias cosas de ti que respeto, y solo quiero que sepas que te respeto».

Después de decir esto, no debían esperar ninguna respuesta; solamente debían mencionar que tenían que ir a hacer algo y darse vuelta para retirarse de la habitación. Luego tenían que esperar a ver qué pasaba. Una mujer me contó que después de decirle a su esposo que lo respetaba, ella dio la media vuelta para irse, pero no logró llegar hasta la puerta. Él prácticamente gritó: «¡Espera! Regresa. ¿*Qué* cosa?».

Dichosamente (y esto es importante), ella estaba preparada para decirle lo que respetaba de él y procedió a hacerlo.

Después de terminar, él le dijo: «¡Guau! Oye, ¿puedo llevar a la familia a cenar fuera?».

La esposa se quedó estupefacta. Su esposo muy rara vez había llevado a la familia a cenar fuera.

¿Qué estaba sucediendo aquí? Le expliqué que el primer y fundamental impulso es servir, especialmente en respuesta a sentirse honrado. Ella lo honró y él quiso hacer algo al respecto. La esposa le pidió si podían dejarlo para otro momento, porque los hijos tenían compromisos esa tarde, y él estuvo de acuerdo. Sin embargo, unos quince minutos más tarde, ella oyó ruido de ollas y cacerolas en la cocina. Cuando fue a ver, encontró a su marido preparando la cena.

Él *nunca* había hecho la cena. *Nunca*, ¡esa era su primera vez! Una vez más, estaba sirviendo.

Días más tarde, esta esposa nos escribió nuevamente para decirnos: «No me van a creer. ¡Está en el lavadero! ¿Tiene algún otro de esos "tests del respeto"? ¡Quizás hasta me dé un viaje en crucero por esto!».

¿Podría una esposa usar el Test del Respeto para manipular a su marido a que la lleve a un viaje en crucero? Es posible, pero esta esposa no es culpable de manipulación. Ella trató de expresar respeto a su esposo sinceramente, y dio resultado más allá de sus expectativas. Para repetir lo que dije antes, un esposo que básicamente tiene buena voluntad, servirá a su esposa cuando ella lo respete por quien él es. Estoy convencido de que la clave para motivar a otra persona es satisfacer su necesidad más profunda.

> *Cuando hace el «Test del respeto», usted anda «por fe [...] no por vista» (2 Corintios 5.7).*

De acuerdo, quizás no todas las esposas obtengan la misma respuesta que recibió esta mujer. Puede ser que algunos esposos mediten sobre el Test del respeto durante un tiempo y digan algo después. O quizás no digan absolutamente nada. Lo importante es que usar el Test del respeto significa dar un paso de fe. Es admitir que usted entiende lo que Dios dice acerca del respeto incondicional hacia su marido. Usted le muestra respeto *sin importar cuál sea su respuesta.*

ESTÉ PREPARADA PARA DAR LAS RAZONES POR LAS QUE LO RESPETA

Cuando una esposa le dice a su marido que hay varias cosas que respeta de él, la mayoría de los maridos —después de recobrar el conocimiento— preguntarán enseguida: «¿En qué estabas pensando? ¿Qué quieres decir? ¿Qué es lo que respetas de mí?». Una esposa debe estar preparada para responder estas preguntas honesta y genuinamente. No espere expresar sus palabras de respeto, huir a las montañas y esperar que él nunca lo vuelva a mencionar. Confíe en mí, eso no sucederá.

¿Pero qué pasa si una esposa simplemente no sabe qué decir? Hemos hablado con muchas esposas que admiten que no hay nada que respeten de sus maridos en realidad. Pero generalmente una esposa que dice eso está demasiado enojada o quizás demasiado desanimada para pensar en lo que podría respetar de su esposo. En primer lugar, esta clase de esposa debe preguntarse: «¿Mi esposo, tan ajeno y desamorado es un hombre que básicamente tiene buena voluntad?». Si la respuesta a esta pregunta es sí en cualquier grado, entonces esta esposa puede empezar a hacer su lista. Esto la ayudará a darse cuenta de que su esposo fue hecho a la imagen de Dios, y que tiene atributos dados por él que son dignos de respeto. Por ejemplo, él desea trabajar, lograr cosas y proteger y proveerle a su familia. Desea ser fuerte para liderar, en el buen sentido de la palabra. Veremos estos y otros atributos masculinos en los capítulos que siguen. El asunto es este: *vea lo que él desea, no su desempeño*. A continuación hay algunos pensamientos para comenzar. Usted puede expresarlos con sus propias palabras.

«Cariño, te respeto porque te levantas todos los días y vas a trabajar para proveer para nuestra familia. Eso no es una opción; tienes que hacerlo y lo haces».

«Cariño, te respeto por tu deseo de protegerme y de proveer para mí y para la familia. Pienso en todos los seguros que debes pagar por nosotros. Sé que las cuentas a veces son una preocupación para ti, y te admiro por tu compromiso».

La clave es concentrarse en lo positivo, en lugar de recordar siempre lo negativo. Una esposa debe tratar de ver lo que Dios ve. ¿Su esposo es un hombre de buena voluntad? Póngase en contacto con esa realidad y exprese respeto por eso. Hay un pasaje en las Escrituras al que a menudo hago referencia cuando hablo acerca de la buena voluntad en el matrimonio, y es 1 Corintios 7.33–34. Pablo da por supuesto que las parejas casadas de Corinto tienen buena voluntad mutuamente. Él señala que un hombre soltero tiene más tiempo para hacer la obra del Señor, pero que un hombre casado «tiene cuidado [...] de cómo agradar a su mujer» (v. 33). Pablo continúa diciendo que lo mismo sucede con una esposa, «tiene cuidado [...] de cómo agradar a su marido» (v. 34).[1]

Un esposo benevolente no intenta desagradar a su esposa, sino de agradarla, como dice Pablo claramente en 1 Corintios 7.33. A la esposa que no se siente amada, siempre la insto a ser lenta para afirmar que su esposo es desamorado o que no quiere amarla. Eso es imputarle a su marido una motivación malvada, lo que es un juicio sumamente drástico. Es verdad, quizás un marido no sea lo amoroso que debería ser, pero no está tratando de desagradarle ni de ser desamorado de manera consciente, intencionada y habitual. En esos momentos en que el esposo no agrada a la esposa, o la esposa no agrada al esposo, es de gran ayuda tener presentes ciertos pasajes bíblicos: «El espíritu a la verdad está dispuesto, pero la carne es débil» (Mateo 26.41), y «Ciertamente no hay hombre justo [*o mujer justa*] en la tierra, que haga el bien y nunca peque» (Eclesiastés 7.20; itálicas mías).²

Cuando una esposa aplica sabiamente el respeto, ella es una «esposa inteligente [...] un don del SEÑOR» (Proverbios 19.14, NVI).

Cuando un esposo se enoja o se pone terco, su esposa debe darse cuenta de que él no se ha propuesto lastimarla. Él trata de ser bienintencionado y desea tener un matrimonio feliz. Y como quiere un matrimonio feliz, las esposas que pongan a prueba el Test del respeto se sorprenderán de lo que sucederá. Los hombres están hambrientos de respeto. Una esposa que asistió a una de nuestras conferencias, me escribió contándome lo que sucedió cuando puso en práctica el Test del respeto. En vez de hablarle, le escribió una tarjeta que expresaba cuánto lo respetaba por trabajar tan duro para proveer para la familia y permitir que ella pudiera quedarse en casa para criar a sus tres hijas. La metió en su maletín, y él la encontró a media mañana del día siguiente. De inmediato, la llamó por su celular y le agradeció por alegrarle el día.

Podría darle muchos otros reportes de esposas que probaron el Test del respeto y aprobaron con gran éxito. Algunas lo hicieron cara a cara, otras escribieron notas, y otras tantas les llamaron a sus esposos al trabajo o les dejaron un mensaje en su correo de voz. No importa cómo use la esposa el Test del respeto, pero cuando lo hace, ese puede ser el primer paso hacia un verdadero avance en el matrimonio. Una esposa escribió:

Tan solo unos días atrás decidí decirle a mi esposo que lo respeto. Resultó tan incómodo decir las palabras, pero lo intenté, ¡y la reacción fue increíble! Me preguntó por qué lo respetaba. Le mencioné unas cuantas cosas, aunque podría haber dicho muchas más, ¡y vi cómo cambió su comportamiento delante de mis propios ojos!

Si su relación ha sido insatisfactoria, intente recordar en qué punto la relación perdió su intimidad. Quizás recuerde sentirse lastimada en su espíritu, porque sentía que su esposo no la amaba de una forma significativa, y usted reaccionó. Desde entonces, ha estado dando vueltas en el Ciclo Alienante en un grado o en otro. Esta esposa admitió:

Hemos estado viviendo en el Ciclo Alienante durante más años de lo que se pueda imaginar. Yo ya respetaba a mi esposo, solo que no se lo mostraba, porque no me sentía amada. Supongo que era mi forma de contraatacar, pero francamente no lo sabía. Cuando [comencé] a observarlo durante algunas conversaciones, me horroricé por la expresión de su rostro. ¡Vi que no se sentía respetado! ¿Cómo puede ser que no me haya dado cuenta antes? La mejor manera en que puedo describir lo que estoy viendo ahora es que él se está derritiendo, y siento esperanzas por la primera vez en muchos años.

¡Esta esposa encontró el camino de salida del Ciclo Alienante! Los capítulos que siguen están diseñados para ayudarla a comenzar a practicar el respeto por su marido de formas que lo energicen a él y su matrimonio. La palabra *S-I-L-L-A-S*ª describe al hombre típico. Sí, sé que hay excepciones, pero los hombres en general se ven a sí mismos como los que deben «presidir» la relación. Puede que esto no sea políticamente correcto, pero no estamos aquí para discutir eso. Estamos aquí para discutir cómo son las cosas, la forma en que los hombres y las mujeres se sienten en su alma. Ya hemos visto lo que sienten las mujeres, y ahora debemos considerar qué sienten los hombres. Ninguno está equivocado; solo son tan distintos como el rosa y el azul.

En algunos casos, los hombres se ven a sí mismos sentados en el asiento del conductor. El hecho de que sean buenos para presidir la relación y estar en el asiento del conductor es debatible. Pero en términos de la autoimagen masculina, él necesita ser el presidente, necesita conducir. Necesita ser el primero entre muchos hermanos, no para ser superior ni dominante, sino porque Dios lo hizo de esta manera y desea asumir su responsabilidad. Tenga este hecho vital en mente cuando lea los seis conceptos siguientes, los cuales explican cómo deletrearle respeto a un hombre, y así poder entrar en el Ciclo Energizante. A medida que desarrollemos estos conceptos, usted tendrá un panorama más claro de quién es su esposo y de cómo lo hizo Dios (y su hijo, si lo tiene). Y a medida que ponga estos conceptos en práctica, bien podrá disfrutar lo que muchas otras esposas ya han experimentado. Por ejemplo:

Un esposo quiere ser visto como el «que gobiern[a] bien su casa» (1 Timoteo 3.4).

Nunca hemos tenido un matrimonio cercano, íntimo [ni amoroso] hasta que comencé a practicar el respeto. Siempre supe que algo estaba faltando, pero creía que era por él [que no era amoroso] y no porque yo fuera irrespetuosa. Ahora me siento amada y sé que él se siente respetado, y se ha llenado un vacío tremendo en nuestra vida.

Su comentario [fue] que les es más fácil a los hombres respetar a sus esposas que amarlas, y que le es más fácil a las esposas amar a sus maridos que respetarlos. Nunca se me había ocurrido ese pensamiento, nunca antes. Fue realmente asombroso para mí. Fue muy, pero muy importante.

Mi esposo y yo estamos disfrutando de una relación más dulce estos días. He aprendido a ser muy consciente de lo que comunico (incluyendo la expresión facial y el tono de voz), y mi esposo ha respondido permitiéndome que le diga cuándo no me siento amada. Nos hemos mantenido por completo fuera del Ciclo Alienante desde que comencé a obedecer a Dios en esto. ¡Gracias desde lo profundo de mi corazón!

Estos son solamente unos pocos de las decenas de comentarios que hemos recibido. Como dijo Dale Carnegie una vez: «Respetar verdaderamente a otros es la base de la motivación». También es la clave para salir del Ciclo Alienante y permanecer en el Ciclo Energizante. Continúe leyendo y aprenda maneras específicas para motivar a su esposo a que la ame como nunca antes.

CAPÍTULO 16

CONQUISTA: VALORE SU DESEO DE TRABAJAR Y TENER ÉXITO

Para comenzar a desarrollar S-I-L-L-A-S, nuestro primer concepto es conquista. Ya que me estoy dirigiendo principalmente a mujeres, quizás muchas de ustedes se estén preguntando por qué elegí una palabra tan poco romántica. «Conquista» suena como algo extraído de las épocas oscuras del machismo, cuando los hombres creían tener el derecho de conquistar a las mujeres, física, sexual, mental y emocionalmente. Esa clase de conquista no tiene nada que ver con lo que tengo en mente.

Por «conquista» me refiero al deseo natural e innato que los hombres tienen de salir a «conquistar» los desafíos de su mundo: trabajar y tener éxito. Como esposa, si usted puede comenzar a entender cuán importante es el trabajo para su esposo, dará un paso gigantesco para comunicarle respeto y honor, dos cosas que él valora aun más que su amor.

A algunas mujeres les resulta difícil comprender que un esposo valore el respeto más que el amor. Dios la hizo a usted para amar, y ve la vida a través de lentes rosas que están centradas en el amor.

Usted da amor, desea amor y tal vez no entienda muy bien por qué su esposo no opera de la misma manera. Cuando digo que un esposo valora el respeto más que el amor, ¿me refiero a que su esposo no valore en absoluto su amor? Por supuesto que valora su amor —más de lo que se podría expresar con palabras—, pero para él, el amor se deletrea R-E-S-P-E-T-O.

Vamos a crear una escena que pueda ilustrar cómo se siente un hombre respecto a la conquista. Supongamos que un esposo acaba de perder su trabajo. Llega a casa y se lo cuenta a su esposa. Se le ve destruido, aturdido, derrotado. Para ayudarle a su esposo, la esposa le dice: «No importa. Todo lo que importa es que nos amamos». ¿Esto ayudará en algo? Él la mira perplejo, se encoge de hombros y se desploma delante del televisor. Durante el resto de la tarde él está retraído, sin deseos de hablar. Su esposa está desconcertada. Trató de consolarlo, y ahora él se aleja de ella.

En realidad, la respuesta es bastante simple. El rosa y el azul están otra vez en acción. El rosa intentó confortar; el azul se sintió ofendido por sus intentos de acercamiento. Para ayudarla a comprender, creemos otra escena en la que la esposa ha sufrido un aborto espontáneo. Su esposo se acerca y le dice: «Cariño, no importa en tanto nos amemos».

Algunas mujeres dirán que estoy hablando de manzanas y naranjas.

¿Cómo puedo comparar perder un trabajo con perder un bebé? Aquí no estoy discutiendo el valor de lo que se ha perdido; estoy explicando lo importante que es el trabajo para su esposo. En su opinión, él ha perdido algo extremadamente importante, una parte de la misma trama y urdimbre de su ser.

Por eso, si usted intenta confortar a su esposo después que perdió su trabajo diciéndole: «Está bien, cariño, nos tenemos el uno al otro», es muy probable que no le ayude mucho. Él sabe que la tiene. Está seguro en su amor, pero también se identifica fuertemente con el hecho de ser alguien que trabaja, que tiene una posición, que tiene responsabilidades. ¿De dónde proviene ese sentimiento profundamente arraigado respecto a su trabajo?

Desde el principio, Adán disfrutó de su trabajo

Para aprender de dónde es que los esposos recibieron este tremendo impulso para trabajar y tener éxito, debemos ir a Génesis y a la primera misión laboral asignada en la historia. «Tomó, pues, Jehová Dios al hombre, y lo puso en el huerto de Edén, para que lo labrara y lo guardase» (Génesis 2.15). Antes de que Eva fuera creada, Dios hizo a Adán, y lo hizo para trabajar. Es interesante observar que el Edén no era un lugar donde hubiera dádivas por dondequiera que Adán mirase. Los árboles le proveían alimento, pero él debía cultivarlos y cuidarlos. Dios abasteció a Adán con casi todo lo que él necesitaba: un hermoso lugar, abundancia de comida y una buena provisión de agua (ver Génesis 2.10).[1]

Con un gran trabajo y excelentes condiciones laborales, Adán parecía tenerlo todo. Pero el Señor sabía que le faltaba algo. Para cumplir su vocación, su llamado, Adán necesitaba una mujer que fuera su complemento. Entonces Dios hizo una «ayuda idónea para él» (Génesis 2.18). La palabra hebrea para «ayuda» (o «compañera») literalmente significa «una ayuda que le responde a él», o «una que responde». En 1 Corintios 11.9, Pablo profundiza aun más este pensamiento: «Tampoco el varón fue creado por causa de la mujer, sino la mujer por causa del varón».

Mi observación es que durante el noviazgo, la mujer resplandece con un mensaje para su hombre: «Te amo y estoy aquí para ti. Respeto lo que quieres hacer y lo que quieres ser. Anhelo ayudarte. De eso se trata el amor». Pero las cosas cambian después del matrimonio. Su forma de ayudar puede resultar cualquier cosa, menos respetuosa para su marido. Por ejemplo, una esposa con dieciséis años de casada y que daba enseñanza escolar en casa a sus tres hijos, aunque tenía los motivos correctos para ser ayuda idónea, percibía que su esposo no lo estaba recibiendo de esa manera. Ella escribe:

> Él recibía lo que yo consideraba formas bienintencionadas de ayudar como intenciones con motivos equivocados [...] Me doy cuenta de que mostré una actitud quejosa y más negativa de lo que estaría dispuesta a reconocer [...] Desde entonces me he

propuesto mostrar respeto, y definitivamente he visto la bendición; mi esposo me ha estado hablando más, ha estado más afectuoso y siento que en las últimas semanas nos hemos acercado más que en años.

Obviamente, pasajes como Génesis 2.18 y 1 Corintios 11.9 no son los favoritos del movimiento feminista.[2] Para las feministas, esto es políticamente incorrecto: algo escrito por un hombre, haciendo parecer a Dios como sexista. Pero las Escrituras no pueden ser desechadas tan fácilmente.

Desde los días de Jacob hasta el presente, el hombre se pregunta: «¿Cuándo trabajaré también por mi propia casa?» (Génesis 30.30).

Desde el principio mismo, el hombre fue llamado a «trabajar en el campo» y proveer para su familia. El hombre siente una profunda necesidad de involucrarse en la aventura y la conquista. Esta no es una opción para él, es una necesidad profundamente arraigada.

La primera pregunta que hace un hombre es: «¿Qué haces?»

La primera pregunta que hace un hombre cuando se encuentra con otro por primera vez por lo general es: «¿Qué haces?». Bien o mal, la mayoría de los hombres se identifica a sí mismo por su trabajo. Dios creó a los hombres para «que hagan» algo en el campo. Observe a los chicos recoger palos y convertirlos en revólveres o herramientas imaginarios. Recientemente una madre nos contó que había evitado que su hijo tuviera ningún arma de juguete o que usara palos como rifles de mentira, pero cuando el chico transformó su emparedado de queso en una pistola y empezó a dispararle a un amigo, ella grito exasperada: «¡Me doy por vencida!».

Las madres nunca deberían darse por vencidas porque esto es simplemente una parte de la naturaleza de un muchacho. El está llamado a ser un cazador, un trabajador, un hacedor. Él quiere hacer su conquista en el campo de la vida. El término académico para esto es «instrumentalidad masculina».[3] Desde la niñez, hay algo en el varón que hace que le guste la aventura y la conquista. Él desea salir al campo a cazar o a trabajar en alguna cosa.

Durante las conferencias de Amor y Respeto, cuando hablamos de esta necesidad masculina de conquistar que comienza desde muy temprano, les pregunto a las esposas: «¿Cómo quiere que su futura nuera trate a su hijo? Él va a tener esta misma necesidad de tener éxito y de trabajar. Estoy seguro de que usted deseará que su esposa lo apoye, así como su esposo desea que usted lo apoye a él». Cuando les menciono a sus hijos y lo que podría suceder cuando se casen, a muchas esposas se les hace la luz de que estén luchando con el concepto de respeto incondicional. Una esposa me dijo: «Cuando lo expresó de esa forma, me cambió totalmente de perspectiva. Yo siento que trato a mi esposo de modo diferente a como deseo que la futura esposa de mi hijo lo trate a él. No debería ser así».

Este profundo valor que los hombres le asignan al deseo innato de trabajar y tener éxito se ilustra gráficamente en dos amigos míos que tuvieron que afrontar la amenaza del cáncer. Ambos se enfrentaron a la muerte con calma y aceptaron lo que creyeron que sería su final. A través de toda la quimioterapia y de todos los problemas que suelen acompañarla, su optimismo y su fe permanecieron fuertes. Al final, los dos sobrevivieron, pero ambos seguían sufriendo terriblemente a causa de un enemigo común. Uno de los hombres decidió vender su compañía para dedicarse a servir a Dios todo el tiempo que le quedara de vida. Sin embargo, durante el periodo que siguió a la venta, se dio cuenta de que sin su trabajo no sabía quién era. Me dijo: «Nunca estuve deprimido cuando luché contra el cáncer y enfrenté la posibilidad de morir; pero cuando dejé mi trabajo, que era mi identidad, entré en una depresión que no se parecía a nada de lo que había experimentado antes».

El otro hombre sufrió horriblemente y estuvo a las puertas de la muerte; pero de alguna forma, él también se recuperó. Volvió a trabajar y la vida era maravillosa, pero después perdió su trabajo. Cuando vino a verme, estaba deprimido y derrotado. Me dijo que estar sin trabajo era más difícil que morir. Irónicamente, ambos hombres se vieron afectados más profundamente cuando perdieron su carrera que cuando el cáncer los enfrentó con la muerte.

Muchas mujeres no tienen idea de la importancia que los hombres le dan a su trabajo. Si una esposa insinúa, sin darse cuenta, que el trabajo de su esposo no es tan importante, acaba de llamarlo perdedor. Recuerdo a un amigo mío que llegó a tener un negocio muy redituable y luego alguien fue a verlo para comprarle su parte. En su mente no existía mayor cumplido, ya que esta compra significaba que tendría una economía segura y el respeto de la sociedad. Para él, esto era sinónimo de éxito. La compra finalmente se concretó, y él llegó a casa para anunciarle las buenas noticias a su esposa. Sin embargo, ella estaba ocupada con asuntos de la casa y de la familia. Distraída, le dijo: «Qué lindo, querido», y después siguió realizando otra de las cosas de su lista de quehaceres.

Este hombre me dijo más tarde que se sintió aplastado. Me dijo: «Me sentí tan lastimado que tomé la decisión de no volver a compartir cosas con ella». No comparto su decisión, pero puedo ponerme en su lugar. Una mujer podría sentir empatía si se imaginara una situación inversa. Anuncia que está embarazada y su esposo, distraído con un programa de televisión, dice: «Qué lindo, querida». En marcado contraste, aquí tenemos la carta de una esposa que decidió permanecer junto a su hombre:

> Mi esposo ha estado pasando una gran lucha y ha sido el blanco de muchas críticas y rumores. Yo he decidido permanecer a su lado [...] y mostrarle respeto y compromiso en medio de todas esas críticas y rumores. Él y yo hemos perdido amistades que hemos tenido hace quince o treinta años, debido a esta lucha, pero nos hemos unido más en el proceso. Ahora él me cuenta lo que sucede, comparte sus correos electrónicos conmigo, entre otras cosas, en vez de estar retraído y callado. Dios es tan bueno conmigo por darme el conocimiento que necesito en el momento en que lo necesito.

¿Las mujeres quieren tenerlo todo?

Cuando hablo del deseo profundamente arraigado que el hombre tiene de trabajar, no estoy diciendo que las mujeres no tengan el deseo de trabajar. Las mujeres siempre han trabajado, pero generalmente lo hicieron en el hogar con los niños cerca. En las últimas décadas, ellas han descubierto que son sumamente capaces de salir al mundo cotidiano del trabajo, tener puestos significativos y alcanzar enormes logros. Pero cuando una esposa sale a trabajar, la pregunta sigue en pie: ¿quién se quedará en casa a cuidar a los niños? La respuesta es la guardería infantil, una solución que en el mejor de los casos, dista de ser ideal; y en el peor, podría dañar severamente a los niños.

Es interesante que en el mundo occidental las mujeres vean una carrera al menos como una cuestión de libertad de elección. A las mujeres no les gusta que se les diga que tienen que trabajar; desean la libertad de elegir ser madres a tiempo completo y/o tener una carrera.

La mayoría de los hombres siente que trabajar no es una opción. El comediante Tim Allen observó que las mujeres tienen todo tipo de opciones. Los hombres tienen una: «trabajar o ir a la cárcel». Sí, es verdad que en algunos hogares la mujer trabaja y el hombre cuida a los niños. Sin embargo, hablando en general, nuestros hijos sentirán que deben trabajar en algún campo, pero nuestras hijas desearán tener la libertad de elegir entre embarazos y ascensos.

Mi experiencia como consejero me lleva a la conclusión de que la mujer típica busca un esposo lo suficientemente capaz de permitirle dejar de trabajar si ella así lo desea. Al evaluar su futuro con un hombre, instintivamente considera la capacidad que él tiene para cuidarla ella y a los niños. La mujer bienintencionada se casa por amor, no por dinero; pero es muy consciente de la necesidad de construir un «nido». Ella se pregunta: «¿Puede proveer suficientemente como para que yo me quede en casa con mis polluelos si quiero hacerlo a tiempo completo?». La mujer que se hace esta pregunta es sabia. Espero que mi hija evalúe sus opciones de esta manera.

También está la pregunta de cuánto disfruta de su rol la madre que sostiene a la familia. Recuerde la pregunta básica que se hacen todas las esposas: «¿Me ama tanto como yo a él?». Las mujeres básicamente se sienten inseguras de esto, y si una esposa sale a trabajar para mantener a la familia mientras que él se queda en casa, su inseguridad aumenta, no disminuye. Ella se pregunta: «¿Él seguiría aquí si no fuera por el dinero que gano?».

Convertirse en la proveedora principal para los suyos puede hacer que la mujer se vea atacada al nivel de su temor más profundo.

Un hombre siempre siente el llamado al campo, mientras que el instinto natural de una mujer es el llamado a la familia. El esposo sabe instintivamente que debe estar allí afuera trabajando, sin importar qué otras presiones tenga que enfrentar. Creo que la mayoría de los hombres refleja a Adán, y la mayoría de las mujeres refleja a Eva en lo profundo de su ser. Tal como Adán, él se siente llamado a trabajar en el campo en beneficio de la familia. Muchas mujeres se sienten como Eva. Solamente ella puede tener un bebé, y si tiene un bebé, desea tener la opción de que su Adán trabaje en el campo en su beneficio.

Adán no espera que Eva tenga un bebé y que se lo entregue a él para después volver a trabajar. Quienes defienden la igualdad doméstica fomentan esta idea, pero después de hacer mi tesis doctoral sobre la paternidad eficaz, no estoy de acuerdo.

Esto no es para restarles importancia a las capacidades de una mujer y sus deseos de tener una carrera. Las mujeres pueden ser llamadas a posiciones de liderazgo importante (ver Jueces 4.4), pero deseo poner énfasis en su incomparable valor como madre del niño. Un padre con un bebé no se compara a una madre con un bebé. No creo que ninguna ingeniería social pueda hacer de un padre «una madre natural». Característicamente, la mujer tiende a tener el bebé y a cuidarlo; el hombre tiende a trabajar en el campo por ella y su bebé. Sí, sé que hay excepciones en la cultura actual; pero para la mujer típica, su primer deseo no es una carrera, es un hogar y una familia.[4]

> *A pesar de los reclamos feministas, la esposa que mejor califica es aquella que «cuida con ternura a sus propios hijos»* (1 Tesalonicenses 2.7).

¿Alguna vez le ha dicho: «Gracias por trabajar»?

Las mujeres a quienes les gustaría hacer algo simple para animar a sus maridos y mostrarles respeto en todo esto de la conquista, hagan el intento de escribirle una nota. No es necesario que sea larga o profunda. Todo lo que debe decir es: «Cariño, gracias por salir a trabajar». Si quiere algo más elaborado, dígale que está agradecida por haberle dado la oportunidad de elegir entre salir a trabajar o quedarse en casa con los niños, y que desea darle gracias por eso.

Hablo con mujeres que me dicen que pensaron en agradecerles a sus maridos por trabajar; de hecho, han pensado mucho en eso pero jamás se lo dijeron. Les pregunté cómo se sentirían con un hombre que dice que piensa en lo mucho que ama a su esposa pero que jamás se lo dice. La reacción habitual sería sentirse horrorizadas o enojadas. «¿Qué quiere decir? ¿Qué un hombre podría vivir con su esposa sin decirle nunca que la ama?». No pueden creerlo.

La cuestión es sencilla. Las relaciones son recíprocas. Por supuesto, él debería decirle que la ama. Pero usted debería acercarse a él y decirle: «Cariño, gracias. Tienes que salir a trabajar todos los días. No sé si puedo entenderlo totalmente, pero lo aprecio. Realmente te respeto». Observe qué hace su esposo con eso. Observe cómo reacciona. Le garantizo que logrará una enorme diferencia. (Ver también los apéndices A y C.)

ÉL DESEA UNA MUJER QUE CREA EN ÉL

En una de mis clases de educación cristiana en la universidad, se hizo esta pregunta: ¿qué es lo que buscas en un cónyuge? Recuerdo haber dicho: «Quiero una mujer que crea en mí». Hay un paralelo entre Cristo y la iglesia. Cristo desea que creamos en él, y lo hacemos para la gloria de Dios. Pero en sentido humano, los hombres hacen lo que hacen por la admiración de una mujer. Cuando usted se enamoró

«La mujer ejemplar es corona de su esposo» (Proverbios 12.4, NVI).

y él se casó con usted, él sentía que usted creía en él y él apreciaba eso, quizás mucho más de lo que usted advertía. Esto impactaba su espíritu, porque es algo extraordinario para el varón. Se casó con usted y pensó que usted seguiría animándolo siempre. Pero años más tarde, su trabajo parece competir con el matrimonio y la familia. En lugar de admirarlo por sus esfuerzos en el trabajo, quizás usted se siente abandonada.

Es posible que su esposo se encuentre en la categoría de «adicto al trabajo» y que usted tenga toda la razón en sentirse abandonada. Quizás se vea tentada a sentirse como una esposa que escribió para decir: «En el pasado ya le dije que su trabajo es más importante que yo y que el problema solo lo tiene él. Le he dicho que su computadora portátil es la "otra mujer" de nuestra casa y no puedo competir con ella». La adicción al trabajo es un problema real y muy grave, pero yo creo que si usted y su esposo están tratando de ser un matrimonio de Amor y Respeto, lo que él necesita es apoyo y respeto por sus esfuerzos en el trabajo. Si es un hombre bienintencionado que está descuidando a la esposa y a la familia por trabajar mucho, se dará cuenta de ello, y ambos podrán hablarlo para encontrar una solución. (Más sobre adicción al trabajo en el apéndice E, pág. 315).

Su primera tarea es asegurarse de apoyar sus esfuerzos de conquista; de salir al mundo para trabajar y tener éxito. Nunca le haga sentir que no aprecia lo que él hace y que es solo un proveedor. Siempre tenga presente eso, pues como usted tiene gafas rosas y audífonos rosas, los mensajes que envíe pueden dar una impresión equivocada de sus intenciones. Sus gafas y audífonos azules pueden decodificar erróneamente su mensaje, y él puede sentir equivocadamente que usted solamente lo ve como el que trae la plata. Por eso es muy importante que le agradezca y le diga que lo admira y lo apoya. Si le dice esas palabras, ayudará mucho a que sus gafas y sus audífonos azules reciban el mensaje correcto, y al apoyar sus esfuerzos laborales motivará su amor por usted. Esta breve nota de una esposa lo dice todo:

> *Cuando usted apoya y aprecia a su esposo, él dirá que «muestra de su favor le ha dado el SEÑOR»* (*Proverbios 18.22, NVI*).

Un día le puse una nota en la caja de su almuerzo, agradeciéndole algunas cosas. Esa noche me dio las gracias, y el Día de San Valentín le escribí otra nota sobre su dedicación al trabajo y a la familia, y lo mucho que yo apreciaba eso. Me di cuenta por la expresión de su rostro que significó mucho para él.

SU ESPOSO SENTIRÁ QUE USTED APRECIA SU DESEO DE TRABAJAR Y TENER ÉXITO...

- cuando usted le expresa verbalmente o por escrito que valora sus esfuerzos en el trabajo.
- cuando expresa su fe en él respecto al campo elegido.
- cuando escucha sus historias del trabajo con tanta atención como usted espera de él respecto a sus relatos de lo que sucede en la familia.
- cuando se ve a sí misma como su compañera y complemento, y habla con él sobre esto cada vez que sea posible.
- cuando le permite soñar como lo hacía cuando eran novios.
- cuando no deshonra ni critica sutilmente su trabajo «en el campo» para lograr que muestre más amor «en la familia».

CAPÍTULO 17

JERARQUÍA: VALORE SU DESEO DE PROTEGER Y PROVEER

D icta un antiguo dicho: «Los necios entran corriendo donde los ángeles temen pisar». Desde que comparto la Conexión del Amor y el Respeto a lo largo del país, he estado dispuesto a ser lo bastante tonto como para usar términos que no son políticamente correctos. Una de estas palabras es *jerarquía*. En algunos grupos, las mujeres la oyen e inmediatamente la relacionan con el modo de pensar machista: «El macho domina a la hembra»; «Es un mundo de hombres»; «Los hombres son superiores y las mujeres, inferiores»; entre muchas otras cosas.

Realmente no puedo culpar a estas mujeres, porque a lo largo de los siglos, los hombres han usado la Escritura en forma ignorante, abusiva y hasta malvada. Han justificado toda clase de tratos terribles para con las mujeres, todo en nombre de «la Biblia dice así».

Pero la Biblia *no* dice así. Dice algo muy diferente de lo que reclaman los machistas. También algo muy distinto de lo que pretenden las feministas.

En el capítulo 16 mencionamos el profundo deseo que Dios incorporó en el hombre de salir al campo a trabajar y tener éxito. Otro deseo que Dios estableció en el hombre es el de proteger a su

esposa, proveer para ella y su familia, y si fuere necesario, morir por
ellos. Este deseo de proteger y proveer es parte de la trama y la urdimbre de un hombre. Un ejemplo obvio es el seguro de vida. Tan solo
en Estados Unidos, se gastan miles y miles de millones en primas de
seguros de vida, compradas en su mayor parte por hombres. ¿Por
qué? Por su instinto de proveer. Perciben una sensación de seguridad
y tranquilidad sabiendo que, si ellos mueren, su familia recibirá cuidado.

¿CUÁL ES EL VERDADERO SIGNIFICADO DE «JERARQUÍA BÍBLICA»?

«Todo eso puede estar bien y ser bueno —me dicen algunas mujeres—; ¿pero cómo es que la buena disposición de un hombre para
protegerme y proveer lo ubica sobre mí en una especie de jerarquía?».
A lo largo de los años, he hablado con más de una esposa que está tan
dominada por el temor al liderazgo de su esposo que reacciona de
forma exagerada, mostrándole habitualmente desdén y abusando de
él de forma verbal. Sin embargo, creo que cuando una mujer comprende la jerarquía desde un punto de vista verdaderamente bíblico,
alivia la mayoría, si no todos sus temores.

«Porque si alguno no provee para los suyos, y mayormente para los de su casa, ha negado la fe, y es peor que un incrédulo» (1 Timoteo 5.8).

El pasaje que explica a detalle la jerarquía
bíblica es Efesios 5.22–24: «Las casadas, estén
sujetas a sus propios maridos, como al Señor;
porque el marido es cabeza de la mujer, así
como Cristo es cabeza de la iglesia, la cual es
su cuerpo, y él es su Salvador. Así que, como
la iglesia está sujeta a Cristo, así también las
casadas lo estén a sus maridos en todo».

En algunas traducciones, la frase «estén sujetas» se traduce como
«sométanse». La palabra griega aquí es *hupotasso*, una palabra com-
puesta que significa estar por debajo o ubicar debajo. Dios no les está
dando a los esposos carta blanca con un rótulo de «superior»; está
dándoles una tremenda responsabilidad, como Pablo señala claramente en los versos siguientes: «Maridos, amad a vuestras mujeres,

así como Cristo amó a la iglesia, y se entregó a sí mismo por ella, para santificarla, habiéndola purificado en el lavamiento del agua por la palabra, a fin de presentársela a sí mismo, una iglesia gloriosa, que no tuviese mancha ni arruga ni cosa semejante, sino que fuese santa y sin mancha» (vv. 25–27).

Aquí se explican claramente las responsabilidades de ser «cabeza». Al esposo se le da la tremenda responsabilidad de amar a su esposa, así como Cristo amó a la iglesia y se dio a sí mismo por ella. Esa es la razón por la cual el esposo, bien dispuesto que comprende este pasaje, ve como su deber proteger a su esposa. Al mismo tiempo, la esposa tiene la obligación de colocarse ella misma bajo esa protección. Esta es la definición bíblica de jerarquía. La superioridad del hombre no consiste en menospreciar a la mujer. Es responsabilidad del hombre ubicarse sobre la mujer y protegerla. La manera en que esto funciona en la interacción entre el esposo y su esposa en el matrimonio puede resultar en giros interesantes. Una esposa escribió:

> Durante años, cuando conducía sobre hielo y comenzaba a resbalar, clavaba los frenos. Él me decía que lo soltara. El otro día estaba manejando sola y golpeé el hielo. Comencé a resbalar y apreté los frenos; en mi mente oí su voz: «Suelta los frenos». Eso salvó mi vida. Al oír su conferencia, me di cuenta de que su consejo había sido para protegerme. Su firmeza conmigo se originaba en su rol protector. Así que vine a casa y le dije: «Salvaste mi vida». Lo alabé y busqué honrarlo. Antes sentía que [lo que me decía] era un desprecio, y sin embargo, ese no era de ningún modo su motivo.

¿Podría el concepto de jerarquía bíblica conducir al abuso? ¿Podría un hombre sacar ventaja al ser cabeza de familia, menospreciando a su esposa e hijos y aun abusando de ellos? Sí, es posible, pero eso no significa que una mujer deba rehusar a que su esposo sea la cabeza. Si un esposo es malevolente, el abuso

«El que es malo, de su maldad produce el mal [...] que abunda en su corazón»
(Lucas 6.45, NVI).

ocurrirá de todos modos, sea cual fuere la estructura familiar. Cualquier rol jerárquico que se le dé no tiene nada que ver con el abuso. Un hombre malevolente siempre trata abusivamente a quienes lo rodean. Si un hombre es benevolente, el respeto de su esposa y su posición jerárquica no lo llevarán al abuso, porque eso no está en su naturaleza. No usará su posición de «jefe» de familia contra quienes debe amar y proteger.[1]

PABLO CONTRA LA CULTURA ACTUAL

En Efesios 5, Pablo presenta la relación matrimonial ideal. La esposa está sujeta a su esposo y bajo su protección. El esposo ama a su esposa y estaría dispuesto a morir por ella. La última cosa que desearía hacer sería sacar ventaja de ella, menospreciarla o tratarla como inferior en algún sentido. Muchas de las esposas a quienes he aconsejado están de acuerdo con este «cuadro ideal»... hasta un punto. Como dijo una esposa: «Deseo que él sea la cabeza; solo quiero saber que él tiene mis necesidades en su corazón».

Cuando muchas esposas dicen que desean que su esposo sea la cabeza, no se refieren a que lo sea en exceso, ni demasiado poco; sino lo justo. La esposa evangélica no se muestra reacia a la enseñanza bíblica, sino a los extremos a los que un esposo podría llevar dicha enseñanza. No desea que él la domine, y al mismo tiempo, tampoco quiere que su esposo tenga que depender de ella.

Sin embargo, como es habitual, las presiones de la cultura secular en la cual viven las familias cristianas suelen causar confusión y contradicción. Generalmente ambos esposos tienen que trabajar para pagar las cuentas. En muchos casos, la esposa gana tanto como el esposo, y a veces más. Esto es una carta ganadora que la tienta a pensar que no está siendo tratada apropiadamente como «una igual». En los hogares de hoy, con movimientos rápidos e ingresos dobles, es fácil que los conceptos de cabeza del hogar y de sumisión de la esposa comiencen a sentirse anticuados o pasados de moda.

El problema que tienen muchas mujeres hoy en día —entre ellas las esposas cristianas— es que desean ser tratadas como una princesa, pero en lo profundo se resisten a tratar a su esposo como el rey. No están dispuestas a reconocer que en lo profundo de su alma un esposo desea ser el único que provea y proteja; quiere ser un paraguas de protección que estaría dispuesto a morir por su esposa si fuera necesario.

Cuando nos casamos, Sara expresó su temor de que no tuviéramos financieramente lo suficiente. Se había criado con uno solo de sus padres y había experimentado lo que es estar corto de dinero gran parte del tiempo. Le dije: «Yo soy el responsable. Yo proveeré. Tú no tienes que preocuparte por eso». Ella compartió que esto le quitó un peso de la espalda y soltó su inquietud. Eligió confiar en mí. Si se hubiera quedado inquieta, preocupada, persiguiéndome con «¿Tendremos siempre lo suficiente?», me habría estresado como pocas cosas podrían hacerlo.

> *Los hombres de buena voluntad comprenden el llamado a reunirse para «pelear por [...] sus mujeres»*
> *(Nehemías 4.14).*

Cómo desinflar a un esposo con cinco palabras

El deseo de proveerle a mi esposa es algo que Dios puso en lo profundo de mi alma, y en realidad, en el alma de cada hombre. Hay que admitir que los hombres son muy susceptibles al menosprecio en el aspecto de la provisión familiar. Sara y yo recién habíamos finalizado la conferencia de Amor y Respeto, cuando una pareja se acercó y nos contó su historia. Parece que acababan de construir un flamante hogar, y otra pareja les pidió que les hicieran una visita. Los nuevos propietarios les dijeron: «Por supuesto, vengan ahora mismo». Pronto estaban guiando a la pareja a través de la hermosa casa nueva, la cual tenía todos los detalles imaginables: hermoso mobiliario y encimeras de granito. No habían escatimado en gastos.

A la mitad de la visita, cuando bajaban las gradas después de ver todas las habitaciones de arriba y los numerosos baños anexos, la esposa que los visitaba se volvió hacia su esposo y dijo: «Debes conseguirte un segundo empleo». La pareja que los recibía en su casa quedó atónita por la observación de la mujer. Ambos podían ver al espíritu de ese esposo abatirse ante sus propios ojos. La pareja visitante se retiró unos minutos después.

Lo triste de esta historia es que la esposa que hizo la observación que su esposo necesitaba otro trabajo, probablemente no se dio cuenta de lo que había hecho. Simplemente comentaba la grandiosidad del hogar que estaban visitando y nunca pensó que lo que estaba diciendo heriría los sentimientos de su esposo. Pero lo hirió porque sencillamente no entendía a su esposo ni la necesidad de mostrarle respeto. No es un mal hábito que una esposa se «pregunte siempre: *¿lo que voy a decir o hacer le parecerá respetuoso o irrespetuoso?* (Ver también el apéndice A, pág. 301.)

> *«El que mucho habla, mucho yerra; el que es sabio refrena su lengua»* (Proverbios 10.19, NVI).

MOSTRANDO RESPETO A LA LUZ DE LAS VELAS

Hay muchas maneras de mostrarle respeto a su esposo. Solo busque formas de apreciar su deseo de proteger y proveer, especialmente cuando las cosas no le estén yendo muy bien.

El doctor E. V. Hill, un dinámico ministro que sirvió como pastor presidente de iglesia bautista Mt. Zion Missionary, de los Ángeles, perdió a su esposa, Jane, a causa de un cáncer hace algunos años. En su funeral, El doctor Hill describió algunas de las formas en que ella lo hizo un mejor hombre. Como predicador joven y luchador, E. V. tenía inconvenientes para ganarse la vida. Una noche llegó a su casa y la encontró a oscuras. Cuando abrió la puerta, vio que Jane había preparado una cena para dos a la luz de las velas. Pensó que era una idea estupenda y entró al baño a lavarse las manos. Trató de encender la luz sin lograrlo. Luego se abrió paso hacia el dormitorio y apretó otra llave. La oscuridad prevalecía. El joven pastor regresó al comedor y le preguntó a Jane por qué no había electricidad. Ella comenzó a llorar. «Trabajas tanto, y estamos intentándolo —dijo Jane—, pero es bastante duro. No tenía dinero suficiente para pagar la cuenta de la luz. No quería que lo supieras, así que pensé que simplemente comeríamos a la luz de las velas».

El doctor Hill describió las palabras de su esposa con intensa emoción. «Ella podría haber dicho: "Nunca estuve antes en una situación así. Me crié en el hogar del doctor Caruthers y nunca nos cortaron la luz". Podría haber quebrado mi espíritu; podría haberme arruinado; podría haberme desmoralizado. En cambio dijo: "De un modo u otro tendremos luz otra vez. Pero esta noche cenemos a la luz de las velas"».[2]

Esta conmovedora historia es un ejemplo de cómo debería valorar una esposa el deseo de su esposo de proteger y proveer. Es probable que la señora Hill no tuviera en mente la definición completa de jerarquía bíblica cuando colocó esas velas, pero sabía instintivamente cómo apoyar a su esposo y valorar su deseo de proteger y proveer. Como admitió el doctor Hill, ella podría haber quebrado su espíritu con palabras de crítica o sarcasmo. Los hombres se ven a sí mismos como si estuvieran «sobre» su familia. Es por ello que un esposo resulta por demás sensible durante los conflictos cuando oye algo que suena como menosprecio. La esposa rosa puede no darse cuenta de que está menospreciando a su esposo durante una acalorada discusión sobre finanzas. Solo está haciéndole saber cómo se siente, para que él pueda responder con amor y comprensión. Sin embargo, como su abnegado esposo azul tiene una forma de pensar jerárquica, sus comentarios le suenan denigrantes para él. Tome nota. Los hombres son más vulnerables a la crítica cuando está relacionada con los asuntos de «liderazgo».[3]

LA TARJETA QUE ÉL CONSERVARÁ SIEMPRE

Suponga que usted es una esposa que confía en su esposo. Él puede no ser perfecto como cabeza de familia, pero usted está bastante dispuesta a permitirle vivir ese rol, sometiéndose a su liderazgo. ¿Cómo puede usted aplicar lo que he estado diciendo? ¿Puede mostrarle respeto en este rol de cabeza y líder? Uno de lo métodos más simples que les sugiero a las esposas es enviar a sus esposos lo que yo llamo una «tarjeta de respeto». Según mi investigación, los hombres rara vez conservan las tarjetas de amor que les envían sus esposas con todos los corazoncitos, las *Equis (X)* y las *O*. Pero puedo garantizarle que él guardará una tarjeta que usted le entregue que diga: «Estaba pensando en ti el otro día, y en que tú morirías por mí». Fírmela: «Con todo mi respeto, quien te sigue admirando».

Recuerde, no firme diciendo: «Con todo mi amor». Él sabe que usted lo ama. Finalice así: «Con todo mi respeto». Su esposo conservará esa tarjeta para siempre. ¿Por qué? Porque usted lo dijo a la manera de su esposo, en su lengua materna. Hablar la lengua materna del esposo, la del respeto, en verdad es muy poderoso. Un hombre escribió:

«Como naranjas de oro con incrustaciones de plata son las palabras dichas a tiempo» (Proverbios 25.11, NVI).

> Recibí una «carta de respeto» de mi esposa. Estaba tan asombrado por esta carta que la guardé [...] ciertamente me causó un fuerte impacto. No solo la guardé, la leí y la releí. Supongo que si hubiera un admirador que yo quisiera tener en el mundo, sería mi esposa. Y esta carta parecía ser el mensaje ideal. Me agradó que ella reconociera mis sacrificios, no es que yo quiera parecer un mártir [...], pero el ciclo del amor y el respeto del cual usted habló es lo que se necesita en cuanto al dinero.

El respeto que este esposo sintió cuando me escribió está a años luz de lo que le sucedió al hombre de la siguiente historia. Parece que Joe tenía noventa años y estaba muriendo. Todos sus hijos adultos se habían reunido alrededor de su cama, y de pronto sintió el aroma del strudel de manzana de su esposa, horneándose en la cocina. Dijo débilmente: «Oh, Mary, huelo el strudel de tu madre. ¡Qué mujer! He estado casado con ella setenta años. Mary, ¿le dirías a tu madre que quisiera un poquitito de ese strudel?». Mary se fue, pero regresó casi inmediatamente sin el strudel. El anciano Joe preguntó: «Mary, hija, ¿dónde está el strudel?». Mary contestó: «Mamá dijo que no puedes comer nada. Es para después de tu funeral».

La historia es ridícula, pero viene al caso en cuanto a respetar al hombre en su hogar hasta el fin. Si usted quiere un matrimonio de Amor y Respeto, no argumente ni luche contra la jerarquía. Incluso, cuídese también de «tomar el mando» sutilmente. La esposa de Joe se enfocaba tanto en las necesidades de los demás que se hizo cargo de la familia, y en el proceso, una vez más aplastó, menospreció y pasó por alto a su esposo. Es un ejemplo de cómo una mujer puede ser tan amorosa con su familia que no ve su falta de respeto hacia su esposo. Esa es la razón por la cual continúo llamando a las esposas a que despierten a la revelación de la posición del esposo como proveedor y protector, y su necesidad de respeto. Quizás la carta de esta esposa lo dice mejor que nadie:

> No puedo creer que nunca haya escuchado antes [acerca del respeto incondicional]. Mi padre fue pastor. Hacíamos consejería prematrimonial. Yo integraba el personal de una iglesia muy importante, y dicto estudios para mujeres de la iglesia. He buscado consejo de las mujeres más ancianas y más sabias, y hemos estado en consejería matrimonial [...] todo para que mis ojos se abrieran ahora por completo a través de su libro. Me doy cuenta de que mi esposo no es arrogante cuando dice que no se siente respetado. Ese es su lenguaje de amor. También me di cuenta de que debo aprender a respetarlo debido a la posición que Dios le dio en nuestra familia, no porque yo sienta que él lo merezca o no, sino porque Dios quiere que sea obediente a la Escritura. Él sabe lo que es mejor para mí, SU manera siempre es la mejor.

SU ESPOSO SENTIRÁ QUE USTED APRECIA SU DESEO DE PROTEGER Y PROVEER...

- cuando usted verbalice su admiración por él por protegerla y por estar dispuesto a morir por usted.
- cuando usted alabe el compromiso de su esposo de proveer y protegerla a usted y a la familia (él necesita saber que usted no lo da por sentado).
- si usted muestra empatía cuando él revele su forma de pensar masculina sobre la posición, el estatus, la categoría o el estar por encima o por debajo, particularmente en el trabajo.

- si usted no se burla de la idea de que «tener un alto concepto de él» la protege previniendo que él «tenga un bajo concepto de usted».

- si usted nunca, ni con palabras ni con lenguaje corporal, tiene en menos su trabajo o lo que gana.

- cuando usted esté siempre preparada para «encender las velas» en sentido figurado, como hizo la esposa de E. V. Hill, cuando no pudieron pagar la cuenta de la luz.

- cuando usted exprese tranquila y respetuosamente sus inquietudes respecto a las finanzas y trate de ofrecer soluciones sobre cómo podrían reducir gastos.

Capítulo 18

Autoridad: valore su deseo de servir y dirigir

E ra un tiempo de preguntas y respuestas en una de nuestras conferencias de Amor y Respeto, y el tema era «La autoridad del esposo en el hogar». Una joven y entusiasta esposa dijo: «Quiero que él sea la cabeza, quiero que sea el líder. Solo deseo asegurarme de que tome las decisiones de acuerdo con lo que yo quiero».

El auditorio estalló a carcajadas, tanto los hombres como las mujeres (quizás muchos hombres presentes sabían exactamente de qué hablaba). La muchacha se puso roja como un tomate. Había hecho el comentario con toda inocencia. No trataba de ser contenciosa ni maliciosa, ni intentaba reclamar sus derechos. Solo había sido sincera tuve que reírme un poquito sin que me escucharan. Su ingenua observación me recordó una historia que elegí no compartir en ese momento, porque deseaba evitarle más vergüenza. Parece que una pareja se casó y decidió que él tomaría las decisiones más importantes y ella las de menor importancia. Después de veinte años, el esposo se dio cuenta de que todavía no había habido una decisión importante.

¿QUIÉN ES EL JEFE EN SU CASA?

En la cultura de hoy, dominada por el feminismo, la pregunta «¿Quién es el jefe?» puede ser una fuente de humor o de conflicto. Muchos hombres han sido intimidados por el argumento feminista de que los hombres y las mujeres son totalmente iguales, y que la autoridad de los esposos no es mayor que la de sus esposas.

Pero para la pareja cristiana, la pregunta es: ¿qué enseña la Biblia sobre quién tiene autoridad en el hogar? Ya hemos visto en el capítulo 17 que Pablo explica la jerarquía bíblica en el hogar: el hombre es la cabeza, y la esposa tiene que estar sujeta a él (ver Efesios 5.22–23). Y hemos visto que el esposo benevolente no trata de usar su posición como un garrote para derribar a su esposa y a sus hijos. Actúa responsablemente —y amorosamente— para ser el líder que Dios le ha pedido que sea.

> *La actitud deferente de una esposa no minará sus capacidades dadas por Dios: «Considera la heredad, y la compra, y planta viña del fruto de sus manos» (Proverbios 31.16).*

No obstante, el tema de la autoridad y el liderazgo masculino es una cuestión delicada. La joven que dijo que su esposo tiene que ser la cabeza y tomar las decisiones, mientras dichas decisiones cuenten con su aprobación, no está sola. Muchas mujeres sienten lo mismo. En realidad, muchas esposas le dirían que ellas son mejores que sus esposos al tomar decisiones, y con frecuencia lo son. Tienen mejor criterio que sus esposos en muchos aspectos difíciles, pero están estancadas con este concepto de tener que someterse a su esposo y dejarlo «ser el jefe».

Una esposa que dirige sus propios asuntos y admite que tiene una fuerte personalidad lucha con la sumisión a su esposo que no es «demasiado alentadora». Ella se da cuenta de que la cuestión es realmente «entre Dios y yo», y sabe que si confiara en el Señor:

> ... sería mucho más pacífico. ¡Ah! ¿Por qué es tan difícil entregarlo? Puedo comprenderlo, y lo creo, pero no lo estoy haciendo. Oigo a mi hija, que tiene quince años, hablar de que no se

va a casar porque nunca se someterá a un hombre, y me siento muy avergonzada. Tenemos muchas buenas conversaciones al respecto, pero por supuesto, se capta más de lo que se dice, y quiero hacer las cosas bien. Así que de algún modo, voy a perseverar, ¡y por la gracia de Dios voy a hacerlo bien! (Y tratar de no estrangular a mi esposo en el proceso.)

¿LA ESCRITURA ENSEÑA LA «SUMISIÓN MUTUA»?

Muchas esposas cristianas están incómodas con temas como liderazgo y autoridad. Cuando Pablo escribe líneas como Efesios 5.22–23, suena totalmente machista, especialmente a las mujeres que tienen un esposo dominante. Y no ayuda nada cuando agrega en 1 Timoteo 2.12: «... no permito a la mujer [...] ejercer dominio sobre el hombre, sino estar en silencio». En los últimos años ha habido en la iglesia, entre algunos estudiosos y maestros, un movimiento que sugiere que la Biblia habla de «sumisión mutua»; es decir, que el hombre y la mujer tienen que estar igualmente sujetos uno al otro. El texto que se usa para esta posición es Efesios 5.21: «Sométanse unos a otros, por reverencia a Cristo» (NVI).

Según el punto de vista de la mutua sumisión, Efesios 5.21 se refiere a que «cada cristiano debería estar sujeto a todo cristiano, y esposas y esposos, especialmente, deberían estar "sujetos uno al otro"».[1] La idea que subyace a la de sumisión mutua en este sentido, es que la esposa no debe sumisión especial de ninguna clase a su esposo.

Pero si esto es verdad, es difícil explicar Efesios 5.22, donde se les dice claramente a las esposas: «sométanse a sus esposos *como al Señor*» (NVI, cursivas mías). Como mencioné en el capítulo 17, la palabra griega para «someterse» es *hupotasso*, la cual significa estar por debajo o ubicar debajo. Cuando una esposa se coloque bajo la protección y provisión de su esposo, habrá momentos en que surgirán desacuerdos. Honestamente, pueden llegar a situaciones de estancamiento. Si se debe tomar

Cuando las mujeres «están sujetas a sus esposos» (Tito 2.5, NVI), confían en Dios para que guíe las decisiones de ellos.

una decisión, la esposa es llamada a someterse a su esposo, confiando en que Dios lo guiará para decidir por amor a ella como cabeza responsable del matrimonio.

¿Qué quería decir entonces, Pablo, cuando dijo que los cristianos deberían someterse unos a otros? Para los esposos y las esposas, creo que la respuesta se halla en el Amor y el Respeto. Si, por ejemplo, el esposo y la esposa tienen un conflicto sobre cómo gastar el dinero, el esposo «se somete» a su esposa supliendo su necesidad de sentir que él la ama a pesar del conflicto. Él se somete a la necesidad de amor que ella tiene (ver Efesios 5.21, 25). Por otro lado, la esposa «se somete» a su esposo durante un conflicto, satisfaciendo la necesidad que él tiene de sentir que ella lo respeta a pesar del problema. Ella se somete a la necesidad de respeto que él tiene (ver Efesios 5.21–22, 23).

Note que tanto Pablo como Pedro comienzan sus discusiones sobre el matrimonio hablando de sumisión (ver Efesios 5.22 y 1 Pedro 3.1), pero finalizan hablando de respeto (ver Efesios 5.33 y 1 Pedro 3.7). Lo esencial es que si el esposo y la esposa se aproximan uno al otro teniendo en mente la Conexión de Amor y Respeto, todo estará bien en el matrimonio, aunque parezca que la decisión está estancada. Una esposa que asistió a nuestra conferencia de Amor y Respeto escribió:

> Me impresionó el «retorno a lo esencial». Se habla mucho de la comunicación en el matrimonio, y de satisfacer las necesidades mutuas, cuando la simple solución para nuestros problemas matrimoniales se halla en la Palabra de Dios. Decimos que la Palabra nos da lo que necesitamos para la vida y la devoción, pero nos apartamos de eso hacia la psicología popular. Periódicamente leo el pasaje de Efesios para recordarme a mí misma la [necesidad de] sumisión. Aunque me es difícil humillarme para someterme, tener un esposo cristiano sabio y considerado hace que sea más fácil.

Los esposos son responsables de «hacer el llamado»

Obviamente, alguien puede decir: «Bien, Emerson, suponga que el amor y el respeto están presentes: él quiere amarla y ella desea respetarlo. ¿Cómo debe tomarse la decisión? ¿Quién tiene la última palabra? Creo que en muchos casos, cuando están presentes tanto el amor como el respeto, las parejas resuelven el conflicto. Dos personas de buena voluntad que sienten amor y respeto, casi siempre descubren una alternativa creativa que resuelve el conflicto.

Cuando el amor y el respeto están presentes en el matrimonio, los cónyuges procesan las cosas mucho más sabiamente. Aceptan el hecho de que cierto grado de conflicto es inevitable en una relación matrimonial. Mientras la conversación progresa, ninguno de los dos exagera su postura. Ninguno «pierde» emocionalmente. Hacen propuestas para solucionar el conflicto. Hay ofertas y contraofertas. Hay concesiones mutuas. Todo esto resulta en un curso de acción que tiene sentido para ambos.

Ya hemos visto que Pablo enseña claramente que hay veces en que las esposas deberían someterse a su esposo como cabeza del hogar (ver Efesios 5.22–23). ¿Esto significa que una esposa deba someterse a algo ilícito, erróneo o malo? ¿Ella debería estar de acuerdo

Hay veces en que una esposa «debe obedecer a Dios antes que a los hombres» (Hechos 5.29).

con ser golpeada por su esposo o con verlo golpear a sus hijos? ¿Debería someterse a sus planes de hacer algo deshonesto o poco ético? La clara repuesta bíblica es: por supuesto que no, porque eso sería absurdo. Cuando un hombre actúa de esta manera, no es un esposo benevolente, y pierde el derecho a ser la cabeza y ser seguido. La sumisión de la esposa a Dios tiene precedencia sobre la sumisión a su esposo. Ella no debe pecar contra Cristo para complacer a su esposo. (Lea la historia de Ananías y Safira en Hechos 5.1–11.) Y tristemente, permítame agregar que puede ser necesario que una esposa se separe físicamente de su esposo (1 Corintios 7.11) o que se divorcie de él por adulterio (Mateo 19.9).

Como hemos visto hasta aquí, un esposo y su esposa pueden hacer mucho para «someterse mutuamente»; es decir, el uno al otro, mediante el amor y el respeto. Pero cuando alguien debe tener la última palabra, el esposo es el responsable de tenerla. ¿Cómo debería actuar una esposa si está totalmente en desacuerdo con su esposo acerca de algún tema? Primera de Timoteo 2.12 tiene un consejo. Pablo escribe: «... no permito a la mujer [...] ejercer dominio sobre el hombre, sino estar en silencio». Ahora, si Pablo hubiera escrito alguna vez una línea sexista, podría haber sido esta. Pero la Biblia no es machista. La Biblia está compartiendo lo que la mente hebrea entendía sobre la sabiduría y la verdadera investidura de poder. Como presentamos en la parte I, las mujeres pueden ganar a sus esposos sin una palabra por medio de su «conducta casta y respetuosa» (1 Pedro 3.1–2). ¿Está diciendo Pedro que las mujeres son insignificantes? Por supuesto que no. Lo que está diciendo es que su espíritu afable y apacible derretirá el corazón de su hombre.

Si usted está en un conflicto y se mantiene respetuosa y tranquila, mientras se aleja un poco en vez de sermonear, dar una clase o criticar, ¿qué hará él? Bueno, depende. Si su tranquilidad es la clase correcta de tranquilidad —respetuosa y digna, no agria y con muecas—, él se acercará a usted. Deseará consolarla y cuidarla. En esencia, él deseará mostrarle amor. La conducta tranquila y respetuosa de la esposa actuará como un imán para el esposo bien dispuesto.

Las feministas dicen que la Biblia menoscaba a las mujeres. En verdad, la Biblia exalta a la mujer y le da consejos sobre cómo hacer realidad sus más anhelados deseos. Usted no tiene que pelear.

> «... Esposas, sométanse a sus esposos [...] pueden ser ganados más por el comportamiento de ustedes que por sus palabras»
> (1 Pedro 3.1, NVI).

No tiene que empujar y empujar, y luchar para comprender a su esposo, mientras usted trata de acercársele solo logra que se aleje fríamente. Hay otra manera de conseguir su amor, y la Biblia le dice cuál es. Su conducta tranquila y respetuosa lo ganará. Esta es la clave para investirse de poder: *usted consigue lo que desea dándole lo que él desea.*

LA AUTORIDAD DEBE VENIR CON RESPONSABILIDAD

Lo que su esposo desea es que usted reconozca que él es el líder, el que tiene la autoridad. Esto no es para avasallarla o tratarla como inferior. Solo quiere decir que, como Dios ha hecho responsable a su esposo (ver de nuevo Efesios 5.25–33), él necesita la autoridad para cumplir con su responsabilidad. Ninguna organización que marche sobre ruedas puede tener dos cabezas. Erigir un matrimonio con dos iguales como cabeza es destinarlo al fracaso. Esa es una de las grandes razones por las cuales la gente se divorcia a diestra y siniestra hoy en día. En esencia, estos matrimonios no tienen a nadie que esté a cargo. Dios sabía que alguien tenía que hacerse cargo, y ésa es la razón por la que la Escritura enseña claramente que, para que las cosas funcionen, la esposa es llamada a deferir a su esposo.

Las esposas suelen decirme que si se someten a sus esposos, significará que enterrarán su cerebro y se transformarán en un felpudo. Si usted desea trabajar con su esposo para lograr la mayoría de las veces decisiones que los satisfagan mutuamente, siga este principio:

Siga haciéndole notar a su esposo que usted
comprende que él tiene 51% de la responsabilidad
y, por lo tanto, 51% de la autoridad.

Dígale que entiende que él tiene más autoridad, porque tiene mayor responsabilidad delante de Dios: la responsabilidad de morir por usted, si fuere necesario. Mi predicción es que la naturaleza de sus argumentos y desacuerdos cambiará drásticamente. Una vez que usted siga haciéndole saber que reconoce su autoridad, él no sentirá que usted está tratando de ser el jefe. Mientras se someta (lo cual simplemente significa reconocer su autoridad bíblicamente otorgada), usted no será un felpudo. En realidad, hará lo que quiera con mayor frecuencia que si «hace valer sus derechos», lo cual generalmente significa ser irrespetuosa.

Muchas esposas están tan enfocadas en sus propios sentimientos y temores que ignoran los sentimientos y temores de su esposo. Irónicamente, cuando una esposa teme enterrar su cerebro, crea en su esposo el temor a que lo llamen tonto. Y cuando ella teme transformarse en un felpudo, crea en él el temor de ser pisoteado. Muchos esposos se ponen tercos y resisten los requerimientos de sus esposas con el fin de enviarles un mensaje: «No estás al mando».

A nuestra cultura secular y feminista le gusta argumentar que los hombres son dominantes en el hogar, y es cierto que algunos lo son. Sin embargo, con mayor frecuencia entre las parejas de buena voluntad, si hay cien decisiones relacionadas con la familia en un período de tres meses, la esposa tendrá la opinión más fuerte sobre noventa y nueve de ellas, y su opinión usualmente será respetada y tendrá gran influencia. Infortunadamente, en muchos matrimonios alguno de los cónyuges puede tener buena voluntad pero no siempre buen sentido. Un hombre puede ser desconsiderado; una esposa puede mostrarse demasiado fuerte y dominante en el hogar. No es así fuera del hogar, pero en la familia, con él, ella se pone agresiva.

Otra estrategia positiva para muchas esposas sería deferir más a su esposo. Con frecuencia oigo a muchas esposas quejarse de que su esposo está demasiado desconectado y pasivo en asuntos familiares. ¿Pero por qué es pasivo? Muy probablemente, en el pasado cada vez que intentaba acercarse al tema, ella tenía una idea mejor. Después de un tiempo, dejó que ella lo hiciera a su manera. Si este puede ser su problema, la sumisión, el respeto y la tranquilidad atraerán a su esposo y lo harán más comunicativo. Esto no la menoscaba ni tampoco disminuye su igualdad; en realidad, creará una verdadera igualdad.

Cuando usted continúa haciéndole saber a su esposo que él está a cargo 51%, esto realmente le da a usted más acceso a compartir las opiniones de lo más profundo de su corazón. Recuerde que si un esposo está actuando de manera dominante, usualmente es que trata de mantener el control. Su ilógico razonamiento le dice que si mantiene el control absoluto, será respetado. Irónicamente, si su esposa le diera el respeto que él busca, ¡retrocedería y sería menos controlador! Confíe en mí. Dios sabe lo que está revelando. Si no ha estado hablándole de ese 51%, ¡hágalo ahora![2] (Para verificar su actitud, ver el apéndice B.)

¿Qué mensaje desea enviar?

De acuerdo, someterse a su esposo no siempre es fácil, especialmente si usted siente que él no merece su respeto. Una mujer me escribió para decirme que actuaba muy irrespetuosamente como para enviarle a su esposo un mensaje de que no se sentía amada. Pensaba que esto lo motivaría para amarla y apreciarla, pero ella nunca apoyaba los esfuerzos de su esposo, menospreciaba sus habilidades, socavaba sus decisiones, resistía su consejo, era desagradable y estaba desinteresada de la intimidad física. Dijo: «Pensé que si hacía todo esto, él se acercaría a mí con comprensión y amor». Pero lloró mucho cuando se dio cuenta de que a causa de cuánto lo había herido ni siquiera tenía relaciones sexuales con ella. Le llevó años volver a abrirse emocionalmente a ella.

Por comparación, oí de una mujer que le concedió autoridad a su esposo en el área fundamental de la hora de dormir. Escribió:

Mi esposo se va a trabajar realmente temprano. Yo nunca había tenido una verdadera disciplina para ir a dormir temprano. Ahora él hace cumplir a los chicos el llamado para ir a dormir, y lo respaldo totalmente, para que pueda tener su merecida noche completa de sueño sin molestias [...] Ahora me doy cuenta de que el permiso que les daba a los chicos para que se quedaran despiertos hasta tarde no solo menoscababa y faltaba el respeto (a mi esposo), sino que tampoco respetaba su esfuerzo en el trabajo, ya que parecía como si no me importara que él estuviera cansado después de trabajar todo el día.

Ahora le dejo las decisiones para administrar, y a veces me hace sonreír porque me pide mi opinión en privado. Luego lo discutimos y le digo que respeto cualquier decisión que él tome. Hasta me dijo el otro día que yo lo «fortalezco» [...] ¡Debido a mi actitud respetuosa, mi esposo me ha dicho más frecuentemente en los últimos meses que en los últimos diez años que me ama!

Apreciar —y respetar— los deseos de su esposo de servirle y guiar a la familia requiere de fe, valentía, y fortaleza de su parte. Pero le aseguro que dará resultado. Como me dijo una esposa: «El cuadro del perfecto matrimonio que tengo en mi mente no es necesariamente lo que Dios ha preparado para mí. Por fin me di cuenta de que cuando me someto al control [del Señor] y dejo de tratar de orquestar mis ideas [...] todo se aclara».

Otórguele autoridad a su esposo como lo describe la Escritura, y es mucho más probable que las cosas se aclaren. Si usted trata de minar su autoridad o de rebelarse sutilmente contra él, comenzará el Ciclo Alienante en su vida. Una mujer que les enseña acerca del tema del matrimonio a otras mujeres de su iglesia lo expresó mejor que lo que yo podría:

> Creo que en última instancia rechazar someterse a su esposo o a respetar es no desear confiar en Dios. Si nosotras como mujeres creemos que Dios está trabajando en nuestra vida y en la de nuestro esposo, y podemos colocarnos bajo su autoridad, entonces podemos someternos y respetar a nuestro esposo.

Él sentirá que usted aprecia su autoridad y liderazgo...

- cuando usted le diga que está agradecida por su fuerza y disfruta de poder apoyarse a veces en él.
- cuando usted respalde su autoimagen como líder.
- cuando usted no diga nunca: «Tú eres responsable, pero aún somos iguales, así que no tomes una decisión con la que yo no esté de acuerdo».
- cuando usted alabe sus buenas decisiones.
- si usted es cortés si él toma una decisión equivocada.
- cuando usted esté en desacuerdo con él solo en privado y honre su autoridad delante de los hijos.
- cuando usted le dé sus motivos para disentir tranquila y razonablemente, pero nunca ataque su derecho a dirigir.
- cuando usted no juegue con él a que es «la cabeza» para hacerlo echarse atrás y ser un «cariñoso conciliador».

CAPÍTULO 19

DISCERNIMIENTO: VALORE SU DESEO DE ANALIZAR Y ACONSEJAR

Ella tenía poco o ningún respeto por su esposo. Lo menospreciaba a sus espaldas constantemente, se burlaba de él y se mofaba de sus ideas y opiniones. Un día mientras estaba de compras, pensó que sería interesante detenerse en su oficina solo para ver dónde —y cómo— trabajaba. Lo llamó desde su teléfono celular y él dijo: «Bien, por supuesto. Estoy un poco ocupado, pero ven ahora».

Cuando llegó allí, él estaba ocupado de veras, y tuvo que esperar unos minutos mientras atendía a varias personas. Desde donde estaba sentada, ella no podía evitar ver que los compañeros de trabajo le tenían mucho respeto a su esposo. Asimismo, su jefe y su joven y atractiva secretaria. Luego se acercó al escritorio de su esposo un hombre mayor, obviamente alguien que tenía más experiencia en la compañía pero que trabajaba bajo su dirección. Ella no supo exactamente cómo, pero se le hizo un nudo en el estómago cuando oyó que el hombre mayor le decía a su esposo: «Sí, señor». Después, su secretaria se acercó para darle unos papeles, y sintió vergüenza —y un poco de temor— cuando vio cómo esta joven guapísima respetaba y admiraba a su esposo.

Finalmente tuvo la oportunidad de visitar a su esposo, pero rápidamente lo interrumpió, se despidió y le dijo que lo vería por la noche. Logró llegar a su auto y rompió a llorar. Pensaba cuántas veces lo había menospreciado y se había burlado de él a sus espaldas. Y entonces comprendió: no le faltaba el respeto por sus acciones para con ella o porque fuera un pésimo esposo. Se dio cuenta de que el verdadero problema era que él no era lo que ella deseaba que fuera.[1]

Esta mujer había estado perdiendo al menos dos cosas de su esposo: (1) él tenía mucha habilidad y perspicacia que ella ignoraba para su desventaja; y, (2) él deseaba en su hogar la misma clase de respeto que recibía en el trabajo.

Esta no es la única esposa de esa clase. He hablado con muchas semejantes a ella. Piensa que su esposo tiene poco que enseñarle, poca sabiduría para compartir acerca de cualquier cosa. Después de todo, ella cree que es la que tiene que administrar su casa, criar a los hijos y tomar las decisiones. Cuando esta clase de esposa asiste a nuestras conferencias de Amor y Respeto o lee alguno de nuestros materiales, no es raro que caiga de sus ojos la venda de la falta de respeto. Aquí está un testimonio de una esposa que finalmente «lo captó»:

> *Como Job revela, las esposas no siempre son sabias: «Como suele hablar cualquiera de las mujeres fatuas, has hablado» (Job 2.10).*

Durante veintitrés años he anhelado tener una relación de intimidad en mi matrimonio. Poco sabía yo que mi falta de respeto estaba saboteando ese deseo. Tenía graves problemas de «arrogancia», pensando que mis actitudes eran correctas y no reconociendo sus ideas como dignas de consideración [...] Pensaba que estaba «ayudando» a mi «inepto» esposo [...] Fue bastante sorpresivo cuando el Señor me tomó [...] Sin mi desborde de opiniones y dándole lugar a él para atreverse a dar su opinión, comenzaron a ocurrir cosas sorprendentes. Él empezó a revelar su corazón. En verdad tenemos conversaciones más que monólogos. Mi amor y respeto por él fluyeron. A cambio, él ha comenzado a transformarse en el hombre que yo siempre esperé que fuera.

Ya no creo totalmente en la intuición femenina

En las palabras de la mujer citada anteriormente, oigo algo que refuta las creencias que yo solía tener. Una de ellas era que la gran mayoría de los hombres se aferraba a sus opiniones, eran parciales y no prestaban atención. Todo lo que oía de las muchas esposas que aconsejé durante años era: «Él no es cariñoso, es indiferente, y no es un buen esposo». Pero en las palabras de la mujer que acaba de leer, encontramos una historia diferente. Ella admite que pensaba que las ideas de su esposo no eran «dignas de consideración». Se dio cuenta de que era arrogante; que no le daba oportunidad siquiera para dar una opinión. Y una vez que el Señor «la tomó» y ella dejó hablar a su esposo, su matrimonio se transformó.

> «No seas sabio en tu propia opinión»
> (Proverbios 3.7, NVI).

La otra creencia que ya no sostengo más es el exclusivo y único poder de la intuición femenina. Durante veinte años prediqué: «Hombres, escuchen la intuición de su esposa. Dios les hablará de una manera en la que no puede hablarles a ustedes, porque tienen puntos ciegos. Dios les enseñará por medio de su esposa». Todo lo que predicaba era que los hombres le dieran honor a su esposa y la amaran. Pero comencé a darme cuenta de que estaba inclinando demasiado la balanza. Es verdad que las mujeres tienen intuición y que los hombres deberían escucharlas. También es cierto que las mujeres tienen puntos ciegos y necesitan la percepción de su esposo. Como admitió otra esposa: «Él ha vivido todo nuestro matrimonio con el temor de que no diría ni haría algo de la manera "correcta". Puesto que la mía era la única manera correcta y ninguna cosa que él hiciera o pensara era lo suficientemente buena, simplemente se cerraba».

Eva fue engañada, no Adán

La esposa que cree que tiene que proveer las respuestas y hacer todas las reflexiones debería darle un vistazo cuidadoso a la Escritura. Todos conocemos la historia del Huerto del Edén. Dios le dijo a

Adán que podía comer de cualquier árbol del huerto excepto uno. Come de ese árbol y «ciertamente morirás» (Génesis 2.17). Más tarde, cuando Eva fue creada, Adán le dijo el mandato de Dios. Pero cuando la serpiente encontró sola a Eva y la tentó, en esencia con la astuta pregunta: «¿Dios realmente dijo eso?», ella no pudo resistir. El fruto de ese árbol parecía delicioso y le garantizaba hacerla sabia. Totalmente engañada, Eva comió un poco del fruto. Luego llegó Adán (o quizás ella fue y lo buscó). Eva le dio del fruto a Adán, y él también comió (ver Génesis 3.1–6). ¿Adán también fue engañado? La Escritura no dice que él fuera engañado, sino que él fue quien *desobedeció;* él es aquel por quien el mundo entero cayó en el pecado (ver Romanos 5.12–19).

Adán tenía el discernimiento para advertir que no debería comer del fruto, pero siguió adelante y lo hizo de todos modos. ¿Fue este el primer caso de un esposo que es llevado por su esposa con un aro de la nariz? ¿O Adán simplemente no deseaba dejar que Eva tomara la delantera teniendo un conocimiento que él no tendría? Nadie puede asegurarlo. Pablo lo resume en 1 Timoteo 2.14 cuando discute el rol de las mujeres en la iglesia: «... Adán no fue engañado, sino que la mujer, siendo engañada, incurrió en transgresión».

¿Uno es automáticamente machista por pedirle a una esposa bien dispuesta que considere que «no fue Adán quien fue engañado, sino la mujer»? (1 Timoteo 2.14).

Aparentemente, Eva llegó a la conclusión de que sabía mucho más sobre lo que era mejor para ella y su esposo, e influyó sobre él para que la siguiera. Adán «escuchó la voz de [su] mujer» y fue maldecido (ver Génesis 3.14–19).

Un matrimonio necesita la intuición de ella y el discernimiento de él

Cuando Pablo dice que Eva fue la «engañada» por la astucia de la serpiente (ver 1 Timoteo 2.14; 2 Corintios 11.3), no está escupiendo desprecio machista contra las mujeres, como podrían afirmar las feministas. Aquí hay una verdad profunda, y es necesario que reflexionemos en ella. Sí, los hombres deberían escuchar a su esposa, quien es naturalmente intuitiva, Pero las esposas no deberían dejar de apreciar el discernimiento que Dios les ha dado a los esposos ni rechazar su consejo. En vez de escuchar la voz de Adán, Eva orquestó las cosas y logró que Adán la escuchara a ella, aunque él tenía un mayor conocimiento.

¿Cómo se aplica esto a los matrimonios de hoy? ¿Las esposas están tomando el mando y transformándose en la voz que prevalece en el matrimonio? No necesariamente, pero siempre existe el peligro. A lo que estoy llamando es a un retorno al equilibrio bíblico. *Esposos y esposas se necesitan unos a otros.* Para las esposas que estén dispuestas a evaluar dónde están exactamente en la escala, en cuanto a expresar respeto incondicional a su esposo, tengo dos preguntas: (1) ¿Podría ser que usted tenga un concepto demasiado elevado de su discernimiento y de su intuición natural? ¿Sería posible que usted pudiera ser engañada en ciertas áreas, y que pudiera usar la perspicacia de su esposo porque usted no ve lo que él ve?

Todos podemos ser engañados, pero las mujeres necesitan considerar algunas áreas donde la serpiente sigue engañándolas sutilmente hasta el día de hoy. Una de esas áreas incluye las críticas de muchas esposas en cuanto a que sus esposos no logran dar directivas espirituales a la familia. Como les he aconsejado durante años a las parejas, he escuchado a muchas esposas compartir sus fuertes convicciones sobre lo que su esposo debería estar haciendo como líder espiritual. También recibo muchas cartas de mujeres sobre «la falta de liderazgo espiritual» de su esposo. Aquí hay algunos ejemplos representativos:

Deseo respetar a mi esposo quien aunque me ama a mí y ama a nuestros hijos, me deja todo el trabajo, planificar, enseñar, etc., sin discutirlo. Gana dinero y viene a casa a jugar con nosotros. Nos dirige en el devocional familiar, pero no discute individualmente temas espirituales con nuestros hijos o conmigo. Siento que tengo cinco hijos; uno de ellos adulto. ¿Cómo lo respeto si él me hace (actuar como) líder porque no hay otro?

Reconozco que después de seis años y medio de matrimonio, el mayor dolor que tengo con mi esposo es su falta de liderazgo espiritual en nuestra relación y en la familia. Deseo desesperadamente ver que mi esposo se haga tiempo para el Señor y realmente se dedique a él. Deseo verlo orar [...] y buscar la dirección de Dios para su vida. Quiero saber que está teniendo comunión con el Señor. Podría escribir más, pero creo que usted comprende el concepto.

Si usted tiene tales convicciones, no puedo afirmar si tiene o no razón; pero lo que sí puedo decirle es que si usted juzga a su esposo con desprecio, está hiriendo el corazón de Dios. Sus convicciones pueden agradar a Dios, pero el desdén también puede entristecerlo. El Señor la ama y conoce los anhelos de su corazón. Abba Padre llora con usted en cuanto a sus convicciones. Pero su Padre celestial también le está revelando que un espíritu despectivo y crítico no es la manera de ganar a su esposo «desobediente» para sus convicciones. Él la insta amablemente a mantener una «conducta respetuosa» (1 Pedro 3.1–2), aunque a usted le duela el corazón por sus convicciones frustradas. Aquí hay algunas preguntas que puede formularse la esposa que no es feliz con el liderazgo de su esposo:

- ¿Mi esposo alguna vez buscó guiar nuestro matrimonio, pero yo discrepé porque sentí que era algo tonto?
- ¿Le envié un mensaje de que no pensaba seguirlo si tomaba una decisión contraria a lo que creo que es correcto?
- ¿Le envié un mensaje que dice: «Quiero que dirijas pero solo cuando se reafirmen y se lleven a cabo mis deseos»?
- ¿Quiero que mi esposo sea responsable, pero si en mi opinión es irresponsable ejercito el poder de veto?
- ¿Mis palabras y acciones comunican «tú eres el responsable pero yo tengo la autoridad»?

Las preguntas mencionadas pueden aplicarse a todas las áreas de liderazgo en el hogar. Quizás todas se reducen a esto: pregúntese si podría ser que usted tuviera una actitud de pretendida superioridad moral al menos hasta cierto aspecto. No estoy diciendo que sea maliciosa. Usted ama mucho a su esposo, pero ve sus defectos, flaquezas y errores. Bien puede creer, como muchas mujeres, que usted es mejor persona que él y que él necesita cambiar.

Lo que veo que ocurre en algunos matrimonios es que la esposa cree —o parece creer— que ella no peca. En muchos otros matrimonios el único pecado que una esposa admitirá fácilmente es su reacción negativa ante las fallas de su esposo en ser afectuoso o por perder la paciencia con los hijos. Más allá de estas áreas, las mujeres no se ven a sí mismas como pecadoras, aunque admitan con facilidad malos hábitos y actitudes erróneas. Los descartan como si fueran desequilibrios químicos, problemas hormonales o disfunciones heredadas.

Por ejemplo, en alguna ocasión un esposo puede aventurarse a entrar a ese peligroso territorio conocido como «Cariño, has subido algunos kilos». En verdad es bastante más que unos kilos: su esposa se ha dejado estar, y él siente que es hora de ser franco. Lo que usualmente recibe a cambio es: «Deberías amarme sin importar como me vea». O puede llegar a decirle que él no sabe nada de su trastorno alimenticio y que debería controlar su propia barriga. Si el esposo se mantiene en forma (como suele ocurrir con los hombres que tienen esposas muy excedidas de peso), ella sacará a colación alguna otra viga que él necesita sacar de su propio ojo —esa vez que ella lo atrapó viendo pornografía en la Internet o permitiéndose un exceso en el alcohol—.

La cuestión es que a una esposa le resulta fácil pasar por alto o menospreciar la sugerencia del esposo de que ella tiene un problema que es necesario corregir. Aunque él sea amable y diplomático al sugerir que necesita hacer una corrección para evitar dañarse a sí misma o a los demás, es silenciado rápidamente. Ella se ofende, se hiere y se enoja por su evaluación. A él se le acusa de no tener comprensión ni compasión. Él no tiene derecho a hablar. Y con frecuencia terminará recibiendo un trato desdeñoso.

Cuando hablo de este tema en la conferencia de Amor y Respeto, suelo recibir respuestas, no todas positivas. El modelo médico y psicológico está tan amalgamado con el pensamiento de algunos cristianos que más de una vez he recibido esta pregunta en el correo: «¿Usted está diciendo que las mujeres no tienen problemas de su familia de origen, conflictos hormonales o desequilibrios químicos?». Mi respuesta es sencilla: no puedo emitir un juicio sobre cada situación. Pero puedo citar a Juan, el apóstol del amor: «Si decimos que no tenemos pecado, nos engañamos a nosotros mismos, y la verdad no está en nosotros» (1 Juan 1.8).

En muchos matrimonios, a la esposa le es facilísimo descartar las percepciones y sugerencias del esposo, porque piensa que no las necesita o que él no tiene derecho a dárselas. Pero creo que el esposo y la esposa necesitan examinar *juntos* cualquier situación donde algo no está bien y tratar de llegar a una solución o, si es necesario, buscar el consejo de acuerdo a Dios. A través de los años, la gente me ha confesado rápidamente, por ejemplo, que tomaba medicamento para escapar de un asunto interpersonal no resuelto. Admitían saber que no había nada mal en sus organismos. Para ellos era un clásico caso de escapismo, y el medicamento los ayudaba. Recientemente la esposa de un pastor se acercó a mí llorando para confesar que este era precisamente su problema.

> *Un hedor en las narices de Dios son las palabras: «Soy más santo que tú» (Isaías 65.5).*

¿Está usted tratando de ser el Espíritu Santo para su esposo?

Otra cosa que comparto en las conferencias es que la mayoría de los esposos se ven a sí mismos tan injustos como sus esposas se ven justas. Esta percepción incorrecta es bastante imprecisa, pero llega un punto en el matrimonio en el cual la esposa también ve injusto a su esposo. Como ella es quien constantemente parece tener que estar encima de las cosas, tales como corregir a los hijos (y a él), se desliza sin advertirlo hacia una actitud de fariseísmo. Suele ser subconsciente, pero un sutil espíritu de crítica viene sobre una mujer. Muchas mujeres me han confesado: «Tengo que dejar de ser el Espíritu Santo para mi esposo». Estuve de acuerdo con ellas porque no hay vacantes en la Trinidad. Sin embargo, nunca oí a hombres que dijeran: «Tengo que dejar de ser el Espíritu Santo para mi esposa».

Para ver un modelo bíblico, vayamos a la escena donde Jesús visita el hogar de Marta y María. Marta estaba excedida de trabajo y ansiosa por lo preparativos que realizaba para la cena. Le dijo a Jesús: «Señor, ¿no te da cuidado que mi hermana me deje servir sola? Dile, pues, que me ayude» (Lucas 10.40). Aquí Marta no está haciendo una pregunta; está declarando lo que ella cree que es un hecho. Está mirando a los ojos del Amor mismo y lo llama ignorante e indiferente, porque él parece no estar interesado en lo que ella cree que es importante.

En vez de corregir con severidad a Marta, Jesús la reprende tiernamente por estar preocupada y alterada, mientras se perdía lo que era verdaderamente importante: la comunión con él. Podría hablarse mucho más de este relato —he predicado muchos sermones sobre él—, pero la cuestión aquí es que Marta estaba equivocada. Estaba mirando al mundo a través de su marca especial de anteojos rosa, y estaba haciendo evaluaciones incorrectas. La pregunta es: ¿sería posible que a veces usted estuviera equivocada por alguna de esas mismas razones? ¿Y podría ser que su esposo estuviera tratando de ayudarla, y no solo fuera crítico e indiferente?

Lo esencial para valorar el deseo que un hombre tiene de analizar y aconsejar, es darse cuenta de que él sí tiene discernimiento; y tener cuidado con cualquier actitud farisaica que pudiera socavar ese discernimiento. La pretensión de superioridad moral puede engañarla más que cualquier otro pecado. Si usted se ve a sí misma como mucho mejor que su esposo, especialmente en el reino espiritual, él se retraerá de usted espiritualmente y es probable que de otras muchas maneras también. Con el paso de los años, su esposo dejará de darle consejo en casi todo nivel. ¿Qué puede decirle él a una persona que siempre tiene razón y siempre es justa? ¿Qué puede decirle él a una esposa que lo mira con desdén? Él se ve a sí mismo como que tiene todos los problemas, mientras que ella no tiene ninguno. Así que se torna callado, temiendo más censura. Al darse cuenta de su silencio, una esposa suele decir: «¿Por qué siempre estás callado?». Y él termina por pensar: *si digo algo, estoy en problemas. Si no digo algo, estoy en problemas. Pero si no digo algo, estoy en menos problemas.* Ese es un comentario triste, pero es lo que muchos hombres están pensando.

Cuenta una vieja historia que Gretel le dice exasperada a su esposo Hans: «Sabes que estamos peleando y discutiendo demasiado, Hans. Y he estado pensando, creo que necesitamos orar que nuestro amado Señor se lleve a uno de nosotros al cielo, al que está causando el problema. Así que tú ora por que se lleve a uno de nosotros, y yo oraré que lleve a uno de nosotros, y después podré mudarme con mi hermana».

Es una historia graciosa, especialmente si usted es mujer. Cuídese de creer que él es el centro de todos los problemas. Admita que usted también tiene pecados, problemas y debilidades (en áreas en que él tiene puntos fuertes), y que no tiene el criterio perfecto en cada caso. Se asombrará al ver cómo alienta esto el alma de su esposo. Siempre que se acerque a él, dándole lo que Dios ha dispuesto que necesite —respeto—, él sentirá cariño en su corazón hacia usted. Como reflexionaba una esposa:

> *Durante los desacuerdos con su esposo, su belleza debería consistir en «...la incorruptible, [...] que [...] consiste en un espíritu suave y apacible. Esta sí que tiene mucho valor delante de Dios»*
> *(1 Pedro 3.4, NVI).*

He dejado de dar mi opinión a menos que él me la pida, y su confianza ha florecido. ¡Qué carga se me ha ido! ¡No tengo que «pensar» por ambos! Las cosas que solía considerar irritables (porque él no pensaba como yo) ahora son un gozo y una delicia, porque Dios ha abierto mis ojos a su genialidad creativa al hacer a mi esposo como es. Formidable.

SU ESPOSO SENTIRÁ QUE USTED APRECIA SU DISCERNIMIENTO Y SU CONSEJO

- cuando usted le diga por adelantado que solo necesita su oído; no se le queje después de que siempre trata de «arreglarla».

- cuando usted le agradezca su consejo sin ofenderse o actuar como si a él no le importaran sus sentimientos.
- cuando usted reconozca que el enfoque de su esposo para resolver problemas es el modo masculino de tener empatía.
- cuando usted se dé cuenta de su vulnerabilidad, especialmente entre hombres, y valore su protección.
- cuando usted lo aconseje respetuosamente al disentir con sus ideas (usted puede tener razón pero estar equivocada en decirlo con gritos).
- cuando usted a veces le permita «arreglar cosas» y aplauda sus soluciones.
- cuando usted le haga saber que cree que Dios nos ha hecho hombre y mujer con un propósito y que nos necesitamos mutuamente.
- cuando usted admita que usted puede pecar y le agradezca su percepción y consejo piadoso.

CAPÍTULO 20

RELACIÓN: VALORE SU DESEO DE UNA AMISTAD «HOMBRO A HOMBRO»

Ellos habían estado casados solo siete años cuando acudieron para que los ayudara, ya que continuaban entrando en lo que llamaban «tremendas peleas».

—¿Cómo comienzan las peleas?—, les pregunté.

Ella explicó que estaba en la cocina limpiando o tal vez planchando, y él la llamaba desde la habitación donde estaba leyendo el periódico o mirando la televisión: «Cariño, ¿por qué no vienes aquí y estás conmigo?».

Pensando que esta era una oportunidad para comunicarse, ella iba con su esposo y comenzaba a hablarle.

—No, no —le decía él—. No hables. Solo quiero que estés aquí conmigo».

Ella, confundida, decía: «Pero tú me dijiste que viniera aquí. Debes querer hablar conmigo».

—No, solo quiero que estés aquí. No quiero que hables.

—Pero debes tener algo de lo que quieras hablar —insistía ella —. Me pediste que viniera.

En este momento, las cosas iban rápidamente cuesta abajo, y en un instante estaban en una gran batalla verbal. Este escenario sucedía una y otra vez, y deseaban saber cómo podría yo arreglarlo.

Luego de comentar que yo no «arreglo» matrimonios sino que trato de explicar lo que les está sucediendo, le dije a la esposa (mientras el esposo escuchaba atentamente), que a él le infunde energía la simple presencia de su esposa. Luego argumenté: «Si él está leyendo el periódico, mirando televisión o trabajando en algunas tareas en el jardín, con que usted solo se siente allí cerca de él o lleve una silla y mire mientras trabaja, verá que fluye hacia él la más sorprendente energía».

Una mujer debe considerar cómo ser una compañera para un hombre; después de todo, Dios dijo: «Le voy a hacer alguien que sea una ayuda adecuada para él» (Génesis 2.18, DHH).

Noté la expresión perpleja en el rostro de la esposa. Continué: «Así es como los hombres se comunican, compartiendo experiencias. Las mujeres comparten experiencias hablando sobre sí mismas unas con otras, examinándolas y embebiéndolas en sus impresiones y emociones. Los hombres son diferentes. Comunican sus experiencias compartiendo una actividad. Esto es lo que su esposo desea hacer con usted».

Cuando finalizó nuestra sesión de ese día, le dije a la pareja que yo estaba dando una conferencia de Amor y Respeto en una de las iglesias de la ciudad, y les sugerí que asistieran para tener el cuadro completo de cómo funciona realmente la Conexión de Amor y Respeto. Así lo hicieron, y cuando vinieron a verme nuevamente, la esposa había «captado» totalmente por qué su esposo deseaba que estuviera con él. «Usted tenía razón —dijo ella—. El no hablar casi me sacó de quicio al principio, pero por alguna extraña razón, funciona. Realmente quiere que solo me siente allí con él».

CÓMO ES QUE «NO HACER NADA» PUEDE EDIFICAR UNA RELACIÓN

¿Qué sucede cuando su esposo dice: «Oye, cariño, ven aquí y mira Discovery Channel conmigo»? Usted entra y se sienta, y él de veras mira Discovery Channel, posiblemente comentando de vez en cuando «el tamaño de esos alces»; o: «Mira los dientes de ese cocodrilo». Pero la mayoría del tiempo está completamente absorto en lo que está haciendo: mirando televisión. Si usted es una esposa típica, se sentará allí pensando: *tengo que doblar y guardar la ropa, tengo que preparar la comida; el almuerzo de los chicos para mañana, todavía no está empacado...* Finalmente, se levantará y se marchará, porque debe hacer todas esas cosas, y además, de todos modos usted y su esposo realmente no están «haciendo nada». Él solo está mirando televisión con usted sentada a su lado. No se están comunicando, así que, ¿cómo podría eso estar edificando la relación?

Pero las esposas continúan informando que eso es exactamente lo que sucede. Una esposa decidió ir a cazar venados con su esposo, quien usa arco y flecha. Lo ayudó a preparar la paranza, y ambos se sentaron allí durante horas esperando que pasara un venado. No vieron nada, no le dispararon a nada y no dijeron nada. Finalmente, desmontaron la paranza y se encaminaron al auto. Hasta este momento, ella no había dicho ni una palabra. Mientras estaban bajando por el sendero, su esposo se dio vuelta y le dijo: «¡Esto fue formidable!».

Otra esposa, a pesar de su reserva para hacer algo tan «chiflado», decidió acompañar a su esposo en su taller y observarlo mientras completaba uno de sus proyectos. Se sentó sin decir nada, y simplemente observó. Él levantaba la vista hacia ella y le enviaba una especie de sonrisa, y ella simplemente se la devolvía. Unos minutos más tarde, él la miró otra vez, sonrió, y ella también. Esto continuó durante alrededor de cuarenta y cinco minutos. Finalmente, él le dijo: «No sé lo que estás haciendo, ¡pero sigue haciéndolo!».

¿Por qué a los hombres les gusta este silencio hombro a hombro con sus esposas? Realmente no lo sé, pero tengo que admitir que es diferente. Recuerde que usted es rosa; él es azul. Si usted interpreta el mundo por medio del rosa y solamente el rosa, se pierde algo,

Como esposa, usted «debe velar no solo por sus propios intereses» sino también por los intereses «hombro a hombro» con su esposo (Filipenses 2.4, NVI).

exactamente como él se pierde algo si ve y oye estrictamente a través del azul. Necesitan ser pareja, por supuesto, pero también necesitan ser amigos hombro a hombro. (Para comparar las necesidades de «rosa» y «azul», ver el apéndice C).

¿La Escritura habla de la necesidad tanto de amor como de amistad? En el Cantar de los Cantares de Salomón, donde el tema es el amor apasionado y sufriente, el Señor dedica tiempo en el capítulo 5 para decirle a la pareja: «Comed, amigos; bebed en abundancia, oh amados» (v. 1). Más adelante, en el mismo capítulo, cuando la esposa narra cuán hermoso y deslumbrante es su esposo («señalado entre diez mil», v. 10), ella completa su letanía de alabanza diciendo: «Tal es mi amado, tal es mi *amigo*...» (v. 16; las cursivas son mías).

El Nuevo Testamento también hace provisión para la amistad en una relación matrimonial. La palabra griega *phileo* se refiere al amor fraternal o de amigos. En Tito 2.3–4, Pablo dice que las mujeres ancianas (quienes «están de vuelta» y saben cómo es un esposo) deberían enseñar a las mujeres jóvenes a *phileo* a sus esposos; es decir, a ser amigables con ellos.

Sara no fue amistosa durante cierto tiempo

En un capítulo anterior mencioné que con frecuencia les pregunto a los esposos si su esposa los ama, y ellos responden rápidamente: «Sí, por supuesto». Pero cuando les pregunto si le *gustan* a su esposa, frecuentemente la respuesta es: «No», o «No estoy seguro». Yo me identifico porque hubo un tiempo en mi propio matrimonio en que me sentí del mismo modo.

Como Sara fácilmente admitirá, ella recuerda este tiempo de tensión entre nosotros y es consciente de que se había vuelto muy negativa, tratando de cambiarnos a todos para conformarnos a sus estándares, especialmente de prolijidad. Se quejaba de cada migaja sobre el escritorio, cada zapato en el piso, cada toalla húmeda dejada sobre una cama, cada papel de caramelos que cayó fuera del cesto de basura. Ella trataba de ayudarnos a todos, especialmente a mí y a mis dos hijos, para que nos diéramos cuenta de que seríamos más felices si fuéramos más prolijos y más organizados. Francamente, no estaba resultando demasiado bien.

Aconteció que Sara decidió hacer un viaje a otra ciudad para ver a su madre, y llevó consigo a nuestra hija Joy. Yo me quedé en casa con nuestros dos hijos, Jonathan y David. Pasó una semana, y Sara y Joy regresaron de su viaje. Cuando pasé a buscarlas al aeropuerto, su primera pregunta fue:

—¿Cómo lo pasaron?

Yo respondí: «Oh, estuvo bueno».

«¿Me extrañaste?», quiso saber. No podía mentir, así que le dije: «Sabes, pasamos un tiempo maravilloso. Simplemente comíamos donde queríamos. Hacíamos fortines donde queríamos. Tendíamos las camas cuando queríamos».

Sara entendió mi mensaje. Se dio cuenta de que habíamos tendido las camas por primera vez justo antes de venir para el aeropuerto. Y también de que realmente no la habíamos extrañado tanto. Oh, la seguíamos amando como esposa y madre, pero no habíamos extrañado todo el fastidio y la crítica.

Allí mismo Sara tomó la decisión de que nuestros hijos y yo la agradaríamos a pesar de nuestra falta de cuidado. Se dio cuenta de que nos habíamos casado, porque nos gustábamos uno al otro. Éramos *amigos*, y ella supo que era necesario que fuera amigable tanto como cariñosa.

> *Un esposo puede ser amigo de la esposa «de su juventud», pero ser rechazado después cuando su esposa [ignora] el pacto con Dios (Proverbios 2.17, NVI).*

Esposas, sean pacientes con el «solo siéntate a mi lado»

La esposa que desea mostrarle a su esposo que él le gusta —que ella es su amiga— será paciente con su extraño requerimiento de «solo ven aquí y quédate conmigo. Mira lo que hago o mira la televisión conmigo, pero no hables». Cuando el esposo llama a la esposa «solo para que se siente a su lado», él está trabajando en su relación de una manera significativa; tal vez no significativa para ella, no obstante sumamente significativa. Así es como un esposo se comunica. Los hombres prefieren la comunicación «hombro a hombro», en vez de «cara a cara», y esto puede ocurrir de las maneras más sencillas. Por ejemplo, durante nuestro primer año de matrimonio, Sara y yo estábamos en nuestro departamento. Yo estaba leyendo, y ella estaba en el sofá. Ella dijo: «¿No deberíamos estar hablando?».

Yo le respondí: «Estoy contento solo por estar contigo».

Investigaciones realizadas confirman la preferencia masculina por la comunicación «hombro a hombro» con poco o nada de conversación. En un estudio, los investigadores realizaron una serie de pruebas sobre varones y mujeres en cuatro grupos etarios de segundo grado, sexto grado, décimo grado y de veinticinco años de edad respectivamente. Las instrucciones para las parejas femeninas y las masculinas eran exactamente las mismas: entrar en una habitación, sentarse en dos sillas y hablar si lo deseaban.

Mientras se realizaba la prueba, cada pareja de mujeres, sin importar sus edades, reaccionaba de la misma manera. Daban vueltas las sillas la una hacia la otra, o al menos una de ellas se daba vuelta, de modo que pudieran estar cara a cara, se inclinaban hacia delante y hablaban. Los varones reaccionaban diferente. No se volvían el uno hacia el otro de ningún modo. Se sentaban uno junto al otro, hombro a hombro, mirando derecho hacia delante excepto por una ocasional mirada recíproca.

Como las mujeres se volvían una a la otra o literalmente les daban vuelta sus sillas para estar frente a frente con el fin de tener un contacto directo «cara a cara», los investigadores suponían que tenían las conversaciones más íntimas. Realmente, las más transparentes y abiertas de todas las parejas, varones o mujeres, eran los chicos de décimo grado.[1] Esto no me sorprende. Mi observación es que los hombres se acercan realizando actividades juntos, hombro a hombro. Con el tiempo, estas experiencias comunes y los intereses mutuos dan como resultado un sentido de vinculación. Hay poca negatividad y muy pocas quejas. No se enfocan en su

La esposa «hombro a hombro» ve un nuevo significado en que sus esposos sean «ganados sin palabras» (1 Pedro 3.1).

relación, y rara vez hablan de cómo se sienten respecto del otro. Cuando se vuelven amigos, una cosa es cierta: cada uno está allí para el otro.

Muchos hombres pueden recordar que eran «hermanos de sangre» con su amigo de la niñez. Dos gotas de sangre mezcladas juntas simbolizaban el vínculo «para siempre». El compromiso era estar hombro a hombro, pelear hasta la muerte, si fuera necesario. Las niñas no entran en esta clase de mundo de sueños, pero los niños sí. Construyen sus fuertes y están listos para batallar y morir juntos. Aun ahora, mientras escribo esto, siento la profundidad de la emoción que cada niño ha sentido respecto a sus «hermanos de sangre».

¿Entonces cuál es mi concepto? Un día, el niñito crece, se transforma en un hombre, y se encuentra con una joven especial. Él le propone matrimonio y se casan. En su masculinidad, él supone que los dos estarán juntos, hombro a hombro, exactamente como ha sido con sus amigos varones a lo largo de su vida. Su requerimiento es simple: «Oye, vamos a hacer algo juntos». Al principio, su esposa puede cooperar. Ella es una verdadera amiga. Sin embargo, después de tres hijos y una tonelada de ropa para lavar, hay tantas cosas más importantes que hacer que pescar con mosca o andar por ahí. Además, cuando tienen tiempo para estar juntos, ella necesita hablar. Para ella, hablar es la manera de conectarse. Estar juntos no hablar nada, ¡eso es absurdo!

En la mayoría de los matrimonios, entonces, hay una verdadera diferencia en las necesidades básicas. Como vimos en el capítulo 9, ella desea hablar, estar cerca. Pero en este capítulo vemos que la inclinación natural del varón es estar hombro a hombro con mucho menos conversación. Obviamente deberá haber algunas concesiones mutuas en este asunto, como debería haberlas en tantas otras áreas del matrimonio. Así como a veces él debe hacer el esfuerzo de estar con usted cara a cara, usted también debe esforzarse para estar con él hombro a hombro. Cuando la llama para que esté con él y usted simplemente lo hace, con poco o nada de conversación, verá que la energía fluye en él.

Pasen tiempo juntos, permanezcan juntos

¿Vale la pena soportar esta extraña peculiaridad masculina? Recuerdo que cuando era niño, mientras crecía en Peoria, Illinois, solía ir y venir en bicicleta por la calle. Recuerdo a una pareja a la que veía con frecuencia mientras andaba. Él estaba trabajando debajo de su auto en la entrada para coches y ella, sentada en una banco allí afuera, fumando un cigarrillo, arreglándose las uñas o masticando chicle. No había ninguna otra mujer alrededor. Él estaba debajo del auto, y ella no le decía nada mientras trabajaba.

Por alguna razón, siempre recuerdo a esa pareja. De hecho, años después mientras pensaba en ellos, me di cuenta de algo. Muchas parejas de nuestra cuadra se divorciaron, pero esta pareja nunca lo hizo. De algún modo, ella entendió que el simple hecho de sentarse allí con él y estar sin decir nada mientras él trabajaba era positivo. Ella establecía lazos afectivos con él aunque no estuvieran hablando.

Si el solo sentarse con su esposo hombro a hombro sin hablar todavía le parece un poco raro, lea los siguientes extractos de cartas típicas que recibimos todo el tiempo:

> A él le gusta tenerme alrededor los sábados, solo andar con él mientras trabaja en la casa, ayudando o charlando, eso de estar uno al lado del otro. He comenzado a hacer esto, ¡y a él le ENCANTA! Realmente comparte más acerca de lo que piensa en estos días [...] Sin embargo, esto no surge naturalmente [...] Termino beneficiándome también por tener un esposo que se siente amado al ser respetado [y] es mucho más cariñoso.

> Cuando usted habló acerca de «hombro a hombro», yo sabía exactamente a qué se refería. Mi esposo por fin expresó que a veces todo lo que deseaba que hiciera era que simplemente me sentara con él. Ha aceptado el hecho de que hay veces en que

estaré corrigiendo papeles mientras estoy sentada (¡el trabajo de una maestra nunca se termina!), y he aprendido que si me levanto a verificar el lavado o para hacer otra cosa, todo lo que tengo que hacer es decírselo. Siempre y cuando sepa lo que estoy haciendo y que regresaré, está BIEN.

He aconsejado a muchas parejas que no han tenido un buen intercambio de corazón a corazón durante décadas. ¿Qué puede hacer una esposa? Trate de ver su necesidad de una amistad hombro a hombro. Si la ha excluido y se ha cerrado en silencio, la manera de lograr que se abra es simplemente estar con él durante alguna actividad. No hable; solamente esté con él. Haga esto durante un período de doce semanas y observe lo que sucede. Casi puedo garantizarle que él comenzará a hablar. ¿La mirará necesariamente cara a cara? Es probable que no. ¿Hablará mucho tiempo al principio? Es probable que no. ¿*Usted* será energizada por esto? Es probable que no ¿*Él* será energizado por esto? ¡Sí!

En el matrimonio el tiempo es todo: «tiempo de callar, y tiempo de hablar» (Eclesiastés 3.7).

Confíe en mí. Su esposo tiene una necesidad que usted no tiene, y esa necesidad se satisface de una manera que a usted le parece poco natural. Pero cuando usted simplemente esté con él hombro a hombro, su afición por usted crecerá inexplicablemente. Realmente no tiene mucho sentido, pero la simple verdad es que él solo necesita que usted esté allí.

Su esposo sentirá que usted valora su amistad «hombro a hombro...»

- cuando usted le diga que le gusta y se lo demuestre (él sabe que usted lo ama, pero con frecuencia se pregunta si realmente le gusta).
- cuando usted responda a su invitación de dedicarse a actividades recreativas juntos o vaya a verlo (no es necesario que vaya todo el tiempo, pero si lo hace de vez en cuando, lo energizará más de lo que usted cree).

- cuando usted le permita abrirse y hablarle mientras hace cosas con él «hombro a hombro».
- cuando usted lo aliente a pasar tiempo solo, lo cual lo energiza para reconectarse con usted después.
- cuando usted no censure sus actividades «hombro a hombro» con sus amigos varones para lograr que él pase más tiempo «cara a cara» con usted. Respete sus amistades, y será más probable que el desee que usted lo acompañe «hombro a hombro» en otras ocasiones.

Capítulo 21

Sexualidad: valore su deseo de intimidad sexual

El médico y su esposa no tenían un matrimonio feliz. Estaban en un Ciclo Alienante, y se centraba en el ultimátum de la esposa, el cual ella había determinado varios años antes. No le respondería sexualmente hasta que él satisficiera sus necesidades emocionales. Ella deseaba intimidad emocional, quería que le hablara cara a cara, y hasta que él no la satisficiera, no le respondería sexualmente. Después de todo, de eso se trataba el amor, ¿no?

Luego, por medio de una serie de eventos, el Señor le habló y le dijo: «¿Quién se supone que es el maduro aquí? Él es un creyente nuevo y tú has estado en Cristo durante años». Ella captó el mensaje. Decidió atender sexualmente a su esposo, no porque ella particularmente lo quisiera, sino porque deseaba hacerlo como para Jesucristo. No tenía esa necesidad de sexo. No estaba en ella, pero se dio cuenta de que esa era la necesidad de su esposo, y el Señor le había hablado de satisfacer primero las necesidades de él.

Así que dijo: «Bien, Señor, lo serviré y satisfaré alegremente esa necesidad». Y procedió a hacerlo de ese modo. ¿Qué sucedió entonces? ¿Su necesidad de intimidad emocional y de hablar cara a cara fueron satisfechas? Ella me volvió a informar: «Cuando estábamos allí en la cama después, ¡no podía hacer que guardara silencio!».

Patearon al diablo fuera de la cama

Esta pareja que había sido tan infeliz durante tantos años por estar en un enfrentamiento en el que ambos resultaron perdiendo, de pronto se encontró en una situación en que ambos ganaron. Así como ella satisfacía la necesidad física de su esposo, él se estiraba para satisfacer su necesidad emocional. Alguien ha dicho: así como el diablo hará todo lo que pueda para que dos personas se unan sexualmente *antes* del matrimonio, hará todo lo que pueda para separarlos uno del otro *después* del matrimonio. Esta pareja derrotó al diablo contundentemente. ¡Podría decir que lo patearon fuera de la cama!

Si alguna vez hubo una cuestión que no es realmente la cuestión, es el sexo. Durante años, docenas de parejas han venido a mí quejándose de no estar llevándose bien. La frecuente respuesta al problema yace en el hecho de que ella deseaba intimidad y afecto sin todo el contacto sexual, mientras que él necesitaba sexo y no estaba siendo muy paciente con los momentos de afecto solamente. El sexo para él y el afecto para usted es una calle de doble mano. Así como él debería ministrar a su espíritu para tener acceso a su cuerpo, también usted debería ministrar al cuerpo de su esposo si desea ganar acceso a su espíritu.

«El marido cumpla con la mujer el deber conyugal, y asimismo la mujer con el marido»
(1 Corintios 7.3).

Durante la consejería una esposa me dijo que ella pensaba que el sexo era la necesidad número uno del hombre. Le respondí que el sexo simboliza su necesidad más profunda: respeto. Por analogía, una esposa necesita distensión emocional por medio de la conversación. Cuando esa necesidad es satisfecha, se siente amada. Cuando un hombre se rehúsa a hablar, para ella eso simboliza que no la ama o que no se preocupa por su necesidad. Un esposo tiene necesidad de distensión física por medio de la intimidad sexual. Cuando la esposa se rehúsa, para él eso simboliza que a ella no le importa, que no lo respeta a él ni a su necesidad. Es necesario que la esposa también piense cuán injusto es decirle a su esposo: «Ten ojos solo para mí», y lo menosprecie continuamente cuando él se aproxima sexualmente a ella. Como esposa, le demuestra respeto a su esposo cuando aprecia el deseo sexual que siente por usted.

Dos claves para comprender a su esposo

Hay dos aspectos para comprender sexualmente a su esposo. En primer lugar, tome conciencia de que la sexualidad de su esposo es muy diferente de la suya. Proverbios 5.19 dice: «Es una gacela amorosa, es una cervatilla encantadora. ¡Que sus pechos te satisfagan siempre! ¡Que su amor te cautive en todo tiempo!» (NVI).

No es coincidencia que en la Biblia no haya un versículo que le ordene a la esposa que se satisfaga siempre con el pecho de su esposo. Es una declaración ridícula, pero ¿por qué es ridícula? Proverbios 5.19 está hablando del hecho de que un hombre es orientado visualmente cuando se trata del deseo sexual. Él ve una mujer hermosa, su rostro y su figura, y es estimulado. Las mujeres no son orientadas visualmente cuando se trata del sexo, al menos no al grado que los hombres.

«Tus pechos parecen dos cervatillos, [...] que pastan entre azucenas» (Cantares 4.5, NVI).

Piense cuando usted sale de la ducha en oposición a cuando él sale de la ducha. Cuando usted camina fuera de la ducha, él es todo ojos, totalmente ajeno a cualquier otra cosa. ¿Pero qué sucede cuando él sale de la ducha? Usted probablemente diga algo como: «¡Por favor párate sobre la alfombrita del baño!», o «¡Ten cuidado! ¡Acabo de encerar el piso!». Usted no es orientada visualmente.

El segundo aspecto para poder apreciar el deseo sexual de su esposo por usted es que él necesita distensión sexual exactamente como usted necesita distensión emocional (intimidad). En 1 Corintios 7.5, Pablo escribe: «No os neguéis el uno al otro, a no ser por algún tiempo de mutuo consentimiento, para ocuparos sosegadamente en la oración; y volved a juntaros en uno, para que no os tiente Satanás a causa de vuestra incontinencia». Cuando se trata de nuestra sexualidad, tanto el esposo como la esposa necesitan satisfacer cada uno las necesidades del otro. Pablo dice que cada uno debe cumplir su deber hacia el otro. Los esposos especialmente, pueden caer bajo ataques satánicos cuando son privados de la distensión sexual. Las esposas podrán comprender mejor esto si piensan cómo se sentirían si su esposo no quisiera hablarles o escucharlas. Ser privadas de distensión emocional haría miserables a la mayoría de las mujeres.

Una joven le contó a Sara la siguiente historia, después de una de las sesiones de nuestra conferencia. Cada domingo, ella y su esposo visitaban a los padres de ella, pero un domingo por la mañana llamó por teléfono a su madre y le dijo: «No vamos a ir». La madre preguntó: «¿Por qué no?».

—Bueno, porque mi amor se hace el tonto —dijo la hija.

—¿Por qué? —inquirió la madre.

—Supongo que es porque no hemos tenido intimidad sexual durante siete días.

Mamá no titubeó; amable pero firmemente le dio su merecido a la hija: «Deberías estar avergonzada de ti misma. ¿Por qué lo privas de algo que toma tan poco tiempo y a él lo hace taaaaaan feliz?».

Avergonzada, la hija gritó en el teléfono: «¡Madre! No puedo creer que hayas dicho eso». Pero cuando la joven terminó de relatar la historia a Sara, agregó: «Mi mamá ha estado casada durante cuarenta y siete años, y no conozco a nadie que tenga un matrimonio más feliz».

Esta madre le dio un buen consejo a su hija, de veras. Tristemente, muchas parejas giran en el Ciclo Alienante, porque sin relaciones sexuales él no se siente respetado y reacciona como un «tonto» poco afectuoso, y ella lo rechaza por infantil. ¡Dan vueltas y vueltas! Pero no tiene que ser así. Sara lo expresa mejor en nuestras conferencias: «Esposas, ¿qué les parece si sus esposos no les hablan durante tres días, tres semanas... o tres meses? Creerían que eso es horrible. Creo que entienden la idea. Algunas esposas desean que sus necesidades emocionales sean satisfechas después del matrimonio, pero de algún modo pierden de vista las necesidades sexuales de su esposo. Recuerden, su hijo tendrá la misma necesidad. ¿Cómo desean que lo trate su nuera? ¡Su hijo no pidió ser hecho de esta manera más de lo que su hija o nuera pidió ser hecha con la necesidad de hablar íntimamente en forma regular!».

La regla de oro también funciona con el sexo

La cuestión aquí es que la anatomía de su esposo y su diseño son muy diferentes a los suyos. Él necesita distensión sexual, como usted necesita distensión emocional. Es por eso que le encanta el acto sexual en sí mismo. Es un acto placentero que le brinda satisfacción. Como mujer, usted puede pensar que los dos tienen que sentirse cerca y estar juntos para compartir sexualmente. Sin embargo, para él es al revés: ¡el acto sexual es lo que hace que los dos se acerquen!

Recuerde que el sexo se halla en la misma categoría que todo lo descrito en el Ciclo Energizante, según P-A-R-E-J-A[a] (lo que se supone que él haga por usted) o S-I-L-L-A-S[b] (lo que se supone que usted haga para él). La regla que nunca cambia es: *usted no puede conseguir lo que necesita privando a su compañero de lo que él necesita.*

«Traten a los demás tal y como quieren que ellos los traten a ustedes» (Lucas 6.31, NVI).

Hay una vieja historia sobre una pregunta que un hombre encontró mientras completaba una solicitud de empleo: sexo. Él respondió: no suficiente. Los hombres especialmente, pueden sonreír, pero la fría y dura verdad es que con frecuencia los hombres son atraídos a aventuras amorosas, porque están sexualmente privados en su hogar. Es usual que cuando un hombre que se extravía sea culpado totalmente por su aventura amorosa, pero en muchos casos él es la víctima de la tentación que su esposa ayudó a provocar. El segundo capítulo de Proverbios describe con algún detalle el beneficio de buscar y adquirir el conocimiento, la sabiduría y la discreción. El versículo 16 dice que por la discreción «serás librado de la mujer extraña, de la ajena que halaga con sus palabras».

---

a. Nota del traductor: Ver nota en página 112 (al pie de la introducción a la Parte II).
b. Nota del traductor: Ver nota en página 112 (al pie de la introducción a la Parte II).

Una dosis de respeto es más que una dosis de Viagra® cada día

Ser atrapado por una adúltera es precisamente lo que le sucedió al esposo de una mujer que me escribió después de entender por qué había tenido una aventura amorosa. Ella se dio cuenta de que su esposo había estado ansiando admiración, así como ella ansiaba amor de su parte. Él estaba listo para ser tentado por una mujer que lo admirara, y eso es exactamente lo que ocurrió en su trabajo. Aunque habían disfrutado lo que ella pensaba que era «un matrimonio perfecto» durante más de veinte años (con cuatro hijos adolescentes, siendo activo en la iglesia y exitoso en los negocios, entre otras cosas), él se extravió. Se separaron durante un tiempo, pero después la esposa se dio cuenta:

> Me había ocupado tanto con la vida, los hijos, entre otras cosas, que había abandonado a mi esposo en esta área y lo dejé vulnerable a los ataques del enemigo. Dijo que había estado anhelando algo, pero que no sabía lo que era hasta que «ella» comenzó a darle lo que él ansiaba. Su necesidad de eso era tan fuerte que en un momento de nuestra separación, estaba dispuesto a renunciar a todo —matrimonio, familia, negocio, reputación, hasta su relación con el Señor— solo para continuar sintiendo el respeto y la admiración que recibía de la otra mujer. Pasó por una batalla espiritual sumamente intensa durante este tiempo, porque sabía lo que era correcto hacer, pero no quería renunciar a lo que estaba recibiendo de ella. Dios me está ayudando a ver mi parte en la ruptura de nuestro matrimonio. Mi esposo es un hombre de buena voluntad y sé que me ama, y él sabe que lo amo.

La carta continuaba diciendo que ella había probado el Test del Respeto con resultados asombrosos. Comenzó a hablarle a su esposo con gran respeto, y él inmediatamente respondió diciéndole cuánto lo «encendía» oírle decir cosas tan respetuosas. De hecho, ella relata: «¡Inmediatamente compartimos una experiencia sexual muy profunda! ¡Parece que una dosis de respeto es más que una dosis de Viagra cada día!».

No todas las aventuras amorosas terminan con una nota tan positiva. Un esposo que había sido privado de la distensión sexual y finalmente se extravió, escribió para contar lo siguiente:

> No la culpo por [mi] inmoralidad, pero ella no admite nada. No la estoy culpando, pero no es inocente. Nunca dijo que contribuyó al problema. Quiero olvidarlo, pero ella no me lo permitirá. Hice mal, pero no fue simplemente que un día decidiera irme con otra mujer. Si hubiera sentido que me respetaba, quizás no habría hecho esto. A veces sentía que ella creía que yo era un fracaso. Entonces, cuando alguien dijo: «Tú eres lo mejor que hay», lo intenté. Ella dice que corrí hacia una rubia bonita y tonta. Pero [la otra mujer] realmente me hace sentir bien; no tenía nada que ver con el sexo. Alguien pensó que yo estaba bien. Cuanto más me decía que yo era un buen hombre, más atraído me sentía hacia ella.

«... Con lisonjas de sus labios lo sedujo» (Proverbios 7.21, NVI).

SI ÉL ME AMA, ¿CÓMO PUEDE SER TENTADO POR OTRAS MUJERES?

La sexualidad se transforma con frecuencia en la razón por la cual las parejas no están tan unidas como podrían, pero se manifiesta de maneras que usted no imaginaría. Los hombres pueden desear ser francos con sus esposas, pero cuando quieren serlo sobre temas que amenazan en vez de incrementar las sensaciones de amor, algunas mujeres se sienten incómodas, por no decir verdaderamente ofendidas. Una esposa puede estar preguntándose por qué su esposo no es más abierto, cuando la verdad es que ella le dijo hace muchos años que no lo fuera.

Como regla, una esposa desea más intimidad emocional solo en temas que aumentan las sensaciones de amor entre ella y su esposo. Cuando el esposo comparte cualquier clase de luchas de su «lado oscuro», digamos con tentaciones sexuales, ella se incomoda o hasta se siente herida, y se enoja. Ella puede pedirle que guarde silencio y cambie. En otras palabras, puede ser como una mujer que dijo: «Nosotras no codiciamos el cuerpo de los hombres, así que ustedes no codicien el de las mujeres».

Para ella está bastante bien compartir las luchas que tiene con la imagen corporal, el control de peso, temores y preocupaciones. El esposo debe escuchar y tener empatía en todos estos temas. Ella se siente muchísimo mejor después, porque en su mente, esto aumenta las sensaciones de amor entre ellos. El problema, por supuesto, es que él no tiene luchas con la imagen corporal, el control de peso, los temores y las preocupaciones como ella. Tiene luchas diferentes. Sin embargo, debido a que su esposa no tiene esos mismos desafíos, sus inquietudes masculinas usualmente no cuentan cuando se trata de la intimidad emocional.

Todo hombre comprende la connotación de esta Escritura: «David. [...] vio [...] a una mujer que se estaba bañando...» (2 Samuel 11.2).

Así que el esposo se pone muy poco comunicativo, especialmente después de ser regañado. Esto, entonces contribuye a la conclusión de la esposa de que él no puede ser emocionalmente íntimo. En realidad, ella le ha dicho que no sea abierto. Ella tiene un alto criterio de lo que es la intimidad emocional, pero esta debe energizar el amor entre ambos y aliviar sus cargas. Si él comunica algo que no es energizante y le crea una carga a ella (por ejemplo, tentaciones sexuales que puede tener cuando ve mujeres atractivas), él está fuera de lugar. Ella se pregunta: *¿cómo puede ser tentado por otra mujer? ¿Me ama a mí solamente o no?*

Ella no puede comprender que ver a alguna mujer bien dotada en la oficina con un escote muy profundo podría «encenderlo». Así que supone que él debe estar mintiendo. Concluye que la razón por la cual él siente esta atracción sexual hacia esa mujer es porque ya han pasado mucho tiempo juntos (o al menos él quiere pasar tiempo con ella), han estado hablando, conociéndose mutuamente, acercándose, etc. No puede comprender el concepto de que él puede ser excitado simplemente por mirar a alguien que apenas conoce. Ella le hace saber que de ninguna manera está bien ser tentado por ninguna otra mujer, y no quiere oír hablar más de eso.

Probablemente ella no oiga hablar más de eso, aunque su esposo todavía luche con su problema de orientación visual y desee poder compartirlo.

¿Recuerda la advertencia al esposo de Proverbios 5.19? Debe dejar que las caricias de su esposa lo satisfagan en todo tiempo, y no otras caricias. La mayor parte de Proverbios 5 está dirigida a advertirles a los esposos del peligro del adulterio. ¿Por qué? Porque el sabio maestro que escribió este pasaje estaba tratando de darles a los hombres una visión saludable del sexo. El esposo que ama a su esposa debería deleitarse en la sexualidad dada por Dios, lo cual significa solamente dentro del vínculo del matrimonio.[1]

Recuerde también que Jesús advirtió: «... Cualquiera que mira a una mujer para codiciarla, ya adulteró con ella en su corazón» (Mateo 5.28). Nuestro Señor comprendía que los hombres son estimulados visualmente. El sexo está a la vanguardia de la conciencia del hombre y siempre que ve algo visualmente seductor, puede ser estimulado.

Dicho sencillamente, un hombre es sensible a lo que ve. Necesita la comprensión de su esposa en sus luchas. Si él quisiera ser mendaz con ella, jamás aludiría a este problema. Una esposa anhela recibir la cercanía, la franqueza, y la comprensión de su esposo. Usted puede lograr eso de dos maneras: (1) ponga lo mejor de sí para darle la distensión sexual que él necesita, aunque en algunas ocasiones usted «no esté de humor», o (2) hágale saber que usted está tratando de comprender que él es tentado sexualmente de maneras que usted no entiende. Mientras le permita hablar de sus luchas, tiene mayor oportunidad de ser su amiga así como su amante.

Si su esposo es típico, él tiene una necesidad que usted no tiene. Cuando usted lo avergüenza, lo castiga o lo priva, él se siente deshonrado por ser quien es. Si su esposo siente que usted no respeta su lucha, su deseo por usted y su masculinidad, él se retraerá de usted. Pero la necesita, usted sabía eso antes de casarse. Cuando reconoce la necesidad de su esposo y busca satisfacerla, se dará cuenta de que él se extiende para satisfacer las suyas. Probablemente no haya una manera más efectiva de pincharle las cuatro ruedas al Ciclo Alienante y hacer que el Ciclo Energizante ande a toda máquina.

Él sentirá que usted aprecia su deseo de intimidad sexual...

- cuando usted le responda sexualmente con mayor frecuencia e inicie las relaciones sexuales periódicamente.
- cuando usted comprenda que él necesita distensión sexual exactamente como usted necesita distensión emocional.
- cuando usted le permita reconocer sus tentaciones sexuales sin temer que sea infiel y sin avergonzarlo.
- cuando usted no trate de hacer que se abra verbalmente privándolo de las relaciones sexuales.

Capítulo 22

El Ciclo Energizante
funcionará si usted lo
practica

Un día le envié un correo electrónico, haciéndole saber por qué lo respeto. Esa noche, él me dijo que lo conmovió mucho [...] Solamente oré y dejé que Dios me guiara en lo que tenía que decirle, y resultó. Además, por algún tiempo hemos estado enviándonos mutuamente mensajes MCTA (Mira Cuánto Te Amo). Yo cambié los míos por MCTR (Mira Cuánto Te Respeto), y a él le encantó. La semana siguiente, mi esposo me llamó a mitad del día para decirme las razones por las que me ama. Hace casi diez años que estamos casados, ¡y él nunca había hecho eso!

La carta de esta esposa es una de las docenas que podría usar para sintetizar el poder que puede estar operando en un matrimonio cuando el Ciclo Energizante marcha a gran velocidad. Entender que la necesidad más profunda de una esposa es de amor, y la del esposo es de respeto, es el núcleo para saber cómo mejorar su matrimonio.

En términos de Ciclo Energizante, el amor del esposo motiva el respeto en la esposa; el respeto de la esposa motiva el amor en el esposo. (Ver pág. 111.)

Cómo le deletrea amor el esposo a su esposa

Como hemos visto, el amor para las esposas se deletrea P-A-R-E-J-A.[a] A continuación hay una breve revisión de esos seis conceptos. Si un esposo memoriza y usa siquiera uno o dos de ellos cada día, hará su parte en mantener funcionando al Ciclo Energizante. Los esposos deberían hacerse estas preguntas:

1. Intimidad: ¿recuerdo siempre acercarme a ella y aceptar su necesidad de hablar y conectarse conmigo para asegurarse de mi amor?

2. Apertura: ¿comparto mis pensamientos con ella, y estoy seguro de que no estoy resistiendo sus esfuerzos para hacer que sea más comunicativo?

3. Comprensión: ¿tengo cuidado de no tratar de «arreglarlo» cada vez que ella habla de uno de sus asuntos o problemas? ¿Recuerdo que ella tiene una personalidad integrada y que cualquier cosa que le sucede afecta todo su ser, especialmente sus emociones?

4. Reconciliación: ¿estoy siempre dispuesto a resolver los asuntos, y tengo cuidado de nunca decir «Cambiemos de tema y pasemos al asunto siguiente»?

5. Lealtad: ¿busco constantemente maneras de decirle que le seré leal siempre; que ella es el único amor de mi vida, la única mujer para mí?

6. Estima: ¿le hago saber siempre que la aprecio muchísimo y la valoro mucho como persona? ¿Le hago saber que lo que ella hace y piensa es importante para mí? ¿Sabe que yo no podría vivir sin ella?

---

a.   Nota del traductor: Ver nota en página 112 (al pie de la introducción a la Parte II).

CÓMO LE DELETREA RESPETO LA
ESPOSA A SU ESPOSO

Una esposa deletrea S-I-L-L-A-S[a] como respeto para su esposo, y utiliza estos seis conceptos para hacerle saber cuán importante y vital le es él. Las esposas deberían hacerse estas preguntas:

1. Conquista: ¿estoy siempre detrás de él y haciéndole saber que lo apoyo en su trabajo y sus esfuerzos en su campo?
2. Jerarquía: ¿le hago saber que lo respeto y aprecio su deseo de dirigir y protegerme a mí y a la familia? ¿Qué le he dicho recientemente para comunicarle esto?
3. Autoridad: ¿he estado dejándole constancia de que, como él tiene la responsabilidad primordial de mí (hasta morir por mí), reconozco que él tiene la autoridad primaria? ¿Le permito ser el líder? ¿Cómo lo he ayudado últimamente en ese aspecto?
4. Discernimiento: ¿confío en su habilidad para analizar las cosas y ofrecer soluciones, y no depender solamente de mi «intuición»?
5. Relación: ¿paso tiempo hombro a hombro con él siempre que puedo? ¿Le hago saber que soy su amiga además de ser su amante?
6. Sexualidad: ¿honro su necesidad de distensión sexual aunque yo no esté de humor?

Siempre que un esposo deletree el amor por su esposa por medio de P-AR-E-J-A, y la esposa el respeto por su esposo por medio de S-I-L-L-A-S, no podrán evitar satisfacer sus necesidades mutuas. Lo bello de esto es que si usted satisface una necesidad de su cónyuge, será recompensado cuando su cónyuge satisfaga una de las suyas. La clave es siempre estar dispuesto a dejarle pasar algo a su cónyuge, como lo descubrió esta mujer:

---

a.   Nota del traductor: Ver nota en página 112 (al pie de la introducción a la Parte II).

Creo que podría haberme dado cuenta de algo [...] No es que mi esposo no me esté mostrando amor o no esté tratando de entenderme. Es que yo he vuelvo a ese lugar donde, si él no lo hace exactamente de la manera en que yo quiero, no está bien. Bueno, ¡soy una tonta! Me está mostrando amor, amabilidad, entre otras cosas, en muchas maneras, ¡y he elegido enfocarme en la única cosa que no me gusta! [...] Así que, ¡puede usted extender su 2x4 a través de la computadora y golpearme en la parte de arriba de la cabeza! Lo que necesito es regocijarme en las maneras en que mi esposo muestra su amor por mí y expresar mi aprecio por ellas. ¿Podría usted por favor orar por mí para que realmente logre asumirlo, obrar en consecuencia y hacer que sea mi *primera* respuesta, en vez de la respuesta negativa y de espíritu crítico venga primero?

Me encanta la sinceridad de esta esposa, sin mencionar su perspicacia. Ella se da cuenta que es muy semejante a Eva, quien tenía el paraíso pero deseaba más (ver Génesis 3). En un mundo caído, usted no siempre puede tener «más». No puede tratar de agarrar el Santo Grial de la perfección, que siempre está fuera de su alcance. Pero puede adoptar Amor y Respeto, que siempre proveerán *más que suficiente* para energizar su matrimonio. Obre conforme los principios plasmados en P-A-R-E-J-A y en S-I-L-L-A-S, y su relación como esposo y esposa será menos negativa y más positiva. (Si todavía no han leído el apéndice C, háganlo ahora para aprender cómo compartir mutuamente sus necesidades.)

Del Ciclo Energizante al Ciclo Gratificante

En la parte III hablaré de cómo usted puede completar el proceso de Amor y Respeto, el cual está diseñado a llevar a su matrimonio de mal a bien, y de bien a mejor. Hablaré acerca de cómo puede usted combinar su fe con todo lo que ha aprendido para recibir la recompensa de un matrimonio feliz. A esto lo llamo el Ciclo Gratificante:

El amor de él bendice sin depender del

respeto de ella;

el respeto de ella bendice sin depender

del amor de él.

El Ciclo Gratificante le mostrará la mejor manera de desarrollar la capacidad de darle a su cónyuge lo que él o ella necesitan, más aun cuando usted incorpora su fe en Cristo directamente en sus actos de Amor y Respeto. Aprenderá cómo el amor incondicional de un esposo refleja el amor de Cristo por la iglesia, y cómo el respeto incondicional de una esposa es como la reverencia de la iglesia por Cristo. Compartiré cómo el Ciclo Gratificante desarrolla su madurez interior y su libertad de su espíritu, cómo puede hacer de ustedes buenos ejemplos para quienes los rodean, y cómo pueden ganar a su cónyuge de una manera sabia.

PARTE III

EL CICLO GRATIFICANTE

EL AMOR DE ÉL

NO DEPENDE DE

NO DEPENDE DE

EL CICLO GRATIFICANTE

NO DEPENDE DE

EL RESPETO DE ELLA

A lo largo de este libro he enfatizado el hecho de que si la esposa y el esposo son personas básicamente bien dispuestas, pueden utilizar los principios de Amor y el Respeto para convertir un mal matrimonio en uno bueno, y un buen matrimonio en uno todavía mejor. He resaltado la idea de que se debe confiar en el cónyuge; usted debe ser el primero en actuar de acuerdo con estos principios, y no retener aquello que su cónyuge más necesite para lograr que él le dé aquello que usted más anhela. También hemos visto en capítulos anteriores que Dios no solo ordena a los hombres que amen a su esposa y a ellas que respeten a su esposo, sino que además debemos hacerlo *incondicionalmente*.

¿Pero qué ocurre si su esposo no le muestra amor a pesar de que usted le muestre respeto? ¿Y si su esposa no le muestra respeto aun cuando usted le muestra amor? Si usted no obtiene resultados al poner en práctica Amor y Respeto, ¿para qué seguir preocupándose? El Ciclo Gratificante le dará las respuestas a estas interrogantes. En realidad, el Ciclo Gratificante constituye la parte más importante de este libro. Léalo y verá por qué.

Capítulo 23

La verdadera razón para amar y respetar

Probablemente el mayor obstáculo que mantiene a las parejas entre el Ciclo Alienante y el Ciclo Energizante es el temor de que, aunque traten de poner en práctica la Conexión de Amor y Respeto, este no dé resultado. Esos son algunos ejemplos de comentarios que recibo habitualmente por correo electrónico o durante mis conferencias: «Mi temor es que yo lo intente de buena fe y mi cónyuge me maltrate»; «Mi esposa seguirá mostrando su falta de respeto hacia mí, más bruja que nunca»; «Mi esposo seguirá mostrándome su falta de amor. Se inscribirá en la Escuela de los Tontos y saldrá primero en su clase».

Desde ya, siempre hay una excepción: alguien que teme intentarlo, ¡porque podría resultar! Una señora escribió:

> Su sugerencia de pedir perdón y hacerle saber a él cuánto lo respeto es excelente. Tengo la intención de ponerla en práctica. Pero mi temor es que reaccione positivamente, y yo no sé si estoy lista para más de lo que tenemos ahora: un entendimiento mutuo en cuanto a nuestro rol de padres. Me preocupa llegar a hacer algo tan poderoso y luego no estar lista en el caso que él mostrara un interés diferente en mí.

Otro tema que suelo escuchar es: «¿Por qué mostrar amor y respeto cuando no es recíproco?». Una pareja asistió a uno de nuestros seminarios. Ella accedió a mostrar respeto, pero de acuerdo con su esposo:

> ... se desvaneció como la niebla. Ella volvió a ser la misma de siempre. Nunca confió en mí, debido a la relación que había tenido con su padre. En el pasado, ella agredía verbalmente a los hombres con sus pensamientos y comentarios sobre el género masculino en general. Me siento como un huérfano en mi propia casa. Como un marido que no tiene esposa. Lo que experimento en su presencia es su actitud crítica, negativa, hostil y de juicio constante [...] las emociones que tengo hacia mi esposa son enterradas cada día por la actitud que ella me demuestra, ya que me hace sentir poco hombre [...] necesito entender a mi esposa y necesito sabiduría para saber cómo responder a sus ataques.

No se dé por vencido, confíe en la obra de Dios

Este tipo de cartas resultan desgarradoras, pero mi consejo siempre es el mismo: *no se dé por vencido porque parezca que no está resultando.* Continúe demostrándole amor o respeto incondicional a su cónyuge. Fíjese aun en los detalles más insignificantes que muestren una mejoría. Un marido que no trae flores, pero que repara la pérdida de una canilla. La esposa que sigue teniendo más dolores de cabeza de los que usted quisiera, pero ha disminuido el nivel de su negatividad. ¿Recuerda las lentes rosas y azules? No nos resulta sencillo ver las actitudes positivas, así como tampoco es fácil ver el impacto que podríamos estar causando en nuestro cónyuge.

«... Si hacéis el bien, sin temer ninguna amenaza» (1 Pedro 3.6).

Un ejemplo gráfico de esto es la carta de una esposa que explicaba que su marido la llamó desde su trabajo nocturno para contarle que le habían pagado una inesperada bonificación extra. «¡Gloria a Dios!», respondió ella, actitud que enojó a su esposo. Él comenzó a quejarse de lo mucho que había trabajado, ante lo cual ella le recordó cuánto necesitaban ese dinero y, «¿Por qué no ser agradecidos?». Mientras él continuaba volcando su insatisfacción por la suerte en su vida, ella (que era bastante del tipo sermoneador) decidió no darle otro discurso para que dejara de sentir lástima por su vida. En cambio, calló respetuosamente. Como su silencio continuaba, él dijo: «Mejor que termines con este tema del silencio. De verdad lo digo. No es tu actitud normal y me pone nervioso. Algo anda mal aquí. No me gusta. Nunca te dije que te callaras. Dije que me escucharas sin tener que decirme algo siempre. ¡Así que deja de estar tan callada!».

Cuando ella escribió para decirme que su «respetuoso silencio» aparentemente no estaba resultando, le respondí que en realidad estaba funcionando más que bien. En esta etapa de su matrimonio, los malos hábitos de su esposo debían desaparecer, y él ya estaba recibiendo convicción. Probablemente el silencio de ella hacía que él se escuchara a sí mismo, y no le gustaba lo que oía. Entonces la atacaba. Pero su silencio *sí* estaba funcionando en una manera poderosa. La animé a que fuera paciente y permitiera que el Espíritu Santo convenciera a su esposo.

Meses más tarde, ella me volvió a escribir: «Estamos mucho mejor en nuestro matrimonio. Nuestras discusiones han cambiado para bien». La vida espiritual de su esposo había mejorado significativamente, y ella se lo atribuía a la obra de Dios, pero agregaba: «Creo que tuvo mucho que ver con mi nueva actitud y mi silencio, y con el respeto, en palabra y obra». Esta esposa es un perfecto ejemplo de lo fácil que es tener dudas cuando las cosas parecen no ir del todo bien. Lleva tiempo —en muchos casos meses— hasta que se ve un cambio. No dude de la luz de la Palabra de Dios en sus tiempos de oscuridad.

> En última instancia, debemos depender del «Consolador», el Espíritu Santo, quien «convencerá [...] de pecado» (Juan 16.7–8).

Este es otro ejemplo de una esposa que sentía que no estaba pasando nada, y luego fue sorprendida. Ella llamó a su exesposo y le pidió perdón, porque no siempre había respetado su posición en el hogar. (Ella es cristiana y él no.) Hubo un silencio, luego del cual él respondió «Gracias». Ese fue el final de la conversación, pero varios días después, él la llamó a medianoche, llorando, preguntándose qué la había impulsado a pedirle perdón. Ella le explicó que debía pedir perdón por no haber sido lo que debería como esposa. De nuevo, la conversación terminó abruptamente. No parecía que estuviera pasando demasiado. Pasó otra semana, y él volvió a llamar a medianoche. Había estado pensando en todo lo que él había hecho, y estaba arrepentido. Comenzó a hablar de sus errores: «Esas fueron de las pocas palabras amables que me ha dicho en toda la vida».

En otra situación, una esposa se fue y se compró otra casa. Yo le aconsejé a su esposo cómo comportarse de forma más amorosa con ella. Esto siguió así algún tiempo, durante el cual él no veía demasiado progreso. Hasta que un día ella le dijo: «¿Acaso estás buscando que te ruegue que me pidas que vuelva a casa?».

Los anteriores son solo algunos ejemplos de lo que puede suceder. No se dé por vencido por que pasen semanas o meses sin respuesta. No confunda la tardanza con derrota. No crea que lo que usted está haciendo no dará frutos. A menudo, el amor y el respeto trabajan en su cónyuge más de lo que usted cree. Algo está sucediendo en el alma de esa persona. Tenga confianza en que Dios obrará.

¿Y LUEGO QUÉ CUANDO NO RESULTA?

¿Cuál es su peor temor en cuanto a su matrimonio? Como esposo, ¿no es su peor temor brindar todo su amor pero que su esposa lo desprecie? Que en respuesta a su buena intención de acercarse, abrirse, comprenderla, hacer las paces, ser leal y apreciarla, ella siga faltándole el respeto.

Como esposa, ¿no es su mayor temor mostrarse respetuosa pero que su esposo le dé menos amor que nunca? Usted ha aprendido el nuevo lenguaje del respeto, que hasta ahora le era extraño, al apreciar el esfuerzo que él hace en su trabajo, su deseo de ser protector y de proveer para su familia, de servir y de dirigir, de brindarle su visión de las cosas. Usted también ha intentado darle una amistad hombro a hombro y más intimidad sexual. A pesar de todo esto, él sigue sin demostrarle amor. De buena fe, usted dio el primer paso, como la persona madura de la pareja, pero su esposo no ha cambiado.

Cuando Jesús hablaba de los juicios y las tribulaciones que los creyentes tendrían que atravesar a causa de él, mencionó que «los enemigos del hombre serán los de su casa» (Mateo 10.36). Usted puede estar sintiendo exactamente esto. ¿Debería decir simplemente: «Esto del amor y el respeto no funciona»? Cuando usted ama o respeta incondicionalmente, está siguiendo a Dios y su voluntad para su vida. En última instancia, su cónyuge y su matrimonio no tienen nada que ver con eso. Usted simplemente está demostrando su obediencia y confianza ante una mujer que no se hace amar o un esposo que no se gana su respeto. *El amor y el respeto incondicionales serán recompensados.* Yo llamo a esto el Ciclo Gratificante. Jesús dijo: «Porque si amáis a los que os aman, ¿qué recompensa tendréis?» (Mateo 5.46). Jesús podría haber tenido en mente los problemas de su matrimonio cuando dijo esto.

> *«No devuelvan mal por mal ni insulto por insulto; más bien, bendigan, porque para esto fueron llamados, para heredar una bendición»*
> *(1 Pedro 3.9, NVI).*

Creo que Pablo también puede haber tenido en mente su matrimonio cuando exhortó a los Efesios: «Sirvan de buena gana, como quien sirve al Señor y no a los hombres, sabiendo que el Señor recompensará a cada uno por el bien que haya hecho, sea esclavo o sea libre» (Efesios 6.7–9, NVI). En el contexto inmediato, Pablo se refiere a cómo los esclavos pueden servir a sus amos, pero note que termina el pasaje diciendo que también se aplica a las personas libres. En otras palabras, esta idea es para todos los creyentes. Si sigue su línea de pensamiento algunos versículos hacia atrás, verá que menciona el mismo principio para los niños y sus padres (ver Efesios 6.1–4), así como para los esposos y esposas (ver Efesios 5.22–33). Pablo está diciendo que todo lo que hagamos como para el Señor, lo recibiremos de parte de él. En el matrimonio, todo lo que usted haga, cuenta, ¡aunque su cónyuge lo ignore! De eso se trata el Ciclo Gratificante (ver la pág. 261 para obtener una mejor referencia visual):

EL AMOR DE ÉL BENDICE, SIN DEPENDER DEL

RESPETO DE ELLA;

EL RESPETO DE ELLA BENDICE, SIN DEPENDER

DEL AMOR DE ÉL.

Cuando recién comencé a enseñar esta verdad bíblica concerniente al matrimonio, no estaba seguro de cómo lo recibiría la gente. Asombrosamente, muchas personas recibieron el mensaje del Ciclo Gratificante con los brazos abiertos. Quienes se sienten desesperanzados de repente, entienden que lo que hacen importa a Dios: *nada se desperdicia*. Esta idea no solo rejuvenece a matrimonios malos, sino también ayuda a los buenos matrimonios. El principio clave del Ciclo Gratificante es tan relevante para un buen matrimonio como para uno malo. En definitiva, todos los esposos y las esposas deberían practicar los principios de Amor y Respeto, ante todo por obediencia a Cristo. Si no lo hacen, podrían caer fácilmente en la arrogancia de su «excelente matrimonio».

Todas las parejas deben estar atentas. Los que crean estar firmes, pueden caer fácilmente. Tantos matrimonios parecen estar llevándose muy bien, y de repente, *¡puf!* Las ruedas se salen del carril. Si apartamos la mirada de Cristo (o nunca ponemos nuestra mirada en primer lugar en él), construiremos sobre arena, y cuando llegue la tormenta, podríamos ser arrastrados (ver Mateo 7.24–27).

Otro beneficio adicional del Ciclo Gratificante para un buen matrimonio es que usted podrá entender por qué trata al otro como lo hace, y podrá equiparse mejor para explicar la Conexión de Amor y Respeto a otras parejas. Y a medida que otras personas conozcan la Conexión entre Amor y Respeto, las recompensas se incrementarán exponencialmente. ¿En qué consisten esas recompensas? Obtenemos algunas de ellas aquí en la Tierra, pero obtendremos una recompensa increíble en el cielo.

LA RECOMPENSA CELESTIAL, ¡EL ETERNO AH!

En cierta ocasión oí hablar a un hombre de Dios que sufría de parálisis cerebral. Tenía un ingenio encantador, y decía: «Dios me está preparando para el cielo [...] estoy en su horno, digamos. Estoy siendo cocinado para un propósito eterno. Aún no estoy del todo listo. Cuando muera y me pare frente a él, dirá: "bien hecho"». Me reí con gozo, mientras corrían lágrimas por mis mejillas.

Jesús nos está preparando para escuchar ese «Bien hecho». Él desea decir «¡Lo hiciste bien, siervo bueno y fiel! En lo poco has sido fiel; te pondré a cargo de mucho más. ¡Ven a compartir la felicidad de tu señor!» (Mateo 25.21, NVI).

¿Ha pensado alguna vez en lo que significa «compartir la felicidad de nuestro Señor»? Será un gozo sin medida. Imagínese el día de su graduación, o de su boda o cumpleaños, el cumpleaños de su hijo, las vacaciones, un ascenso, la jubilación, ratos agradables con amigos, la valoración por parte de sus padres, llevar a toda la familia a Cristo, la buena salud. ¿Qué sucedería entonces si cada hora de cada día experimentáramos la gloria y el gozo de todos estos eventos al mismo tiempo y en su mayor intensidad? Piense que cuando usted «comparta la felicidad de su Señor», todo este gozo será un trillón de veces más grande.

¿Cómo se sentirá cuando experimente el primer momento de gozo sin fin? ¿Recuerda aquella vez en que pidió una bicicleta para Navidad, pero sus padres no le decían si la recibiría o no? Usted estaba en el limbo, y entonces llegaba la mañana de Navidad. Allí, bajo el árbol, estaba su brillante bicicleta, reluciente, y usted solo suspiraba «¡Ah!».

O piense en la mujer que es sorprendida con un anillo de diamantes. Ella suspira «¡Ah!». Mientras me dirigía a un grupo de inversionistas de Wall Street, en Nueva York, les pregunté si alguno de ellos había experimentado alguna vez un «¡Ah!». Uno de aquellos hombres dijo: «Sí, cuando obtuve mi primera bonificación, un cheque inesperado de cien mil dólares». Tragué saliva y luego dije: «Sí, eso les da una idea».

¿Son conscientes de que aún así, el mayor ¡Ah! de nuestra vida nos espera más adelante? El Señor lo está observando de cerca y lo va a recompensar. «Cada uno recibirá su alabanza de Dios» (1 Corintios 4.5). Para tener en mente lo que se nos tiene reservado «sirvan de buena gana, como quien sirve al Señor y no a los hombres, sabiendo que el Señor recompensará a cada uno por el bien que haya hecho, sea esclavo o sea libre» (Efesios 6.7–8, NVI). Imagínese la escena cuando los creyentes asciendan al cielo y se encuentren ante Cristo. Él le dice a un esposo: «Bien hecho. Le has mostrado amor a tu esposa irrespetuosa. Estas por recibir la retribución por todo acto de amor que hayas tenido hacia ella». A la esposa, él le dice: «Bien hecho. Le has mostrado respeto a tu esposo desamorado. Te he observado. Serás recompensada por cada uno de tus actos de respeto».

A continuación, Jesús le conduce al lugar llamado Paraíso (ver Lucas 23.43). Él le ha guardado y le «preservará para su reino celestial» (2 Timoteo 4.18). A medida que se acerca a la presencia de Jesús, experimenta un apremio santo. «Y a aquel que es poderoso para guardaros sin caída, y presentaros sin mancha delante de su gloria con gran alegría» (Judas 1.24). En ese momento, inesperadamente, usted es portador de un regalo de valor tan grande que solo puede atinar a expresar un ¡Ah! Lo que le es dado está por encima de cualquier cosa que jamás pudo imaginar. Súbitamente, en un solo instante, es revestido de amor y gloria. Usted está, literalmente «en la gloria» que no tiene fin (Colosenses 3.4).[1]

Intentar describir el cielo es describir lo indescriptible. Aun Pablo solamente pudo decir que «esta leve tribulación momentánea produce en nosotros un cada vez más excelente y eterno peso de gloria» (2 Corintios 4.17, ver también Romanos 8.18).

Regresemos a Mateo 25.21: «Sobre poco has sido fiel» ¿Qué será ese «poco»? De seguro incluirá lo que Pablo describe tan claramente en Efesios 5: «Ame también a su mujer como a sí mismo; y la mujer respete a su marido» (v. 33). Cuando usted toma la decisión de amar o respetar a su cónyuge, los dividendos son infinitos. Jesús le ofrece una ganga. Haga unas cuantas cosas aquí en la Tierra, y obtendrá muchas otras para la eternidad, en el cielo.

¡Lo que a Dios le interesa, importa!

Puede ser que para el mundo no tenga sentido que una esposa trate con respeto a un marido que es hosco y desamorado. No tiene sentido que el esposo trate amorosamente a una mujer despreciativa e irrespetuosa. Pero para Dios sí tiene sentido. Estos esfuerzos que parecen infructuosos le importan a Dios, porque son la clase de servicio que él recompensa. Lo que es sabiduría para Dios es locura para el mundo (ver 1 Corintios 3.19).

Me gusta visualizar esto como si hubiera un efecto de «*cling-caja*» en el cielo cada vez que los creyentes hacen lo que el mundo llama estúpido. Es como si un billón de ángeles estuviera sosteniendo una manija gigante. Cada vez que usted hace algo amoroso o respetuoso con su cónyuge, los ángeles jalan esa manija. Un tesoro secreto cae dentro de una vasija dorada colosal y, *¡cling-caja!* El ángel líder exclama «¡Lo hizo otra vez, le mostró amor a su despreciativa mujer!». «¡Ella lo volvió a hacer! ¡Le mostró amor a su patético esposo!, De acuerdo, ¡todos jalen una vez más! *¡Cling-caja!*».

Lo admitimos, esta imagen suena algo extravagante, pero posiblemente no esté muy lejos de la realidad. Las oraciones de los santos son juntadas en «copas de oro» (Apocalipsis 5.8). El Señor lleva la cuenta de alguna forma. Como dice Pablo «sabiendo que el bien que cada uno hiciere, ése recibirá del Señor» (Efesios 6.8). El sistema divino está en su lugar, y todo cuenta. Los libros serán abiertos y todos serán juzgados de acuerdo a sus deudas (ver Apocalipsis 20.12).

¿Estoy sugiriendo que deberíamos ganarnos nuestra salvación de cualquier manera que podamos? Obviamente no. Pablo dice claramente que somos salvos por gracia mediante la fe, «pues es don de Dios; no por obras» (Efesios 2.8–9). Pero preste atención a Efesios 2.10. Debemos hacer las buenas obras que Dios preparó de antemano para nosotros. ¿Por qué? No es para negociar con Dios, o de alguna manera, «pagarle un poco» a cambio de nuestra salvación, sino simplemente para complacerlo a él. Y cuando lo complacemos, Él nos recompensa.

En 1 Corintios 3.11–15, Pablo distingue claramente la salvación de las recompensas. Cada creyente debería edificar cuidadosamente sobre el fundamento real: Jesucristo. «Si alguien construye sobre este fundamento, ya sea con oro, plata y piedras preciosas, o con madera, heno y paja, su obra se mostrará tal cual es, pues el día del juicio la dejará al descubierto. El fuego la dará a conocer, y pondrá a prueba la calidad del trabajo de cada uno. Si lo que alguien ha construido permanece, recibirá su recompensa, pero si su obra es consumida por las llamas, él sufrirá pérdida. Será salvo, pero como quien pasa por el fuego» (vv. 12–15, NVI).

Algunos de nosotros podríamos estar tentados a decir: «A mi no me interesan las recompensas, yo solo deseo seguir al Señor y llegar al cielo».

Pero piense un momento, si Cristo dice que él se ha propuesto recompensarlo, entonces, ¿quién es usted para declarar: «No, a mí no me interesa eso». Decir: «¡Oh, las recompensas tienen tan poca importancia!», denota cierta falsa modestia. Las recompensas son importantes, porque Jesús las revela como importantes. No creo que sea sabio oponerse al Hijo de Dios.

> *Algunos dicen que las recompensas no son importantes; pero Jesús dice: «¡Miren que vengo pronto! Traigo conmigo mi recompensa y le pagaré a cada uno según lo que haya hecho»* (Apocalipsis 22.12, NVI).

Sí, nos esperan recompensas. *Nada de lo que hagamos se desperdicia.* El Señor nos está observando con profundo interés. Un esposo que ama a su esposa como Cristo ama a la iglesia, y una esposa que respeta al esposo «como al Señor», serán recompensados por la eternidad (ver Efesios 5.22–33).

Todo es entre usted y Jesucristo

Después de un cuarto de siglo de trabajar en consejería matrimonial y conducir conferencias sobre Amor y Respeto, he llegado a la conclusión que no tenemos una «crisis matrimonial» en la comunidad cristiana; tenemos una crisis de fe. La cuestión es que todos debemos hacernos una pregunta: «¿Creo en lo que Jesús mismo dijo o no?». Porque no podremos practicar el Amor y el Respeto a menos que lo hagamos como para Jesucristo, y si dudamos de la realidad de Cristo, si él no es verdaderamente el Señor de nuestra vida, nada funcionará.

Muchos esposos y esposas necesitan llegar al punto en que digan: «Señor, yo creo; ayúdame en mi poca fe. Deseo seguirte a ti, y quiero hacer esto como para ti» (ver Marcos 9.24 y Efesios 6.7–8). Una esposa que llegó a descubrir esta verdad, escribió:

Yo solía estar a la defensiva y sentirme herida por los hombres. Ahora he aprendido que mi suficiencia está en Cristo, mi aceptación y mi seguridad, mi trascendencia vienen de Cristo. No se trata de mí, todo trata de él. No tengo que probarle nada a nadie [...] puedo relajarme y permitir que el Espíritu Santo trabaje en mí y a través de mí.

Sí, habrá momentos en los que usted fallará, pero Proverbios 24.16 dice que siete veces podrá caer el justo, pero otras tantas se levantará.

Nadie puede amar perfectamente, y nadie puede respetar perfectamente. Sin embargo, cuando lo hacemos como para Cristo, podemos caer, pero volveremos a levantarnos. La diferencia entre las parejas exitosas y las que fracasan es que las exitosas continúan poniéndose de pie y siguen lidiando con los problemas. Las que fracasan buscan lo fácil. Lo quieren ahora. Quieren que sus necesidades sean satisfechas. No les gusta el conflicto; desean que todo sea «feliz». Este enfoque es la personificación de la inmadurez.

El esposo maduro admite: «Me equivoqué enormemente. Estuve mal. Otra vez no pude mostrar amor. Tengo problemas que debo tratar». La esposa madura dice: «Sabes, sigo deshonrándote y faltándote el respeto. Sigo pensando que solo se trata del amor, pero me cuesta recordar la otra palabra igualmente simple: *respeto*».

Una mujer, de hecho me preguntó una vez: «¿Qué palabra es esa?».

—*Respeto* —le dije.

—Oh, sí, es cierto —me respondió.

Dichosamente, existen muchas otras mujeres que sí aprenden y aplican la palabra *respeto*. Una mujer descubrió que su incrédulo esposo estaba teniendo un romance, y su respeto por él se desplomó. Tiempo después, él llegó a Cristo, se reconciliaron, y él está intentando crecer en el rol de líder espiritual del hogar, mientras que ella intenta ser la mejor esposa posible. Tienen aún un largo camino por recorrer, pero están progresando. Ella escribe:

Me resulta más fácil respetar a mi esposo por obediencia a Dios que por cómo se comporte él. Gracias por ayudarme a ver lo frágil que puede ser el ego masculino. Nunca había reparado en lo mucho que la autoestima como esposo depende del respeto de la esposa. Tengo en mente sus palabras cada vez que se avecina una discusión. Algunas veces, como hago un concertado esfuerzo para hablar respetuosamente, en lugar de limitarme a seguir mis emociones, he logrado evitar herir sentimientos y emitir palabras duras entre nosotros.

Otra esposa que había sufrido abuso físico y verbal de parte de su esposo (algo que condeno absolutamente como malvado, e insto a la mujer a que busque ayuda y protección) y había regresado a su lado después que él se arrepintiera, se dio cuenta de que no lo había perdonado por completo y que ciertamente no le estaba mostrando respeto. Luego de encontrarse con nuestros materiales, comenzó a mostrarle respeto, especialmente permaneciendo en una posición callada y digna, en lugar de discutir. Su relación mejoró considerablemente, y ella dice:

El deseo de mi corazón es ganar a mi esposo para el Señor a través de mi comportamiento respetuoso. Debo admitir que tengo que meditar sobre algunas de sus enseñanzas, pero sé que tienen un fundamento bíblico, y el Espíritu Santo continúa revelándome mi rebeldía, mi falta de sujeción, mi desobediencia, entre otras cosas. En todo momento le pido al Señor la fortaleza para poner en práctica sus sugerencias, ¡y él es tan fiel!

Señor, ¿cuándo te alimenté?

El Ciclo Gratificante dependerá de su amor y su reverencia para con Cristo, a medida que usted le rinda su amor y su respeto a su cónyuge como si fuera hacia él. En la parábola del juicio final (ver Mateo 25.31–46), los justos preguntan: «Señor, ¿cuándo te vimos hambriento, y te sustentamos, o sediento, y te dimos de beber? ¿Y cuándo te vimos forastero, y te recogimos, o desnudo, y te cubrimos? ¿O cuándo te vimos enfermo, o en la cárcel, y vinimos a ti?» (vv. 37–39). El Rey les responde: «De cierto os digo que en cuanto lo hicisteis a uno de estos mis hermanos más pequeños, a mí lo hicisteis» (v. 40).

Hay un principio básico que podemos extraer de esta parábola: aquello que hago por mi cónyuge, eso mismo estoy haciendo también por Cristo. El amor incondicional de un esposo por su esposa revela su amor por Cristo. El esposo que ama a Dios debería también amar así a su esposa. Si usted no está amando a su esposa, entonces debería preguntarse: «¿Estoy amando realmente a Jesucristo?».

El respeto incondicional de una esposa por su marido revela su reverencia hacia Cristo (ver Efesios 5.21–22; 6.6–7). La esposa que respeta a Dios debería respetar a su esposo. Si usted no está respetando a su esposo, entonces debería preguntarse: «¿Estoy amando realmente a Jesucristo?». Tanto para el esposo como para la esposa, la conclusión es la misma:

> *«"En la resurrección, pues, cuando resuciten, ¿de cuál de ellos será ella mujer, ya que los siete la tuvieron por mujer?" Entonces respondiendo Jesús, les dijo: "¿No erráis por esto, porque ignoráis las Escrituras, y el poder de Dios? Porque cuando resuciten de los muertos, ni se casarán ni se darán en casamiento, sino serán como los ángeles que están en los cielos"» (Marcos 12.23–25).*

En última instancia, su matrimonio no tiene nada que ver con su cónyuge. Todo se resume en su relación con Jesucristo.

Sí, usted no logra brindar amor o respeto perfectos, pero eso no significa que no ame a Cristo. De hecho, es su amor por Cristo lo que le permite comenzar otra vez. Usted se arrepiente, confiesa y se da cuenta de que no pretende que su cónyuge llene todas sus expectativas. Pero en última instancia, todo lo que usted haga por su cónyuge por medio del amor o el respeto, no será para motivarlo a salir del Ciclo Alienante, ni para motivarlo a que satisfaga sus propias pretensiones. En definitiva, usted practica el amor y el respeto porque, por encima de su cónyuge, ve a Jesucristo, y porque puede prever el momento en que esté frente a él en el juicio final, y tome conciencia de que su matrimonio fue solo una herramienta y una prueba para profundizar y demostrar el amor y reverencia hacia su Señor.

Cada vez que usted se brinda por medio de su amor o respeto, el cielo lo observa. Aquellos billones de ángeles jalan una gran palanca y, ¡Cling-caja! ¡Cling-caja!

Un día me encontraba hablando con un amigo, vicepresidente de una gran cadena televisiva. Cuando él oyó esta enseñanza sobre el Ciclo Gratificante, dijo: «¡Guau!, entonces no se trata de mi esposa, ¿cierto? Se trata de mí y de Jesucristo. Jamás había escuchado esto». Mi amigo es creyente, pero nunca había entendido con claridad que no tenía que ver con él y su esposa. Todo se centraba en su relación con el Señor.

«Cuídense de no echar a perder el fruto de nuestro trabajo; procuren más bien recibir la recompensa completa» (2 Juan 1.8, NVI).

Pero el Ciclo Gratificante tiene aun más cosas para usted. Hay toda un área llamada «madurez» —tener la verdadera libertad interior en Cristo—, y todo aquello que rebosa y usted vuelca en los demás al ser ejemplo para sus hijos y para las otras personas, especialmente su cónyuge. Veremos estas recompensas en el siguiente —y último— capítulo.

Capítulo 24

La verdad puede hacerle
libre de veras

H asta aquí hemos tratado el Ciclo Gratificante. Usted estará de
acuerdo en que las recompensas en el cielo serán incompara-
bles. Aquel primer momento celestial, ese, ¡Ah!, está más allá de lo
descriptible. Y tomar conciencia de que ese, ¡Ah!, durará toda la eternidad va más allá de lo que está más allá. Y usted entiende que su
matrimonio no tiene que ver primordialmente con usted mismo y su
cónyuge, sino con su relación con Jesucristo.

El matrimonio es una prueba de si usted ama y respeta incondicionalmente a su cónyuge como usted obedece, honra y agrada al Señor.
En primer lugar, usted no practica el amor y el respeto para complacer
sus propias necesidades, por importantes que estas sean. Su primer
objetivo es obedecer y complacer a Cristo. Cuando usted intenta esto,
con frecuencia —aunque no siempre—, sus propias necesidades son
satisfechas, lo cual desencadena preciosas consecuencias y bendiciones.
Pero su meta principal debe ser obedecer y complacer al Señor.

El cielo puede esperar, ¿y mientras tanto?

Aún hay más para aprovechar en el Ciclo Gratificante. Existen
recompensas que le ayudarán a hacer frente al aquí y ahora. El cielo

esperará. El tiempo de Dios controla aquello, pero usted siempre podrá utilizar un poco de ayuda para entender a su no tan perfecto cónyuge y vivir con él. Podría escribir un libro con las cartas de parejas que están intentando poner en práctica la Conexión del Amor y el Respeto, pero que atraviesan ciertas complicaciones. Hay muchas parejas que comprenden cómo detener el Ciclo Alienante, pero permanecen en una especie de limbo, sin entender del todo el Ciclo Energizante. Y otras parejas parece que apenas pueden evitar que el Ciclo Alienante vuelva a arrancar a toda velocidad.

Una pareja oyó nuestras grabaciones sobre Amor y Respeto, y el esposo nos escribió admitiendo que él sabía que no estaba amando a su esposa en la forma en que Dios se lo pedía; su esposa también tenía problemas. Él nos decía:

> Usted puso su dedo, o el dedo de Dios, justo en la llaga. Comencé a tomar nota de cada ocasión en que mi esposa decía algo que me atravesaba hasta el centro de mi ser. No le conté a ella que estaba escribiendo una lista de estos incidentes, y no planeo usarlos en su contra. Me sorprendí al ver que sentía que mi honor estaba siendo atacado diariamente. No quiero juzgar a mi esposa, pero el respeto es ciertamente un asunto importante [...] la respuesta masculina de «silencio y retirada» es muy real [...] Por favor, ore por mí mientras intento amar a mi esposa incondicionalmente, más allá de sus palabras o acciones.

En algunas ocasiones, puede parecer que la Conexión de Amor y Respeto falla, como le ocurrió a esta esposa, cuyo marido monitoreaba su «medidor de respeto», por decirlo de alguna manera, para ver cuán bien se estaba portando.

> Ahora, cada vez que él siente que algo le duele, como puñetazos de faltas de respeto —aunque no sea así en realidad—, recuerda nuestro pasado y se enfurece. No había visto tal rabia en mucho tiempo [...] De hecho, lamento haberle contado lo que he aprendido de usted, ya que lo usa en mi contra cada vez que

ocurre algo así [...] puedo soportar las críticas —siento que las merezco—, pero esta furia es hiriente y me hace querer huir y esconderme.

Puedo entender los sentimientos de esta mujer. Yo crecí en un entorno similar al que ella describe. Mi padre se enfurecía con mi madre. Para compensar sus fuertes sentimientos de culpa, se ofendía por cosas que mi mamá —inocentemente— hacía, y explotaba. Pero ella jamás se vio a sí misma como una víctima. Ni una sola vez en aquellos años oí a mi mamá hablar mal de mi papá. Cuando yo me quejaba de él, ella respondía: «Tu papá perdió a su padre cuando tenía solo tres meses de edad, así que él no sabe cómo ser un papá».

Mi madre podría haber optado por difamar a mi papá, para levantar su moral y ganar mi corazón. Pero eligió no hacer tal cosa. Años después entendí por qué. Los padres de mi mamá habían sufrido terriblemente. Varios de sus hermanos habían fallecido. Y su padre estuvo limitado a una silla de ruedas toda su vida. Hubiera sido fácil para ella ponerse en el rol de víctima, pero se dio cuenta que eso no la llevaría a ningún lado. Mi madre en cambio eligió mantenerse positiva. Ella aprendió que si descubría alternativas creativas al conflicto, nunca, ni por un momento, se encontraría desesperada ni indefensa, y jamás lo estuvo. Al fin, mamá fue el instrumento para que papá llegara a Cristo.

> *«Si haciendo lo bueno sufrís, y lo soportáis, esto ciertamente es aprobado delante de Dios»*
> *(1 Pedro 2.20).*

«¡A VECES, EL PROBLEMA SOY YO MISMO!»

Mi corazón se conmueve por esposos y esposas que continúan luchando con la ira o la crítica mordaz de sus cónyuges. Aunque puedo simpatizar con ello, sé que mi simpatía no es lo que ellos realmente necesitan. Lo que sí necesitan es saber que el Ciclo Gratificante será la forma en que podrán encontrar libertad interior y madurez espiritual. Lo que estoy por reproducir puede sonarles muy duro o incluso un juicio de valor muy áspero, pero presten atención. Estoy tratando de ayudarles, no simplemente de tomarles de la mano. La respuesta se encuentra en la palabra *incondicional*. La llave para permanecer en el Ciclo Gratificante es el *amor y el respeto incondicional* (ver la pág. 261).

En primer lugar, usted debe llegar al punto en que pueda decir: «La respuesta que le doy a mi cónyuge es mi propia responsabilidad». En mi matrimonio, Sara no es la causa de que yo sea como soy; antes bien, ella pone de manifiesto mi manera de ser. Cuando mis reacciones muestran falta de amor, revelan que aún tengo asuntos que tratar. Todavía hay falta de amor en mi carácter y en mi alma, y debo reconocerlo. Puede ser que 70% de la culpa sea de ella y 30% mía (o puede que no sea así); pero, ¿qué ocurre con mi 30%?

No ponga en práctica este juego de porcentajes con su cónyuge. Es una forma fácil de salirse con la suya. Y una vez que lo logra, no puede madurar espiritualmente. De hecho, lo más común es que luego se sienta como una víctima. Usted asume la posición de víctima, y desea ser rescatado. Quiere el paraíso en la tierra. Comienza a sentirse mal con su cónyuge y con otras personas, porque no han sanado sus dolores o no lo han reconfortado. ¡Deshágase de esa postura de víctima! Dese cuenta de que la única sanidad y consuelo real que usted podrá experimentar será buscar a Dios y confiarle a él su situación, no importa cuán dolorosa sea. Hacer otra cosa sería caer en pecado. Resulta difícil aceptar esto, porque en su opinión es contra usted que se está pecando la mayor parte del tiempo. Sin embargo, usted debe asimilar este principio:

> *«Porque de adentro, del corazón de los hombres, salen [...] la envidia, la maledicencia, la soberbia, la insensatez»*
> *(Marcos 7.21–23).*

NO IMPORTA CUÁN DEPRIMENTE O IRRITANTE PUEDA

SER MI CÓNYUGE,

MI RESPUESTA ES RESPONSABILIDAD MÍA.

A continuación está la carta de un esposo que está logrando progresos, a medida que pone en práctica el Ciclo Gratificante:

Yo también me doy cuenta de que suelo interpretar incorrectamente sus reacciones y acciones. No me ofendo cuando ella no responde en la forma en que yo creo que debería hacerlo. Ya puedo traducir sus respuestas de mejor manera. Estamos discutiendo mucho menos. Nos sentíamos miserables antes de su conferencia. A medida que le muestro más amor, mi esposa se torna más amigable conmigo. Ella aún no ha reconocido su responsabilidad en el Ciclo Alienante en el que siempre solíamos acabar. Mi oración es que en algún momento llegue a entenderlo. Ella parece detenerse en cómo se siente. Estoy tratando de ayudarla a que conozca mi corazón. Pero esta forma de pensar mediante la cual el hombre es el principal culpable de los conflictos resulta difícil de superar.

LO QUE ESTÉ ADENTRO SALDRÁ A LA LUZ

Piense en un grano de arena. Si penetra en el ojo humano, causará irritación y luego infección, y sin los cuidados necesarios, podría causar incluso la pérdida de la visión. Pero ponga ese mismo grano de arena en una ostra. Causará irritación, luego secreción, y por fin, la ostra formará una perla.

¿Fue la arena la causa principal de tales resultados en el ojo? ¿Fue la arena la causa principal de los resultados obtenidos en la ostra? No. De haberlo sido, los dos resultados hubieran sido los mismos. La arena fue el agente que puso de manifiesto las propiedades internas del ojo y de la ostra. En nuestra realidad, cuando la vida con su cónyuge le causa irritación, usted puede dejar que se desarrolle una infección, o permitir que se transforme en una perla.

Otro ejemplo es el sol que brilla sobre la mantequilla y la arcilla. Derrite la mantequilla, pero endurece la arcilla. El calor del sol pone de manifiesto las propiedades internas de la mantequilla y de la arcilla.

Su cónyuge en ocasiones es exasperante (o peor que eso). Eso es un hecho. No hace falta que sigamos haciendo hincapié en esto. Su cónyuge lo presiona, tiene expectativas respecto de usted. Su cónyuge lo enoja. En estas situaciones de presión usted enfrenta dos alternativas: reaccionar de manera agradable a Dios o reaccionar en forma pecaminosa. Es muy fácil simplemente culpar a su cónyuge; después de todo, de él es la culpa de todo lo que le esté ocurriendo a usted, ¿cierto? Pero si usted toma el camino de la culpa, le dará rienda suelta a la víctima y se perderá las recompensas de Dios.

Cuando existe esa presión y el calor se enciende, usted debe recordarse a sí mismo: «Soy una persona madura con libertad interior para tomar mis propias decisiones, sé que mi respuesta es verdaderamente mi propia responsabilidad». Poner esto por obra no es fácil. Un esposo nos compartió que hay muchas ocasiones en que se siente como un felpudo. Sin embargo, él dice: «Resulta alentador saber que Jesús está "pegado" en la respuesta que le doy a mi esposa, y se encuentra listo y dispuesto a recompensarme por cada acción santa. En otras palabras, soy responsable de mi respuesta. Saber esto hace que me sea más sencillo amarla a pesar de todo».

LA LIBERTAD INTERIOR DESARROLLA UNA MAYOR MADUREZ

Obviamente, lo que hemos estado tratando requiere una mayor madurez espiritual. Usted podría decir: «No he llegado allí aún. No soy tan fuerte». Pero Jesús sí lo es, y él puede ayudarle. En Juan 8, Jesús se encuentra en una acalorada discusión con escribas y fariseos, en la que trata de hacerles entender quién es él y por qué deberían seguirlo. Algunas personas de aquella multitud parecen creerle (ver el versículo 30). Luego Jesús les dice: «Si vosotros permaneciereis en mi palabra, seréis verdaderamente mis discípulos; y conoceréis la verdad, y la verdad os hará libres» (vv. 31–32). Ahora, allí hay una nota de protesta. Los judíos no lo entienden. Después de todo, ellos son linaje de Abraham y jamás han sido esclavos de nadie. ¿Qué quiere decir Jesús cuando les habla de ser libres? «Jesús les respondió: De cierto, de cierto os digo, que todo aquel que hace pecado, esclavo es del pecado. El esclavo no queda en la casa para siempre; el hijo sí queda para siempre. Así que, si el Hijo os libertare, seréis verdaderamente libres» (Juan 8.34–36).

¿Qué relación tienen las palabras de Jesús con usted o su matrimonio? Toda. Cuando Jesús dijo: «Seréis verdaderamente libres», no estaba hablando de libertad política. Él hablaba de libertad espiritual, interior, libertad del pecado. Aunque su cónyuge sea difícil, odioso o esté lleno de desprecio, Jesús puede ayudarle a ser digno y amoroso. No importa cuán difícil sea su cónyuge, usted no debe culparlo de sus reacciones negativas. De hacerlo, estará permitiendo que tales reacciones negativas controlen su ser interior. Usted se convertirá en una víctima desesperada e indefensa. Si cada vez que su cónyuge actúa con falta de amor o con desprecio, todo lo que usted puede hacer es responder negativamente, estará destinado a la desdicha. Pero de acuerdo con Jesús, usted es libre si desea serlo. Su cónyuge podrá afectarlo, pero no lo controla. Usted podrá experimentar desilusión, pero será su elección ser irrespetuoso o desamorado. Memorice este principio y viva de acuerdo con él:

«Y manifiestas son las obras de la carne, que son [...] iras, contiendas, disensiones...» (Gálatas 5.19–20).

> PUEDO EXPERIMENTAR DOLOR, PERO YO
> ELIJO ODIAR O NO.

Una esposa nos comenta que se propuso tomar el camino de la «libertad interior», pero su esposo sigue mostrándole poco amor en muchas ocasiones. Ella escribe:

Pero si yo actúo de manera irrespetuosa con él, ¡el Espíritu Santo me convence a MÍ de pedirle perdón! ¡Puaj! Pero me siento tan bien después de hacerlo, que vale la pena. Sé que no es mi esposo con quien me estoy disculpando en realidad, sino con Jesús. Yo oro y anhelo que los ojos de mi esposo sean abiertos por el Espíritu Santo, pero le dejo esto a Dios ya que sé que él es el único que puede cambiar su corazón.

USTED PUEDE SER LIBRE EN CUALQUIER CIRCUNSTANCIA

En 1 Pedro 2.16–17, el apóstol les está hablando a cristianos que están bajo presión. Pueden elegir reaccionar de manera agradable a Dios o no. Pedro dice: «Eso es actuar como personas libres [...] que viven como siervos de Dios. Den a todos el debido respeto: amen a los hermanos...» (NVI). Aquí hay dos verdades para que usted pueda introducirse en el Ciclo Gratificante. En primer lugar, la frase «actuar como personas libres» (v. 16) se refiere a la misma libertad interior de la que Jesús habla en Juan 8. Como Pedro lo muestra en el capítulo 3 de su carta, esa libertad interior debe vivirse tanto dentro del matrimonio como en el campo de la ciudadanía. En cualquier ámbito, usted puede experimentar libertad interior, independientemente de sus circunstancias.[1]

¿Recuerda al esposo que fue arrestado por violencia doméstica (en el capítulo 5)? Mientras pasaba un par de noches en la cárcel, él tuvo lo que llamamos una «epifanía». Cuando se arrepintió y confesó, experimentó la inexplicable presencia del poder de Dios. Algo ocurrió en el interior de aquel esposo. A pesar de que estaba en prisión, él decía: «Soy más libre nunca». Algunos llaman a esto un encuentro con el Dios viviente. No podemos darnos cuenta de cómo sucede, pero lo que sí sabemos es que algo ocurre en nuestro corazón. Como Pablo escribió: «Y la paz de Dios, que sobrepasa todo entendimiento, guardará vuestros corazones y vuestros pensamientos en Cristo Jesús» (Filipenses 4.7).

En segundo lugar, vemos la evidencia de que somos libres interiormente cuando podemos honrar y amar a otros. Cuando Pedro escribió esta carta durante el primer siglo, él estaba tratando de ayudar a los creyentes que tenían toda clase de problemas —con el gobierno, con sus vecinos, y entre ellos mismos—. Estoy seguro de que ellos le decían a Pedro: «Mire, yo no puedo honrar a las personas que me ofenden». ¿O no oye a una esposa que está diciéndole a Pedro: «Yo no puedo honrar a mi esposo porque él no me muestra amor»? O incluso un esposo que le diría: «Yo no puedo amar a la irrespetuosa de mi esposa». Pedro le está diciendo que si usted en efecto es libre interiormente, puede realizar estas cosas que de otra forma parecerían imposibles. Si no las hace, ese es su problema. Usted aún no es libre.

También recibo muchas cartas de personas que están viviendo en libertad interior, o al menos están comenzando a hacerlo. Una esposa nos compartió que se había enterado de que su esposo, con quien estaba casada desde hacía once años, le había sido infiel en numerosas ocasiones. Todo su mundo se derrumbó, así como su relación con Dios. ¿Cómo era posible que esta persona a quien ella había amado tanto la hiriera de esta forma? Él concertó una reunión de consejería, y durante veinticuatro meses ella manifestó todo lo que tenía dentro de su corazón, así como su rabia. La consejería transformó a su esposo en un varón de Dios, liberado, amoroso y que caminaba en la verdad de Dios. Pero su esposa continuó estando enojada y llena de odio. Ella se dio cuenta de que eran ataduras, pero no podía superarlas. Había perdido el respeto que alguna vez le había tenido a su esposo, y ya no podía volver a construirlo.

Por causalidad fue a casa de una amiga y vio allí algunos de nuestros materiales. Cuando leyó la palabra *respeto*, pensó: *oh, aquí vamos de nuevo, siempre defienden la posición del hombre... no conocen a mi esposo ni saben las cosas que hizo, así que esto no se aplica a nosotros.* Pero igualmente continuó leyendo, y ahora le agradece al Señor por haberlo hecho. Ella dice: «De pronto, mis ojos fueron abiertos y mi corazón fue hecho libre. Yo no tenía que respetarlo por su comportamiento, sino por quién es él como hombre, hecho a semejanza de Dios. ¡Nunca había oído eso antes!».

Otras esposas también han logrado vencer el desprecio al experimentar su libertad interior. A continuación otras dos cartas:

Dios se está moviendo en mi corazón. Yo había tenido desprecio hacia mi esposo en mi corazón. Fue muy difícil admitirlo, pero poder hacerlo me liberó. Le he confesado esto a Dios y le he pedido a mi esposo que él también me perdone.

Me ayuda tanto desear mostrarle respeto cuando me doy cuenta de que al hacerlo, en realidad estoy mostrando respeto y amor por Dios en primer lugar, y además estoy satisfaciendo las necesidades más profundas de mi esposo. El versículo de

1 Pedro 2.16 que usted nos compartió, realmente me ha motivado. Dado que soy libre en Cristo, puedo honrarlo, ya que es él quien satisface mis necesidades de seguridad y amor.

En ciertas ocasiones, usted debe comenzar desde el mero principio, con lo que parece insignificante. Las verdades específicas pueden hacerlo libre. Sí, su cónyuge puede ser áspero, poco amoroso o irrespetuoso la mayor parte del tiempo, pero solo recordar que su pareja es en realidad una persona de buena voluntad puede ponerlo en el camino del Ciclo Gratificante. Como un esposo nos escribió: «Era liberador meditar sobre el hecho de que ella era bien intencionada y tenía un buen corazón hacia mí».

La libertad interior lo recompensa con un legado

El Ciclo Gratificante le ofrece aun más, ya que los esposos maduros no pasan desapercibidos para sus hijos. A medida que usted conoce esta verdad y busca actuar consecuentemente con ella, con amor y respeto incondicional, sea consciente de que está dejando un legado.

¿Cómo se sienten sus hijos en cuanto a usted? Cuando usted ya no esté, ¿desea que sus hijos se sientan bien porque usted les ha dejado una herencia? Algunos hijos se sienten tan entusiasmados porque sus padres les dejarán una herencia, que casi no pueden esperar a que se mueran. ¿Qué hicieron esos padres para que sus hijos piensen de tal modo? Los padres desean que sus hijos los amen y los respeten, pero si no se muestran amor y respeto entre ellos mismos, ¿qué clase de legado estarán dejándoles?

Un esposo provee un buen ejemplo para sus hijos cuando ama incondicionalmente a su esposa. Les muestra a sus hijos cómo debería actuar una persona que cree en Jesucristo y que tiene libertad interior. ¿Qué dirán los hijos de un hombre así en su funeral? En mi opinión, ellos dirán: «¡Qué gran hombre era mi padre! No lo supe apreciar cuando era joven, pero ahora que soy un adulto, con esposa e hijos propios, me doy cuenta de que él amó a mi madre aun cuando ella tenía problemas y no era demasiado agradable estar en su presencia. Espero poder llegar a ser tan buen hombre como mi padre».

Los mismos principios se aplican a la esposa. ¿Qué quiere que digan sus hijos en su funeral? Si a lo largo de su vida vieron que usted le mostraba respeto a su esposo, ello dirán: «Mamá sí que era buena. No siempre era fácil convivir con papá, pero ella igual lo respetaba, porque sabía que no tenía que ver con papá. Lo hacía por amor y reverencia a Cristo. Y aun cuando yo intentaba tomar ventaja con ella y era rebelde, ella siempre me perdonaba y me mostraba su amor. No hay nadie como mamá».

El apóstol Juan escribió sobre el gran gozo que sobreviene cuando los hijos caminan en la verdad (ver 2 Juan 1.4). Andar en la verdad significa ordenar su vida de acuerdo con la Palabra de Dios. Si queremos que nuestros hijos anden en la verdad, debemos vivir esa misma verdad ante ellos.[2]

Usted se encuentra cada día al borde de algo; debe enfrentar alguna clase de encrucijada. Hoy puede ser el día en que ocurra algo que haga la diferencia, y cuando eso suceda usted deseará estar preparado, usted deseará ser maduro y tener libertad interior. Cuando sus hijos lo vean vivir según las palabras de Cristo, «la verdad los hará libres», usted los colocará en un camino en el que ellos también podrán seguir a Jesús. ¿Acaso puede un padre experimentar un gozo mayor que ese?

«Que [...] vean en ti un ejemplo a seguir en la manera de hablar, en la conducta, y en amor, fe y pureza»
(1 Timoteo 4.12, NVI).

Pero, ¿qué ocurre si usted ya ha echado todo a perder? Tal vez sus hijos ya son adolescentes y usted recién esté descubriendo la Conexión entre Amor y Respeto, y recién se está dando cuenta de lo que implica el Ciclo Gratificante. Usted está pensando en los errores que ya cometió, aquellas ocasiones en las que no ha sido un buen ejemplo y las numerosas escenas en las que usted no le mostró amor o respeto a su cónyuge. No se desespere. Dios tiene una manera única de eliminar los errores del pasado. Donde ha habido pecado, su gracia abunda. Él elimina sus errores y deposita gracia en su lugar. Una esposa nos escribió:

Mi esposo y yo estábamos discutiendo, y él me dijo que sentía que yo no lo respetaba [...] tenía razón [...] y era obvio, porque tenemos dos hijas, una de seis años y medio, y otra de tres, y ellas tampoco lo respetan. Eso me da la pauta de que yo tampoco lo estaba respetando. Así que compré su libro y he estado mostrándole respeto en varias maneras. Durante el tiempo en que he puesto en práctica algunas de sus ideas, su relación con las niñas se ha desarrollado y ahora es más amorosa, al igual que su relación conmigo. Él sabe que estoy tratando de hacer las cosas de la mejor manera posible. Él se ha tomado la molestia de hacer cosas extra para mí, y me ha concedido algún tiempo libre para mí; en los días que trabajo, se ha llevado a las niñas de compras. Estoy muy entusiasmada al ver 1 Pedro 3.1–2 en funcionamiento en mi matrimonio.

Otra esposa habla de que observó a sus propios padres infelizmente casados durante treinta ocho años. Su madre obtuvo parte de nuestros materiales y comenzó a aplicar algunas de sus ideas. Ella siempre había entendido lo que Dios deseaba, pero no sabía cómo lograrlo. Su hija fue profundamente impactada al ver cómo la madre puso en práctica cambios significativos en su actitud y en su matrimonio. Esta hija, que ya llevaba quince años de casada, explica:

[Yo] no había logrado llevarme bien con mi esposo. Ambos tenemos personalidades muy fuertes. Pero he visto tal cambio, no en la relación de mis padres, sino más bien en la actitud de mi madre con mi papá, que he estado llamándola para pedirle muchos consejos últimamente [...] siempre he sabido que hacer la voluntad de Dios es lo que me traerá gozo, en última instancia. Estoy muy agradecida por lo que él ya ha hecho en mi madre y por la paz que ha traído a su vida.

Otra mujer con un hijo de veintiún años y una hija de once, desea dar a conocer el mensaje de Amor y Respeto porque, como escribe: «Les he enseñado a mis hijos a ser irrespetuosos con su padre, pero ahora quiero remediarlo, mostrando respeto sin importar lo que suceda [...] les he pedido perdón por mis pecados a Dios, a mi esposo y a mis hijos».

LA RECOMPENSA DE GANAR A SU ESPOSO A LA MANERA DE DIOS

Ya hemos estudiado 1 Pedro 3.1–2, y sabemos la importancia que tiene para poder entender la Conexión entre Amor y Respeto. Pedro escribe: «Asimismo vosotras, mujeres, estad sujetas a vuestros maridos; para que también los que no creen a la palabra, sean ganados sin palabra por la conducta de sus esposas, considerando vuestra conducta casta y respetuosa». Aquí Pedro claramente nos dice que aquel marido que no sea amoroso, que sea rebelde, aun el incrédulo, puede ser ganado por el comportamiento respetuoso de su esposa.

El principio del Ciclo Gratificante, de respetar al esposo incondicionalmente por obediencia al Señor, puede ganarlo para él. Esto es poder. Y este mismo poder está disponible para los maridos. El amor incondicional hacia su mujer, sin concesiones, con el solo propósito de servir y obedecer a Dios, puede ganarla.

Un buen ejemplo de esto es el profeta Oseas, quien se casó con Gomer. Ella era una mujer adúltera, y Oseas estuvo separado de ella durante algún tiempo. Luego Dios le dijo: «Ve y ama a esa mujer adúltera, que es amante de otro» (Oseas 3.1, NVI). ¡Eso sí que es amor incondicional! Oseas hasta tuvo que ganar nuevamente a Gomer (según la costumbre de su época) para devolverle su condición de esposa (ver Oseas 3.2).[3]

Un Oseas moderno nos escribió y nos contó que le habíamos enseñado muchas cosas que él antes no veía. Él había perdido toda esperanza en lograr algún cambio en su difícil matrimonio y le había rogado a Dios, sin saber qué hacer, cómo hacerlo, ni cómo amar a su mujer.

«Lo único que me decían en la iglesia es "ama, ama, ama" —nos decía—. Yo lo intentaba, pero no podía lograrlo». Pero cuando asistió a una de nuestras conferencias, entendió por qué se sentía tan desilusionado y rechazado:

> Yo no lo podía expresar con palabras, pero lo que quería era que ella me respetara y fuera mi amiga, nada de lo cual estaba sucediendo. Yo sabía que había fallado por no amarla (quizás aun más de lo que ella no me respetaba) [...] Gracias a Dios por el conocimiento que nos lleva al entendimiento y nos permite actuar amorosamente al servicio de Jesucristo. Mi esposa tiene muchas heridas por no haber sido amada durante tanto tiempo, pero ahora encontramos una manera de salir adelante.

Nos siguen llegando cartas de muchos esposos que están tratando de ganar a su cónyuge para Cristo. Recibimos una de cierta exitosa mujer de treinta y cuatro años que se sentía atrapada entre la visión que tiene el mundo sobre el respeto al hombre y el plan de Dios. Pero a medida que ella leía nuestros materiales, no podía dejarlos de lado. Nos dice: «Fue como encontrar finalmente la libertad, al aprender la verdad en una forma tan directa y llana. Es algo tan simple de entender».

Otra mujer nos escribió para comentarnos que ella ya había intentado hacer algunos cambios que su esposo había sugerido, pero luego de escuchar nuestro CD:

> ... comencé a hacer otras cosas. Cambié mi actitud. Cambié mi tono de voz y hasta mis expresiones faciales. Incluso cambié mi plegaria, que pasó de ser: «Bendíceme y cámbialo a él», a: «Bendícelo a él y cámbiame a mí». Gracias a mi nueva comprensión, ahora tengo una pasión por mi esposo que antes no sentía, comencé a verlo en una forma diferente. Ya he empezado a ver frutos de estos cambios.

El Ciclo Gratificante siempre revela lo que usted es por dentro. ¿Qué significa ser el maduro de la pareja? El concepto es más fácil de entender que de lograr. Sin embargo, el siguiente testimonio nos prueba que usted puede vivir y actuar con madurez:

La mayoría de nosotros estamos plenamente conscientes del poder de las palabras, pero el poder de destrucción de una actitud irrespetuosa es igual de dañino [...] El Señor realmente me ha dado autocontrol y convicción en este aspecto. Creo que cuando tomamos conciencia que somos plenos en Cristo y que no recibimos nuestra identidad de nuestro esposo, amar y respetar se hace mucho más sencillo [...] Mi situación no es fácil en casa. Mi esposo ha estado «huyendo» del Señor desde hace años, pero ya no me siento tan desesperanzada, y por lo tanto, no necesito tener la última palabra, tener la razón, ganar las discusiones, preocuparme por cada decisión, etc. Al honrar a mi esposo [...] estoy eligiendo vivir la vida de Cristo, y así soy bendecida. Aunque mi esposo nunca cambiara, sé que el Señor desea que lo honre a él. Sé que algunas mujeres preferirían combatir esto (ja, ja), pero de verdad me siento una mejor cristiana al pasar por alto las ofensas.

Esta esposa es una de las tantas que puedo citar que han adoptado el paso vital hacia la madurez que tal vez usted pueda estar necesitando. A medida que lo haga, recuerde que usted estará siendo probado, ya que su matrimonio es una prueba de su devoción a Cristo. Algunas personas temen las pruebas de Dios; creen que él podría ser malo o engañoso en alguna forma. Entonces usted debe comprender algo crucial respecto a las pruebas de Dios. Él no lo prueba para mostrarle cuán tonto, poco sincero o pecador es usted. Él lo prueba para mostrarle que usted sí *puede* hacer determinada cosa, y cuando usted lo logra, su libertad interior crece (ver Santiago 1.2–12). No tema a la prueba de Dios. Apenas usted le haga saber que está dispuesto a dar ese paso, Él le permitirá entrar en la disciplina de una nueva manera de pensar.

Así que dé un paso al futuro en su manera de pensar. Intente prever dónde y cuándo puede ocurrir la primer prueba. ¿Qué podría hacer o decir su cónyuge que lo pruebe? Cuando esto ocurra, el Señor le hablará dulce y suavemente. Él lo ayudará y lo fortalecerá. Pero este es el momento para tomar la decisión de cambiar. Hágalo ahora, ¡y no vuelva a mirar atrás!

El rosa y el azul pueden formar el púrpura de Dios

U na de las analogías favoritas de nuestras conferencias de Amor y Respeto es la comparación que hacemos entre mujeres y hombres con el rosa y el azul. La audiencia asiente inmediatamente, con una sonrisa de reconocimiento, cada vez que menciono que ella ve todo a través de cristales rosa y escucha todo con audífonos rosa, a pesar de que su mundo esté teñido de azul. Él en cambio, ve las cosas de manera diferente, a través de cristales azul y escucha con audífonos también azul.

A pesar de que resulta imposible resumir la Conexión de Amor y Respeto en una sola ilustración, la diferencia obvia entre rosa y azul resulta un buen comienzo. Dado que el esposo y la esposa ven y oyen de maneras diferentes, se les hace difícil decodificar las señales que se envían entre ellos. Esto desencadena el Ciclo Alienante: sin amor (la necesidad primordial de ella), ella reacciona sin respeto; sin respeto (la necesidad primordial de él), él reacciona sin amor (la necesidad principal de ella).

En la parte I de este libro hablamos de cómo reconocer y ralentizar la marcha del Ciclo Alienante. Sin embargo, aprendimos que no hay forma de deshacerse por completo del Ciclo Alienante. Dado que rosa y azul son humanos, el Ciclo Alienante siempre existirá, listo para echarse a rodar. La clave es saber cómo descubrir el problema antes de que se desarrolle; es decir, cómo mantener el Ciclo Alienante bajo control.

En la parte II vimos las mejores formas de mantener contenido el Ciclo Alienante: por medio del respeto que las mujeres pueden mostrarles a sus esposos y del amor que ellos pueden mostrarles a sus mujeres. Llamamos a esto el Ciclo Energizante: el amor de él la motiva a ella a que lo respete; el respeto de ella lo motiva a él a mostrarle amor.

Aprendimos muchas maneras —tanto prácticas como bíblicas— de lograr esto: seis maneras para él y seis maneras para ella. Todas las herramientas de los acrónimos P-A-R-E-J-A y S-I-L-L-A-S son extremadamente útiles, pero para mejorar los matrimonios se necesita mucho más que ayuda y explicaciones de cómo hacer las cosas. Un esposo me escribió y me relató que había asistido a una de nuestras conferencias de Amor y Respeto y allí encontró una bocanada de aire fresco. Él y su esposa habían estado asistiendo a conferencias sobre parejas durante los veintiséis años de su matrimonio, y él sentía que siempre ocurría una de dos cosas: les enseñaban muchas técnicas o les predicaban sobre «la maldad de los hombres». Él se había convencido de que solamente prestar atención al esfuerzo humano y entrenarse para mejorar los matrimonios perdía la esencia del llamado de Dios, que es a andar en el Espíritu.

Cuando él escuchó nuestra conferencia sobre la Conexión del Amor y el Respeto, le gustó el Ciclo Energizante, pero quedó más impresionado por el Ciclo Gratificante (el amor de él bendice, sin depender del respeto de ella; el respeto de ella bendice, sin depender del amor de él). Este hombre se dio cuenta de que había estado «amando» a su esposa por resistencia y obligación. Su carta sigue así:

> La resistencia es algo bueno, y probablemente es lo que ha sostenido nuestro matrimonio hasta ahora, pero mi capacidad de gozo ha estado vacía durante veinticinco de los veintiséis años de matrimonio que tenemos. A través de su mensaje, el Señor le dio nuevo aliento a mi vida y me ha dado nueva libertad y gozo para amar.

La carta de este esposo toca el núcleo de nuestro mensaje sobre el Amor y el Respeto. No pretendemos simplemente salvar o mejorar su matrimonio. Esas pueden ser muy buenas consecuencias; pero el propósito real de mostrar amor y respeto el uno al otro es glorificar a Dios y obedecer lo que él nos enseña en su Palabra.

Solo recientemente logré ver el pasaje clave de este libro bajo una nueva luz. Efesios 5.31–33 dice: «Por eso dejará el hombre a su padre y a su madre, y se unirá a su esposa, y los dos llegarán a ser como un solo cuerpo. Esto es un misterio profundo; yo me refiero a Cristo y a la iglesia. En todo caso, cada uno de ustedes ame también a su esposa como a sí mismo, y que la esposa respete a su esposo» (NVI).

Pablo está de hecho en lo cierto cuando dice que el matrimonio es un profundo misterio. ¿Cómo pueden dos volverse uno? En matemáticas, dos jamás puede ser uno. Piénselo: ¿puede usted ver a un hombre y a una mujer convirtiéndose en una sola persona? ¿Qué es lo que puede ver en su mente? ¿Alguna clase de figura unisex? O acaso deberíamos preguntarnos: «¿Tendría cada uno que ser lo que el otro sea? ¿Cómo puede la esposa ser uno con su esposo si él debe ser uno con ella?». Decimos entonces: «Bueno, el esposo debería ser más femenino, más rosa». Pero si le da vuelta el asunto: «¿Cómo puede el esposo ser uno con su esposa si ella debe ser uno con él?». Entonces nos decimos: «Parecería que la esposa tendría que ser más masculina, más azul».

¡Pero el varón no debe ser femenino, ni la mujer ser masculina! ¿Entonces cómo logramos que los dos sean uno?

Pablo nos responde todo esto en el versículo 33. La mejor y más práctica manera de que dos sean uno es a través de la Conexión del Amor y el Respeto. La unidad se debilita, no por los problemas cotidianos, sino cuando él tiene una actitud poco amorosa o ella una actitud irrespetuosa. Dicho de otra forma, si dos personas están de acuerdo en cada decisión pero ella aún no se siente amada o si él no se siente respetado, ninguno podrá sentirse bien uno con el otro. Pero cuando el esposo muestra amor, especialmente en momentos de conflicto, la esposa sentirá que es uno con él. Cuando la esposa muestra respeto durante esas situaciones, el esposo sentirá que es uno con ella.

Puede ser que el desacuerdo no sea resuelto, pero se experimentará la unidad. Cuando la esposa siente que su necesidad de amor es satisfecha, ella establece un lazo especial con su esposo. Cuando el esposo siente que su necesidad de respeto es satisfecha, él establece ese vínculo especial con su mujer. Esto puede suceder simultáneamente. Entonces sí, ¡dos se convierten en uno!

Hay mucha información en este libro. Muchas personas nos han dicho que jamás habían oído antes este particular enfoque sobre el matrimonio, pero toda esta información de nada sirve sin confianza, amor y veneración por el Señor. El camino hacia un matrimonio de Amor y Respeto dura toda la vida, de manera que es imposible que usted lo atraviese solamente con sus propias fuerzas. La tarea es abrumadora, y necesitará ayuda de su Padre Celestial, quien conoce su corazón. Si desea hacer que su matrimonio sea para Cristo, debe pedirle ayuda a él. Recuerde, Jesús dijo: «Separados de mí nada podéis hacer» (Juan 15.5).

¿HA INTENTADO ORAR REALMENTE?

A menudo les digo a las parejas que deberían intentar orar. Soy consciente de que esto solo suena como una frase más; pero, insisto, intenten orar. Hablen con Dios. Me sorprende ver en qué medida las personas dicen que piensan en orar pero nunca lo hacen realmente. Las Escrituras dicen: «No tenéis lo que deseáis, porque no pedís» (Santiago 4.2).

No me refiero a que le reciten su lista de pedidos a Dios. Santiago 4.2 no habla de pedirle a Dios salud y riquezas, sino de pedirle a Dios la entereza para sobrellevar los problemas de la vida real. Si algo se oye en el cielo, son las oraciones desinteresadas, fundamentadas en el corazón de Dios. Demasiada gente ora: «Aquí está lo que hay en mi corazón. Por favor, súpleme estos deseos». En cambio deberíamos pedir: «Dios, he aquí lo que hay en *Tu* corazón. Por favor, cumple Tus deseos *en* mí».

Lo que está en el corazón de Dios está claramente establecido en las Escrituras: que el esposo y su esposa sean uno. Me han dicho que cuando el azul se mezcla con el rosa, se transforma en púrpura, y ese es el color de Dios: el color de la realeza. La forma en que el azul y el rosa pueden fusionarse está descrita en Efesios 5.33: «Cada uno de ustedes ame también a su esposa como a sí mismo, y que la esposa respete a su esposo» (NVI). He aquí la clave para ser uno y reflejar la mera imagen de Dios.

Citar Efesios 5.33 resulta sencillo, pero vivirlo en el aquí y ahora requiere de un gran compromiso. Vean las palabras de esposos y esposas que se encuentran dedicados a vivir la Conexión del Amor y el Respeto a pesar de cualquier circunstancia:

He recobrado mi andar en el Señor de tal manera que me ha convencido de que esta prueba produjo un buen resultado [...] estoy comprometida a restaurar mi matrimonio, cueste lo que cueste.

A pesar de que nuestro matrimonio jamás ha sido del todo feliz y de que tengo razones bíblicas para divorciarme [...] he decidido intentarlo [...] Mi esposo dice estar comprometido con nuestro matrimonio ahora, y está dispuesto a intentar lo que sea necesario.

Ambos estamos demasiado comprometidos con Cristo como para divorciarnos. Tenemos varias desventajas. Mi esposo es médico y yo soy enfermera profesional, lo que equivale a una alta probabilidad de divorcio, según las encuestas. Hemos experimentado la muerte de un hijito, lo cual también da una alta probabilidad de divorcio. Estamos totalmente comprometidos con Jesús y con nuestro matrimonio; sin embargo, no nos llevamos bien. El término que un consejero matrimonial utilizó fue «pareja horripilante». Ahora somos abuelos de dos niños especiales, lo cual es aun más estresante. Aclarado todo eso, hemos asistido a varios programas para matrimonios [y] todas esas cosas no fueron tan útiles como su simple mensaje de Efesios 5.33. Por primera vez en nuestra vidas puedo hablar con él [...] estamos tratando de amarnos y querernos por el resto de nuestra vida. Estamos intentando volver a Amarnos y Respetarnos el uno al otro.

―――――

Los dos años que llevo en este matrimonio han sido los más duros de mi vida [...] he estado rogándole a Dios que me permita abandonar esto, pero estoy comprometida con mi voto matrimonial y SÉ que no es voluntad de Dios que me vaya.

―――――

He aprendido a estar minuciosamente consciente de lo que estoy comunicando (incluyendo las expresiones faciales y los tonos de voz), y mi esposo me ha respondido, permitiéndome decirle cuando me estoy sintiendo poco amada. Hemos logrado evitar por completo el Ciclo Alienante, ya que estoy comprometida a obedecer a Dios en esto.

Todas las cartas anteriores —y podríamos citar muchísimas más— nos estremecen, pero hubo una que fue especialmente gratificante, y es la de una señora que había tenido que pasar por el dolor de un esposo infiel. Ella pasó de la obsesión a la depresión y a la «locura», antes, durante y después del divorcio. Su visión de los hombres cayó a menos cero. Decidió tratar de reconciliarse con su exesposo por el bien de sus dos hijos, pero tenía pocas esperanzas de lograr un matrimonio pleno. Luego encontró una clase que impartía su tía, y que ofrecía nuestras series sobre Amor y Respeto. Ella había escuchado en la iglesia muchas prédicas sobre la sumisión, pero no tanto sobre el respeto. La clase cambió su vida para siempre. Aprendió a enterrar su equipaje y por primera vez entendió el significado real de la sumisión y el respeto hacia el hombre. Ella decidió dejar de atacar a los hombres y se dio cuenta de que ellos son parte del plan perfecto de Dios, y no solo errores que él cometió. Al final de su carta, nos dice:

> El matrimonio es una herramienta y una prueba que nos permite que la voluntad de Dios sea revelada a nuestra vida [...] deberíamos hacer todo esto como para Dios, no como para la otra persona, sino *para Dios*, porque él nos lo ordenó [...] Todos ustedes han ganado definitivamente una recompensa en el cielo como resultado de los cambios que sus esfuerzos han operado en mí. «*¡CLING-CAJA! ¡CLING-CAJA!*».

Tal vez no haya mejor manera de concluir el libro que con esta carta. Cada paso que cualquiera de ustedes dé para enseñar, compartir o brindar Amor y Respeto produce un sonido que tintinea desde el cielo, mientras millones de ángeles jalan aquella enorme manija. *¡Cling-caja! ¡Cling-caja!*

ORACIÓN DE COMPROMISO

Querido Padre:

Te necesito. No puedo amar ni respetar perfectamente, pero sé que me oyes cuando te pido ayuda. Perdóname por haber sido desamorado o irrespetuosa. Te abro mi corazón a ti, Padre. No tendré temor ni enojo contigo ni con mi cónyuge. Me veo a mí mismo y a mi cónyuge bajo una nueva luz, y le perdono. Valoraré a mi cónyuge como alguien diferente, no como alguien equivocado. Señor, llena mi corazón con amor y reverencia hacia ti. En última instancia, se trata solo de ti y de mí. No tiene que ver con mi cónyuge. Gracias por mostrármelo. Mi mejor recompensa es hacer esto para ti. Prepárame hoy para poder enfrentar los momentos de conflicto. Te pido especialmente que pongas amor y respeto en mi corazón cada vez que me sienta no amada o no respetado. Sé que no tiene ningún mérito amar o respetar cuando resulta fácil. En este momento, sé que tú me escuchas. Puedo anticipar tu respuesta. Tengo en mi corazón lo mismo que tú tienes en el tuyo. Te agradezco de antemano por ayudarme a dar el siguiente paso. Creo que vas a recompensarme, y sé que esto impacta tu corazón, porque lo hago para ti. Todo es entre tú y yo. Creo verdaderamente en ti.

En el nombre de Jesucristo,

Amén

APÉNDICE A

UN LÉXICO DE AMOR Y RESPETO: RECORDATORIO DE QUÉ DECIR, HACER O PENSAR PARA PONER EN PRÁCTICA EL AMOR Y EL RESPETO EN SU MATRIMONIO

Pregúntese siempre:
- Lo que estoy por decir o hacer, ¿le resultará poco amoroso a ella?
- Lo que estoy por decir o hacer, ¿le sonará irrespetuoso a él?

Cosas para recordar:
- Aun cuando no se sienta respetado, cambie su actitud y sea amoroso con ella.
- Aun cuando no se sienta amada, cambie su actitud y sea respetuosa con él.

- Cuando ella está siendo crítica o cuando se enoja, le está dando a entender que necesita su amor; su intención no es ser irrespetuosa.
- Cuando él está siendo hiriente o áspero, o cuando se pone a la defensiva, está intentado que usted lo respete; su intención no es ser poco amoroso.

- Si usted defiende su falta de amor, ella sentirá que no la ama.
- Si usted defiende su falta de respeto, él sentirá que usted no lo respeta.

301

- Cuando usted siente que ella no lo respeta, tiende a reaccionar de forma poco amorosa, pero no se da cuenta de ello.
- Cuando usted siente que él no la ama, tiende a reaccionar de forma irrespetuosa, pero no se da cuenta de ello.

- Cuando usted la siente irrespetuosa, no le surge naturalmente ser amoroso; usted debe amarla como un acto de obediencia a Cristo.
- Cuando usted lo siente desamorado, no le surge naturalmente ser respetuosa con él; usted debe respetarlo como un acto de obediencia a Cristo.

- En última instancia, usted muestra su amor a Cristo cuando ama incondicionalmente a su esposa. Si usted no la ama incondicionalmente, no está amando incondicionalmente a Cristo.
- En última instancia, usted muestra su reverencia a Cristo al respetar incondicionalmente a su esposo. Si usted no lo respeta incondicionalmente, no está venerando a Cristo.

- Si usted no ha logrado amarla, haga algo amoroso.
- Si usted no ha logrado mostrarle respeto, haga algo respetuoso.

- La mejor manera de motivarla es satisfacer su necesidad de amor.
- La mejor manera de motivarlo es satisfacer su necesidad de respeto.

A fin de comunicar sus sentimientos o iniciar una discusión:

Para las esposas: nunca digan: «No eres amoroso». En lugar de ello, digan: «Sentí eso como una falta de amor. ¿La forma en que me expresé te hizo sentir irrespetado?». Si él responde que sí, entonces dígale: «Lo siento. No quise ser irrespetuosa. ¿Me perdonas? ¿Cómo puedo expresarme de forma que percibas que te respeto?».

Para los esposos: nunca digan: «Eres irrespetuosa». En lugar de ello digan: «Eso que hiciste/dijiste, se sintió como una falta de respeto. ¿Me expresé de forma poco amorosa?». Si ella responde que sí, entonces dígale: «Lo siento, no quise ser poco amoroso. ¿Cómo puedo expresarte mi amor?».

Tabúes:

- Nunca le diga a una esposa que ella debe ganarse su amor para que usted ame su espíritu, creado a la imagen de Dios.
- Nunca le diga a un esposo que él debe ganarse su respeto para que usted pueda respetar su espíritu, creado a la imagen de Dios.

- No diga: «No voy a amar a esa mujer hasta que ella comience a respetarme».
- No diga: «No voy a respetar a ese hombre hasta que él comience a amarme».

- Nunca diga: «¡Nadie puede amar a esa mujer!».
- Nunca diga: «¡Nadie puede respetar a ese hombre!».

- No excuse su falta de amor con la falta de respeto de ella. Su falta de amor es un acto de desobediencia a Efesios 5.33a.
- No excuse su falta de respeto con la falta de amor de él. Su falta de respeto es un acto de desobediencia a Efesios 5.33b.

Cosas que puede decir para aligerar ciertos momentos de su relación:

«Parecemos dos hámsters en el Ciclo Alienante».

«¿Estás tratando de dar una vuelta en el Ciclo Alienante?».

«¿Estás tratando de batir un nuevo récord del Ciclo Alienante?».

«Creo que tus anteojos rosa/azul se están empañando».

«Ponte mis auriculares rosa/azul para escucharme».

«¿Puedes prestarme tus auriculares rosa/azul? No entiendo lo que estás tratando de decirme».

«Tú estás viendo esto en rosa. Yo lo veo en azul. Aceptemos que estamos en desacuerdo».

«Hemos estado encendiendo y apagando la luz durante veinte minutos. Intentemos otro método».

«Discúlpame, pero estás parada sobre mi tubo de aire».

APÉNDICE B

INVENTARIO PERSONAL DE AMOR Y RESPETO PARA ESPOSOS Y ESPOSAS

La respuesta «sí» significa que usted necesita orar por cambio y superación.
La respuesta «no» significa que usted lo está haciendo bien. ¡Agradézcale a Dios y continúe adelante!
Las respuestas «tal vez», o «puede ser» significan que usted es consciente de que necesita un cambio. ¡Siga trabajando en ello!

En cuanto a mí mismo:
- Como esposa, ¿reaccioné irrespetuosamente porque no me sentí amada?
- Como esposo, ¿reaccioné sin amor porque sentí que no me respetó?

- Como esposa, ¿temo decir: «Sentí eso como una falta de amor. Me expresé en forma irrespetuosa»?
- Como esposo, ¿temo de decir: «Sentí eso como una falta de respeto. Me expresé en forma poco amorosa»?

- ¿Me niego a decir: «Lo siento» cuando mi esposo dice: «Sentí eso como una falta de respeto»?
- ¿Me niego a decir: «Lo siento» cuando mi esposa dice: «Sentí eso como una falta de amor»?

- Como esposa, ¿soy demasiado orgullosa para dar el primer paso y comenzar a ser más respetuosa?
- Como esposo, ¿soy demasiado orgulloso para dar el primer paso y comenzar a ser más amoroso?

En cuanto a mi cónyuge:

- Como esposa, ¿me niego a infundirle energía a mi esposo al no satisfacer su necesidad de ser respetado?
- Como esposo, ¿me niego a infundirle energía a mi esposa al no satisfacer su necesidad de ser amada?

- ¿Digo: «De ninguna manera voy a respetarlo hasta tanto él no comience a amarme»?
- ¿Digo: «De ninguna manera voy a amarla hasta tanto ella no comience a respetarme»?

- Cuando no me siento amada, ¿le reclamo rápidamente a mi esposo que es poco amoroso?
- Cuando no me siento respetado, ¿le reclamo rápidamente a mi esposa que es irrespetuosa?

En cuanto a Dios:

- Como esposa, ¿le da poca importancia al llamado que Dios le hace para que muestre su respeto incondicional, especialmente en los momentos en que su esposo se muestra poco amoroso?
- Como esposo, ¿le da poca importancia al llamado que Dios le hace para que muestre su amor incondicional, especialmente en los momentos en que su esposa se muestra irrespetuosa?

- Como esposa, ¿justifica su falta de respeto y por lo tanto no le confiesa su pecado a Dios?
- Como esposo, ¿justifica su falta de amor y por lo tanto no le confiesa su pecado a Dios?

- Como esposa, ¿ha postergado la toma de la decisión de mostrarle a Dios su reverencia hacia él, mostrándole respeto a su esposo?

- Como esposo, ¿ha postergado la toma de la decisión de mostrarle a Dios su amor por él, mostrándole amor a su esposa?

Apéndice C

Cómo pedirle a su pareja que satisfaga sus necesidades

Usted no puede esperar obtener lo que necesita —ya sea amor o respeto— si retiene lo que su cónyuge más necesita. Pero mientras usted está intentando satisfacer las necesidades de su cónyuge, ¿qué ocurre cuando sus propias necesidades no están siendo satisfechas? ¿Deberá el Ciclo Energizante empezar a chisporrotear, mientras el Ciclo Alienante comienza a girar? ¿Acaso usted debe permanecer mudo, en espera de que su cónyuge perciba su espíritu desinflado y se dé cuenta de qué es exactamente lo que está mal? Una de las habilidades básicas que he intentado enseñarles a esposas y esposos a lo largo de este libro es a comunicarse mutuamente sus necesidades. A continuación hay algunas ayudas para la «necesidad de comunicación» que esposas y esposos pueden utilizar para hacerle saber a su cónyuge lo que necesitan.

Las esposas pueden decir humilde y suavemente:
Intimidad: «Cuando prefieres trabajar en tu taller toda la tarde en lugar de estar conmigo, lo siento como una falta de amor. Tienes derecho a tener tus pasatiempos, pero yo también necesito algo de tiempo cara a cara contigo».
Apertura: «Cuando me dijiste que no deseabas dedicar tiempo a hablar conmigo sobre lo que me preocupa, eso lo sentí como una

falta de amor hacia mí. Sé que muchas veces no tenemos tiempo de hablar largo y tendido, pero a veces necesito que me confirmes que todo está bien».

Comprensión: «Cuando me diste una solución rápida a lo que yo estaba tratando de decirte, lo sentí como falta de amor. Sé que estabas tratando de ayudarme, pero realmente necesito sentir que te preocupas y que puedes mostrármelo escuchándome y entendiéndome».

Reconciliación: «Cuando me dices que lo olvide, "el tema está terminado", lo siento como una falta de amor. Sé que hay algunas cosas que deben ser olvidadas, pero primero necesito saber que ya no estás enojado y que realmente estamos en paz».

Lealtad: «Cuando miras a otras mujeres, eso lo siento como falta de amor. Sé que las tentaciones son reales, pero necesito saber que solo tienes ojos para mí».

Estima: «Cuando haces comentarios negativos sobre mi rol como madre o como ama de casa, lo siento como falta de amor. Sé que no soy perfecta y que cometo errores, pero necesito escuchar tus comentarios positivos cuando hago las cosas bien, y necesito que me animes cuando no lo logro».

Los esposos pueden decir humilde y suavemente:

Conquista: «Cuando haces comentarios negativos sobre mis logros laborales, eso lo siento como una falta de respeto. Yo lucho para equilibrar el trabajo y la familia, y no estoy contra nuestra familia ni contra ti».

Jerarquía: «Cuando insinúas que soy irresponsable, eso lo siento como una falta de respeto. Admito que a veces me equivoco, pero en general soy un buen proveedor y un buen protector, y lo que me dices me hiere».

Autoridad: «Cuando tomas decisiones sobre los niños sin incluirme, eso lo siento como una falta de respeto e incluso me hacen sentir insignificante. Por favor, inclúyeme también en las cosas cotidianas, siempre que puedas hacerlo».

Discernimiento: «Cuando revoleas los ojos y dices: "Eso es ridículo", lo siento como una falta de respeto. Sé que tienes intuición en muchas áreas, pero yo también tengo una visión que a menudo podría ser útil».

Relación: «Cuando te niegas a ir al juego de baloncesto conmigo, se siente como una falta de respeto. Sé que no siempre puedes hacer estas cosas conmigo por los niños, pero necesito que compartas tiempo conmigo como mi amiga, y eso ha faltado últimamente».

Sexualidad: «Cuando me dices que estas demasiado cansada para tener relaciones sexuales, eso lo siento como una falta de respeto hacia mí. Entiendo que estés cansada, pero espero que tu también entiendas mi necesidad. No es que sea un obsesivo sexual; yo realmente necesito tenerte cerca».

APÉNDICE D

¿EXISTEN EXCEPCIONES A LOS PATRONES DE AMOR Y RESPETO?

A veces recibimos por correo o personalmente en nuestras conferencias, consultas similares a estas: «Nosotros no encajamos en su descripción de esposo y esposa. Ella es quien se evade, y quien dice: «Dejemos que todo siga así». Mi respuesta es que las aplicaciones culturales y personales pueden variar. Mis padres eran un buen ejemplo de ello. Mi padre se acercaba a mi madre despotricando, envuelto en rabia, confrontándola, porque él quería comunicarse. Ella simplemente se cerraba y se retraía. Entonces él también se retraía, y entraban en un silencio helado durante varias horas e incluso días.

Los dos deseaban conectarse, estar comunicados el uno con el otro, pero no podían lograrlo por ignorancia o por temor. Mamá anhelaba establecer una conexión con papá (como toda esposa espera poder lograr ese tipo de comunicación son su esposo), pero se retraía por temor a su ira. Y papá también deseaba conectarse con mamá, pero al sentirse no respetado (ella fue el principal sostén del hogar durante mucho tiempo), permaneció en un estado de frustración y rabia. En el fondo, de cualquier manera, mi mamá estaba buscando amor y mi padre estaba buscando respeto.

Recibimos también otras consultas sobre «excepciones». Por ejemplo, una mujer nos escribió para decirnos que ciertos aspectos de la personalidad de su esposo eran más «rosa» que «azul»; y que ella era más «azul» que «rosa». Ella había crecido en un hogar dominado por los valores de su padre: educación, inteligencia, fortaleza, orgullo y falta de emociones. Ella nos decía: «Como consecuencia de ellos, a medida que fui creciendo y convirtiéndome en una mujer, creía que para ser amada (con la clase de amor que impactara lo más profundo de mi ser) debía buscar reconocimiento por todas las cosas que aparecen naturalmente para el «azul» y no para el «rosa».

Por otro lado, su esposo fue criado en un hogar muy cálido y con un entorno afectuoso, pleno de amor incondicional. «Fue tan natural —continúa ella— que él desarrolló una alta estima por todas esas tendencias "rosas" que lo hacían sentir tan completo y amado incondicionalmente».

En resumen, esta esposa se concentraba en el «respeto» para obtener amor. Su esposo se concentraba en el «amor» para lograr respeto. Hasta que logré ayudarles a deshacer su rompecabezas, ella creía que el respeto era su mayor valor y él creía que el amor era el suyo. Pero en realidad, él estaba haciendo «cosas rosas» para obtener respeto, mientras que ella estaba haciendo «cosas azules» para ser amada.

Si usted tiene más ejemplos o preguntas en relación con las «excepciones» a mi tesis general de la Conexión entre Amor y Respeto, por favor, póngase en contacto conmigo en www.loveandrespect. com.

Apéndice E

¿Y si su esposo es adicto al trabajo?

He aconsejado a muchas esposas cuyos maridos eran de una u otra forma adictos al trabajo. Primero, les advierto que no puedo garantizarles que lo que les diré producirá automáticamente que su esposo deje de trabajar tantas horas y pase más tiempo en casa. Sin embargo, puedo ofrecerles tres observaciones que generalmente le ayudan a una esposa a lidiar con esa situación de una manera más positiva.

En primer lugar, algunos esposos trabajan porque ese es el lugar donde se sienten más respetados. Si la esposa es negativa, dada a la queja e irrespetuosa, ¿a qué hombre le gustará llegar a su casa? Sé de un hombre que silbaba y tarareaba los lunes a la mañana mientras iba alegremente a trabajar. Los viernes él no silbaba ni tarareaba cuando regresaba a su casa para el fin de semana. Cuando se le preguntó por qué, él respondió: «Porque tengo que volver a casa y pasar el fin de semana con mi esposa». Ahora, es muy posible que su esposa no fuera la causa de que él trabajara demasiadas horas al principio. Pero a medida que estos patrones de conducta continuaron, las quejas de ella se fueron incrementando y se tornaron cada vez más amargas, y su negatividad llevó a su esposo a quedarse en la oficina el mayor tiempo que le fuera posible. El hombre no entiende el grito profundo del corazón de su esposa cuando ella lo ataca a él y su trabajo. Él no oye ese «rescátame». En cambio, él oye: «Te desprecio». De manera que él pide —o elige— más horas de trabajo.

En segundo lugar, si va a haber un cambio, el quejido o el desprecio no lo atraerán a casa. Usted no necesita elogiarlo por todo el trabajo que realiza fuera de su casa. (No crea que debe respetar lo que puede ser una obsesión negativa.) En cambio, busque áreas que no estén relacionadas con el trabajo, en las que usted pueda manifestar su aprecio. Este libro está diseñado para ayudarle a encontrar esas áreas y aprender a utilizarlas. Recuerde que usted no debe desvalorizar lo que él hace en el trabajo para lograr que aprecie más a su familia. No diga: «No voy a respetarte hasta que comiences a ayudarnos a mí y a los niños». Eso es equivalente a que él insinúe o diga: «No voy a mostrarte amor a ti ni a la familia hasta que comiences a honrarme por mi esfuerzo en el trabajo». *La falta de respeto nunca sirve como motivación para el amor, así como la falta de amor nunca motiva el respeto.*

En tercer lugar, para influenciarlo directamente, dígale con respeto: «Tu hijo (o hija, o niños) necesita que pases más tiempo en casa. Tienes una influencia especial en él. No escucha a nadie como te escucha a ti en ciertas áreas. Puede ser que no lo hayas notado, pero tu presencia positiva tiene el poder de moldearlo. Sé que estás atareadísimo y tienes muy poco tiempo; pero también sé que te gustaría darle esa parte de ti que nadie más puede darle. Gracias».

Luego de pronunciar su mensaje de «te necesitamos más en casa», no lo repita durante diez o veinte días. Luego menciónelo nuevamente, con suavidad y en una forma positiva, aplicando un tono general que comunique: «Es solo un recordatorio positivo de lo importante que eres». Elija siempre sus palabras cuidadosamente. Jamás, ni remotamente, dé a entender que en realidad usted esté diciendo: «Tonto, si no aplicas un cambio positivo me estarás destruyendo a mí y a los niños».

Tenga confianza en la Palabra de Dios. La discreción le habla a gritos a un esposo. Su espíritu apacible sacará a relucir el caballero que hay dentro de él. El ánimo respetuoso que usted pueda brindarle a su esposo en relación con el valor incomparable que él tiene para su familia influirá en él con el tiempo. Las peticiones expresadas en forma positiva y objetiva surtirán efecto en cualquier hombre de buena voluntad.

Habiendo dicho todo lo anterior, sé que para muchas esposas no es un consejo fácil de llevar a la práctica. Las mujeres tienden a querer responder lo que concierne a la familia *ahora*. Los hombres, en cambio, comenzarán a hacer progresos luego de un tiempo. Manténgase con sus mensajes cortos y afirmativos, y al fin él dará un giro. Solo recuerde que los barcos no son botes a remo. Permita que el tiempo y el Espíritu Santo hagan su obra. Aunque le parezca muy difícil oírlo, usted deberá comprender que este proyecto le demandará —como mínimo— unos doce meses. Permítale a su esposo terminar sus propios proyectos en su trabajo e introducir el «no» en su vocabulario laboral. Dele tiempo para que aprenda a saborear ser una influencia en su propio hogar y con sus propios hijos (sin mencionarla a usted).

Una manera de ver este tema es que en asuntos de familia, usted es la liebre y él es la tortuga. Usted podrá tirar por la borda la carrera y dejarlo a él mordiendo el polvo, pero eso no hará que usted gane. Su respeto, en cambio, lo hará salir de su ostracismo y lo motivará para que pueda dar sus siguientes pasos. Estos serán mucho más lentos de lo que usted preferiría, pero girar en círculos alrededor de él no la beneficiará en nada. No insista en golpear la cubierta de su ostra con su martillo de juez. Sea paciente y haga suyo este lema: «Si no puedo decir nada respetuoso, no diré nada en absoluto».

Para más información y recursos sobre la Conexión entre el Amor y el Respeto, busque la página de Internet www.loveandrespect.com (solamente disponible en inglés).

Envíenos su historia personal por correo electrónico. Diríjala al doctor Emerson Eggerichs, story@loveandrespect.com.

NOTAS

Capítulo 1: El sencillo secreto para un matrimonio mejor

1. Considero importante hacer una distinción entre teología y teoría. Mi teología bíblica de Efesios 5.33 es simple: al esposo se le ordena amar a su esposa incondicionalmente, y a la esposa respetar a su marido de la misma forma. Esto es lo que dice el texto, punto. La Conexión entre Amor y Respeto (mi teoría) se infiere del versículo 33. Hasta ahora, cada pareja con la que he trabajado parece haber experimentado el Ciclo Alienante en uno u otro grado. Efesios 5.33 revela que la esposa necesita amor y el marido necesita respeto, y cuando tales necesidades no son satisfechas, cada una de las partes reacciona en alguna forma. Mi teoría dice que las esposas tienen una tendencia a reaccionar en maneras que resultan irrespetuosas para los esposos (por ende, a ellas se les ordena respetar). Y los esposos tienen tendencia a reaccionar en formas que resultan desamoradas para sus esposas (por lo cual, a ellos se les ordena amar).

Capítulo 2: Para comunicarse, descifre el código

1. John Gottman, *Why Marriages Succeed or Fail* (Nueva York: Simon and Schuster, 1994), p. 61.
2. En Efesios 5.33, Pablo utiliza la palabra griega para amor (*ágape*) en el presente activo del modo imperativo, y la palabra para respeto (*phobetai*), que en este uso se convierte en un imperativo práctico. Ambos usos en este texto tienen el sentido de una orden. Es por ello que la NVI utiliza los mandatos «ame» y «respete» en el imperativo (A. T. Robertson, ed., *A Grammar of the Greek New Testament in the Light of Historical Research*, 4 ed. [Nueva York: Hodder, 1923], p. 994).

Capítulo 3: Por qué ella no respeta; por qué él no ama

1. La NVI traduce la palabra griega «*hina*» como parte del mandato «respete», a fin de que no queden dudas de que es un mandamiento del corazón de Dios.
2. Cuando menciono el movimiento feminista, hago referencia a sus elementos más radicales. El feminismo ha producido muchos innegables beneficios para las mujeres. Sin embargo, lo que me inquieta profundamente es que un segmento sustancial del movimiento femenino ha promovido actitudes negativas y de desprecio hacia los hombres, simplemente por ser hombres. Como seguidor de Cristo, entiendo que tanto hombres como mujeres han sido creados a imagen de Dios. Yo debo amar y respetar la creación de Dios. Aunque hombres y mujeres sean pecadores y necesiten a Cristo, el Señor mismo anhela que cada alma experimente su amor y su gloria (es decir, ¡el mayor respeto!). Tener una actitud degradante hacia los hombres simplemente por su condición de hombres es menospreciar a los hijos, hermanos, tíos, abuelos, padres, esposos y amigos varones de una forma en que el mismo Dios no lo hace.
3. Datos de una encuesta profesional citados por Shaunti Feldhahn en *Solo para mujeres* (Miami: Unilit, 2006). La encuesta fue realizada por Decision Analysts, Inc. y tabulada por Analytic Focus, a pedido de Shaunti Feldhahn, exitosa autora que obtuvo una maestría en Política Estatal, en la Universidad de Harvard. Ella trabaja como analista financiera en el Banco de Reservas Federales de Nueva York y escribe una columna semanal sobre temas femeninos en el *Atlanta Journal-Constitution*. Con base en Dallas, Texas, Decision Analysts,

Inc. es una de las firmas de mayor demanda en Estados Unidos. Analytic Focus es otra empresa que se encuentra en Alabama; es dirigida por Chuck Cowen, quien fue Jefe de Diseño de Encuestas del Departamento de Censos de Estados Unidos. Para más información, visite el sitio web www.analyticfocus.com.

4. Valoro la significativa contribución que están realizando las mujeres dentro de las fuerzas armadas, pero mi observación es que el ejército es un lugar particularmente natural para los varones, en especial en lo que se relaciona con el combate. De hecho, hasta recientemente, la política general del ejército, cualquiera que sea el área de servicio, era no utilizar mujeres en situaciones de combate. Para más información sobre la política del ejército, busque en línea: U. S. Marines, http://www.marines.com/faq y Center for Military Readiness, http://www.cmrlink.org/content/women-in-combat. El asunto que deseo enfatizar es que, debido a la forma están constituidos naturalmente, los hombres están mejor equipados para servir, pelear y morir, de ser necesario, y este mismo impulso se transfiere al hogar y a la familia, donde el hombre ocupa el rol de protector.

Capítulo 4: Lo que el hombre más teme puede hacer que el Ciclo Alienante siga girando

1. Datos de una encuesta profesional citados por Feldhahn en *Solo para mujeres*. La encuesta fue realizada por Decision Analysts, Inc. y tabulada por Analytic Focus, a pedido de Shaunti Feldhahn.
2. Gottman, *Why Marriages Succeed or Fail*, p. 152.
3. Ibíd.

Capítulo 5: Ella teme convertirse en felpudo; él está harto de que no lo respete

1. Gottman, *Why Marriages Succeed or Fail*, p. 175.

Capítulo 6: Ella teme ser hipócrita; él se queja: «¡No me respeta!»

1. Gottman, *Why Marriages Succeed or Fail*, p. 159.

Capítulo 10: Apertura: ella quiere que usted le abra su corazón

1. Para una discusión más profunda sobre la diferencia entre la compartimentación del hombre y la integración de la mujer, vea Stephen B. Clark, *Man and Woman in Christ* (Ann Arbor, MI: Servant Books, 1980). En su detallado estudio sobre las diferencias entre hombres y mujeres, Clark hace alusión a dos especialistas en patrones de personalidad masculinos y femeninos: Dietrich von Hildebrand, *Man and Woman* (Chicago: Henry Regnery, 1965) y Edith Stein, *Obras completas* (Madrid: Editorial de Espiritualidad, 2002). Clark escribe: «Tanto von Hildebrand como Stein afirman que hombres y mujeres difieren en el modo en que funcionan su mente, sus emociones y su cuerpo. Las emociones, el intelecto y el cuerpo de la mujer forman una unidad más integrada que la del hombre. Ella enfrenta decisiones, actividades y relaciones como una persona entera —una mezcla de emociones, intelecto y cuerpo—. Por otro lado, las emociones, el intelecto y el cuerpo del hombre están más diferenciados. Él compartimenta más fácilmente los elementos de su personalidad, tratándolos como aspectos de su identidad que algunas veces puede ignorar temporalmente».

Capítulo 12: Reconciliación: ella desea oírle decir «lo siento»

1. En Isaías 54.6, la difícil situación de Judá en el exilio es comparada con una mujer abandonada y triste de espíritu, que ha sido repudiada por su esposo.
2. Ver William Barclay, *The Daily Study Bible, The Letters to the Corinthians* (Edimburgo, Escocia: The St. Andrew Press, 1965), p. 67 [*1a y 2a Corintios* (Barcelona: Clie, 1995)].

3. En Mateo 19.1–6, Jesús está respondiendo una pregunta de los fariseos: «¿Le es lícito al hombre repudiar a su mujer por cualquier causa?» (ver el v. 3). En lugar de tomar cualquiera de las posturas rabínicas —una liberal, otra más conservadora—, Jesús se concentró en Génesis 2.23–24 y en el concepto de «una sola carne». El matrimonio debe ser «la unidad física y espiritual más profunda». Ver Charles E. Ryrie, *The Ryrie Study Bible* (Chicago: Moody, 1976), p. 1478 [*Biblia de estudio Ryrie ampliada* (Grand Rapids, MI: Portavoz, 2011)].

Capítulo 13: Lealtad: ella necesita saber que usted está comprometido

1. Ahora es la Columbia International University.
2. Robertson McQuilkin, *A Promise Kept—The Story of an Unforgettable Love* (Wheaton, IL: Tyndale, 1998), pp. 21–23.
3. Ibíd.

Capítulo 15: S-I-L-L-A-S: cómo deletrearle respeto a su esposo

1. En 1 Corintios 7.25–38, Pablo les da a los Corintios «sabiduría» que admite no ser un mandamiento directo del Señor Jesús en los Evangelios. Como él creía que el tiempo para ganar a la gente para Cristo era corto, prefería que los cristianos no se casaran, para que pudieran concentrarse en hacer el trabajo para el Señor. Pablo no está menospreciando el matrimonio. Él simplemente establece el hecho de lo que ocurre cuando un hombre y una mujer benevolentes se casan: se concentrarán en complacerse el uno al otro. Pablo entiende que las personas casadas también pueden servir al Señor.
2. Una mujer amorosa pasa por alto ciertas fallas y errores de su esposo, «porque el amor cubrirá multitud de pecados» (1 Pedro 4.8). Y un esposo pasa por alto palabras y acciones de su esposa que podrían parecer irrespetuosas, porque «el prudente pasa por alto el insulto» (Proverbios 12.16, NVI).

Capítulo 16: Conquista: valore su deseo de trabajar y tener éxito

1. Charles F. Pfeiffer, ed, *The Wycliffe Bible Commentary* (Chicago, IL: Moody, 1987), p. 5. [*Comentario bíblico Moody* (Grand Rapids, MI: Portavoz, 1993)].
2. Las feministas, de hecho, difieren abiertamente con varias de las observaciones de Pablo en 1 Corintios 11.3–16. Al tratar los problemas de la iglesia de Corinto, él les aconseja a las mujeres que asistan a los cultos con la cabeza tapada, algo que aparentemente algunas de ellas no estaban haciendo, debido a sus «tradiciones». Él establece: «Porque el varón no debe cubrirse la cabeza, pues él es imagen y gloria de Dios; pero la mujer es gloria del varón» (1 Corintios 11.7). Desde el punto de vista feminista, estos versículos parecen estar alimentando el ego machista a expensas de la dignidad de la mujer. Sin embargo, desde el punto de vista del Amor y el Respeto, los hombres necesitan sentirse respetados y honrados de la misma forma en que las mujeres necesitan sentirse amadas. Considere esta afirmación: «Las mujeres fueron creadas para ser amadas por los hombres de la misma manera en que Cristo amó a la iglesia, por lo tanto, los hombres fueron creados para brindarle amor a la mujer». Pocas mujeres objetarían esta idea, pero resulta un poco más difícil aceptar lo que Pablo está diciendo en 1 Corintios 11.7. Al dar un consejo sobre temas protocolares en la iglesia de Corinto, Pablo ha descubierto una profunda verdad. El hombre necesita sentirse honrado por ser quien es —la imagen y gloria de Dios— porque Dios lo hizo así. Esto no es egoísmo machista. Es una necesidad fundamental insertada en el hombre por su Creador. Sí, hay machistas entre los hombres, así como hay divas entre las mujeres, pero estas excepciones no deben ser la regla. Yo creo que nuestra cultura, que es fuertemente influida por el feminismo, ha dejado de lado la belleza del diseño de Dios.
3. En su libro *La gran diferencia: cómo son realmente los cerebros de hombres y mujeres* (México, DF: Alfaomega, 2009), Simon Baron-Cohen expone sus hallazgos luego de veinte años de investigación en diferencias de géneros, en la cual concluye que la mente femenina está predominantemente integrada para mostrar empatía; mientras que la mente masculina se encuentra integrada para entender y construir sistemas. Baron-Cohen desarrolló sus teorías al observar a niños en sus cunas y prestar atención a la clase de estímulos a los que respondían. Las niñas respondían mejor a los rostros que estaban por encima de ellas,

mientras que los varoncitos respondían a los móviles. Para un resumen del libro de Baron-Cohen, ver Carolyn See, «His and Hers», *Washington Post*, 5 octubre 2003.
4. En su discusión sobre la sociología de la familia, Talcott Parson y Robert F. Bales sostienen que el modelo básico de familia consiste en dos compañeros adultos (marido y mujer) que viven juntos, con sus hijos. Los roles tienden a girar en tareas internas para la esposa y tareas externas para el esposo. El autor las describe como orientación expresiva contra orientación instrumental. Ver Talcott Parson y Robert F. Bales, *Family, Socialization and Interaction Process* (Glencoe, IL: Free Press, 1955). Aun cuando varias voces difieren con este modelo, ¡permanece! Para mí, esto refleja la naturaleza y los intereses básicos de hombres y mujeres. En general, las mujeres prestarán más atención a las relaciones en la familia, expresando las maravillas del amor. Aunque una carrera profesional para la mujer sea importante en nuestra cultura actual, esta sigue siendo una opción para las mujeres si tienen hijos. La carrera profesional es una *elección libre* para ellas, mientras que el hombre está *compelido* a trabajar fuera de su casa.

Capítulo 17: Jerarquía: valore su deseo de proteger y proveer

1. Ver Donald G. Bloesch, *Is the Bible Sexist?* (Westchester, IL: Crossway, 1982), pp. 36–37. Bloesch señala que la Biblia «en ningún lugar autoriza el abuso y la explotación de la mujer. En cambio, enfatiza la necesidad de su cuidado y protección. Algunas feministas llaman a esto "condescendencia", pero la deferencia hacia las mujeres por ser mujeres es algo propio de la verdadera naturaleza de la masculinidad, de la misma forma en que cierta dependencia del varón pertenece a la misma esencia de la femineidad».
2. Tomado de *Family News from Dr. James Dobson*, febrero 1995. Esta versión del boletín informativo del doctor Dobson narra la historia tal y como el difunto doctor E. V. Hill la relató en el programa radial *Focus on the Family*, «E. V. Hill on the Death of His Wife».
3. Ver Deborah Tannen, *You Just Don't Understand—Women and Men in Conversation* (Nueva York: Ballantine, 1991), pp. 24–25 [*Tú no me entiendes* (Buenos Aires: Javier Vergara, 1991)]. Mientras realizaba la investigación para su libro, Tannen observó que su esposo «simplemente captaba el mundo de la manera en que lo hacen la mayoría de los hombres, como un individuo en un orden social jerárquico en el cual él se encontraba en una posición de superioridad o de inferioridad. En este mundo [...] las personas tratan de [...] protegerse a sí mismas de los intentos de los demás de despreciarlas».

Capítulo 18: Autoridad: valore su deseo de servir y dirigir

1. Ver Wayne Grudem, *Systematic Theology: An Introduction to Biblical Doctrine* (Grand Rapids, MI: Zondervan, 1994), pp. 465–66 [*Teología sistemática: una introducción a la doctrina bíblica* (Miami: Vida, 2007)].
2. Cuídese de ciertas voces culturales. Hay quienes dicen que la sumisión no fortalece ninguna institución más que la esclavitud. Otros opinan que la sumisión es cosa del pasado, del siglo I, lo cual, a propósito, dicen de cada enseñanza del Nuevo Testamento con la cual no concuerdan. Nos haría bien a todos prestarle atención a la Escritura: «Porque hay aún muchos contumaces, habladores de vanidades y engañadores [...] a los cuales es preciso tapar la boca; que trastornan casas enteras, enseñando por ganancia deshonesta lo que no conviene» (Tito 1.10–11).

Capítulo 19: Discernimiento: valore su deseo de analizar y aconsejar

1. Basado en una historia de Jo Berry, *Mi amado inconverso: cómo atraer con amor a su esposo a la fe* (Miami: Vida, 1983).

Capítulo 20: Relación: valore su deseo de una amistad «hombro a hombro»

1. Ver Deborah Tanner, *Gender and Discourse* (Nueva York: Oxford UP, 1994), p. 96.

Capítulo 21: Sexualidad: valore su deseo de intimidad sexual

1. Ver Charles C. Ryrie, *The Ryrie Study Bible* (Chicago: Moody, 1976), p. 944. El «sabio maestro» que escribió Proverbios 5.19 es probablemente el rey Salomón, de quien se dice que tenía tres mil proverbios y más de mil canciones (ver 1 Reyes 4.32). Generalmente se le acredita la redacción de la mayor parte del libro de Proverbios, incluyendo los capítulos 1—9. Desdichadamente, Salomón terminó con setecientas esposas y trescientas concubinas, la mayoría de las cuales era idólatra y pertenecía a culturas ajenas a Israel, quienes apartaron de Dios su corazón (ver 1 Reyes 11.1–8). Salomón no pudo seguir su propio consejo sobre el sexo, pero eso no disminuye la sabiduría de lo que Dios lo inspiró a escribir.

Capítulo 23: La verdadera razón para amar y respetar

1. Decir que nos sentiremos abrumados al entrar en el cielo es lo mínimo que se nos podría ocurrir. Cualquiera sea la imagen que usted tenga del éxtasis, multiplíquela hasta el infinito. Solo unos pocos pasajes nos dan un adelanto de lo que será experimentar el paraíso y estar con Dios para siempre, vea Romanos 8.17, 30; 1 Corintios 13.12; 2 Corintios 12.4; Filipenses 3.21; 2 Tesalonicenses 4.17; Hebreos 7.25; Hebreos 10.14; 1 Juan 3.2; Apocalipsis 2.7 y Apocalipsis 21.4.

Capítulo 24: La verdad puede hacerle libre de veras

1. En esta sección, 1 Pedro 2.13; 3.7, el apóstol nos brinda un bosquejo claro que resume en el versículo 3.8. El bosquejo se descubre al prestar atención a la repetición de la frase: sométanse (a la autoridad) (1 Pedro 2.13; 2.18; 3.1). Noten otra repetición cuando se refiere a las esposas y a su esposo. Él usa el término «igualmente» (1 Pedro 3.1, 7). Podríamos decir que los cuatro puntos principales del bosquejo son: ciudadanos, esclavos, esposas y esposos. Cada uno de estos grupos debe estar sujeto. En la mente de Pedro, ¡la mayor evidencia de sumisión es el Amor y el Respeto! «Eso es actuar como personas libres [...] Den a todos el debido respeto: amen a los hermanos, teman a Dios, respeten al rey» (1 Pedro 2.16–17, NVI). En otras palabras, la esposa que es interiormente libre se sujeta respetando a su esposo, como Pedro establece de manera clara (v. 3, 2). Implícitamente, el esposo que es internamente libre se sujeta amando a su esposa, esto significa que vivirá con ella, la comprenderá y la honrará como a una igual.

2. Ver Ryrie, *The Ryrie Study Bible*.
3. Ibíd., p. 1338.

ENFOQUE A LA FAMILIA

¡Bienvenido a la Familia!

Sea que usted haya recibido este libro como obsequio, se lo hayan prestado o lo haya comprado usted mismo, nos alegra que lo lea. Este es solo uno de los muchos recursos auxiliares, esclarecedores y alentadores que producimos en Enfoque a la Familia.

De eso se ocupa Enfoque a la Familia: de brindarles inspiración, información y consejos basados en la Biblia a personas de todas las etapas de la vida.

Este ministerio comenzó en 1977, con la visión de un hombre, el doctor James Dobson, psicólogo y autor de dieciocho exitosos libros sobre el matrimonio, la paternidad y la familia. Alarmado por las presiones de la sociedad, la política y la economía que amenazan la existencia de la familia, el doctor Dobson fundó Enfoque a la Familia, solamente con un empleado y un programa radial que se transmitía únicamente por treinta y seis estaciones de Estados Unidos.

Este ministerio es ahora una organización internacional, y se dedica a preservar los valores judeo-cristianos y a fortalecer y alentar a las familias, a través del mensaje de Jesucristo. Los ministerios de Enfoque llegan a familias de todo el mundo a través de diez diferentes programas de radio, dos noticieros televisivos, trece publicaciones, dieciocho sitios Web y una continua serie de libros, así como de galardonados películas y videos dirigidos a personas de todas las edades e intereses.

· · ·

Para obtener más información sobre este ministerio, o si podemos ser de ayuda para su familia, escríbanos a Enfoque a la Familia, Colorado Springs, CO 80995 o llámenos al (800) A-FAMILY (232-6459), www.focusonthefamily.com. Los amigos de Iberoamérica pueden contactarnos en Costa Rica: dirección: del Colegio Madre del Divino Pastor 120 m este y 100 norte, San José; (506) 2216-9292; www.enfoquealafamilia.com. Los amigos de Canadá pueden escribirnos a Enfoque a la Familia, P.O. Box 9800, Stn. Terminal, Vancouver, B.C. V6B 4G3 o llámenos al (800) 661-9800. Visite nuestra página Web —www.focusonthefamily.com— para conocer más sobre Enfoque a la Familia o para averiguar si hay alguna subsidiaria nuestra en su país.

¡Nos gustaría saber de usted!